Hans-Joachim Richter

Fische züchten – ein Problem?

Hans-Joachim Richter

Fische züchten
ein Problem?

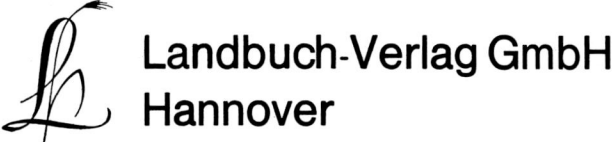

Landbuch-Verlag GmbH
Hannover

Alle Fotos vom Verfasser

Landbuch-Verlag GmbH, Hannover, 1990
2. Auflage

Satz: Layout-Satz Kurt-Kuno Wäsch KG, Hannover

Druck und buchbinderische Verarbeitung: Landbuch-Verlag GmbH, Hannover

ISBN 3 7842 0223 3

Vorwort

Auf unserer schönen Erde entwickelt sich alles zu einer höheren Qualität. Dieses Gesetz macht auch vor der Aquaristik und den Aquarianern selbstverständlich nicht halt. Nach den jeweiligen Umweltbedingungen beginnt beim Kauf des ersten Fisches der Prozeß einer weiteren Entwicklung bei dem Aquarianer. Sind alle beeinflussenden Faktoren – dazu gehört die Fachliteratur – positiv, bleibt nicht das erste, oft zu kleine Aquarium ein Betätigungsfeld des Aquarianers. Aus eigener Erfahrung kann gesagt werden, daß zuerst das kleine Aquarium mit einem größeren ergänzt wird und später viele weitere Becken hinzukommen. Wenn dort die ersten Nachzuchten meist von Lebendgebärenden schwimmen, fühlt man sich auf dem richtigen Wege, ein guter Aquarianer zu werden.

Natürlich bleibt es nicht bei den Lebendgebärenden, man versucht es auch mit anderen Fischen. Wenn einige Mißerfolge verkraftet sind und sich die ersten Erfolge als Ergebnis eines ständigen Bemühens einstellen, wagt man sich an immer „schwierigere" Fische heran. Man erkennt, daß der Wunsch, das gesteckte Ziel zu erreichen und sich dann neue Ziele zu setzen, die Triebkraft für die Entwicklung eines erfolgreichen Aquarianers ist.

Bereits das Anschaffen und Einrichten eines Aquariums erfordert es, sich mit bestimmten Wissensgebieten näher zu befassen. Je fortgeschrittener der Aquarianer wird, um so mehr Zeit muß er den Grundlagen der verschiedensten Wissenschaften widmen. Man ist oft selbst erstaunt, wie intensiv man sich mit manchen Problemen beschäftigt und wie leicht verständlich dann auch schwierige Zusammenhänge werden. Wer glaubt, Zierfische nach dem Motto „man nehme ..." züchten zu können, irrt gewaltig, wenn wir von sogenannten Zufallserfolgen einmal absehen. Wir beschäftigen uns mit lebenden Wesen, und sie unterliegen einer Vielzahl von Einflüssen, die sich positiv oder negativ auswirken können. Es ist also notwendig, so viel wie möglich darüber zu wissen. Man kann nur beeinflussen, was man genau kennt.

In der Fachliteratur liest man oft Zuchtberichte, bei denen man meint, die Nachzucht wäre wirklich kein Problem. Für Autoren dieser Berichte mag das zutreffen. Sie setzen eine Anzahl von Detailkenntnissen voraus. Keiner kann aber gewährleisten, daß bei anderen Aquarianern alles genauso verläuft. Dort können einige Faktoren anders sein. Mit diesem Buch will ich versuchen, soviel wie möglich von den verschiedenen Einflüssen aufzuzeigen. Es soll dazu beitragen, daß Ihnen die gewünschten Nachzuchten gelingen. Erfolgserlebnisse sind eine Medizin, die wir besonders in der heutigen hektischen Zeit gut gebrauchen können.

Leipzig, im Januar 1990

Hans-Joachim Richter

Einleitung

Zierfische erhalten wir heute in jeder Zoohandlung. Wozu sich also noch mit der Zucht befassen? Diese Frage drängt sich hin und wieder auf. Falls wir sie umfassend beantworten wollten, müßten umfangreiche Befragungen und Untersuchungen durchgeführt werden. Beschränken wir uns daher bei der Beantwortung auf das, was man von vielen kleinen und auch fortgeschrittenen Züchtern hört, wenn man sich mit ihnen unterhält.

Es sind wahrscheinlich die Hinwendung zur Natur und der Wunsch, näher in die Geheimnisse des Lebens der Fische einzudringen, an erster Stelle zu nennen. Die Vielfalt der Verhaltensweisen, besonders bei der Fortpflanzung, ist so interessant, daß die meisten Aquarianer sie miterleben möchten. Besonders anziehend ist zum Beispiel ein Aquarium, in dem Cichliden mit ihren Jungfischen schwimmen. Dieser Anblick hat schon viele Menschen dazu gebracht, sich mit der Haltung und Zucht von Zierfischen zu befassen.

Wer einmal Zierfische nachgezüchtet hat, wird es immer wieder auch mit anderen Zierfischarten versuchen. Oft ist aber die Nachzucht einer bestimmten Art nicht einfach. Was macht der Aquarianer in solchen Fällen? Er greift zur Fachliteratur, anfangs zu Fachzeitschriften, später auch zu Fachbüchern. Um es gleich vorwegzunehmen, das vorliegende Buch soll die Nachzucht behandeln, die man nicht mit einer Zucht verwechseln darf. Eine gezielte Zucht ist sehr zeitaufwendig und mit viel Arbeit verbunden. Wer zielgerichtet eine neue Guppy-Variante erbfest gezüchtet hat, verdient unsere Hochachtung. Kaum jemand kann es ermessen, was dieser Züchter geleistet hat, obwohl er nicht wußte, ob diese neue Variante überhaupt „ankommen“ würde. Das gilt jedoch nicht nur für Guppys,

Goldfische, Schleierschwänze oder Zierkarpfen, sondern auch für alle anderen Fische. So kann man von jeder Art Idealtiere oder neue Formen züchten.

Die in diesem Buch behandelte Nachzucht von Zierfischen dient u. a. der Erhaltung und Verbreitung der Arten im Aquarium. Wird die fortschreitende Umweltverschmutzung nicht verhindert, werden verschiedene Zierfische allzubald nur noch im Aquarium anzutreffen sein, vorausgesetzt selbstverständlich, daß es genügend gute Züchter gibt. Je mehr Aquarianer also zu erfahrenen und erfolgreichen Züchtern werden, desto größer ist die Aussicht, die meisten Zierfische vor dem Aussterben zu bewahren. Dieses Buch soll ein kleiner Beitrag dazu sein.

Allgemeiner Teil

Einige Grundbegriffe

Wasserhärte

Man unterscheidet Karbonathärte (KH) und Nichtkarbonathärte (NKH). Die Karbonathärte, die durch Kochen des Wassers wieder entfernt werden kann, ist eine chemische Verbindung der Kohlensäure mit Magnesium oder Kalzium. Der jedem bekannte Kesselstein sind das beim Kochen ausgefällte Kalzium- und Magnesiumkarbonat. Die Höhe der Karbonathärte ist abhängig von der im Wasser gelösten Kohlensäure. Zu einer bestimmten Menge freier Kohlensäure im Wasser pegelt sich der Gehalt an Kalziumkarbonat ein. Aus diesem Grunde ist die Karbonathärte in einem Wasser nicht immer stabil, sondern richtet sich danach, wieviel Kohlendioxyd vom Wasser aufgenommen wird. Da z. B. beim Kochen das Kohlendioxyd sehr schnell aus dem Wasser entweicht, bleiben die schwer löslichen Karbonate übrig. Sie setzen sich dann irgendwo ab.

Die Nichtkarbonathärte (NKH), auch bleibende (permanente) Härte oder Sulfathärte genannt, wird durch Sulfate, Chloride, Nitrate, Phosphate und Silikate des Magnesiums und Kalziums gebildet. Den Hauptanteil liefert jedoch das unter dem Namen Gips bekannte Kalziumsulfat.

Die Gesamthärte (GH) ist die Summe aus Karbonat- und Nichtkarbonathärte. Sie wird in Grad deutscher Härte (°dH) angegeben. 1° dH entspricht einem Gehalt von 10 mg Kalziumoxid oder 7,14 mg Magnesiumoxid in 1 l Wasser. Dies sollte beachtet werden, weil in ausländischer (amerikanischer, englischer und französischer) Literatur andere Werte angegeben werden können. Daher wird, wenn es sich um deutsche Härte handelt, immer dGH und dH geschrieben. Die Bezeichnung dGH wird sehr selten benutzt und zwar nur dann, wenn vor oder hinter der Angabe der Größenordnung nicht genau erkennbar ist, daß es sich um deutsche Gesamthärte handelt. Dazu einige Beispiele: Das Wasser hat eine Härte von 15° dGH. Die Karbonathärte liegt bei 10° dH. Die Nichtkarbonathärte hat demzufolge 5° dH.

Man unterscheidet Wasser entsprechend der Härte. Bei weichem Wasser werden Werte bis 8° dGH, bei mittelhartem Wasser bis 18° dGH und bei hartem Wasser über 18° dGH gemessen.

Der pH-Wert

Der pH-Wert zeigt an, ob das Wasser alkalisch, neutral oder sauer ist. Im chemisch ganz reinen Wasser haben wir den Neutralbereich und einen pH-Wert 7. Im sauren Wasser wird er kleiner und im alkalischen Wasser größer. Für die Süßwasser-Aquaristik kommt nur der pH-Wertbereich von 5 bis 8 in Frage. Der pH-Wert sollte mit einem Czensny-Indikator oder einem ähnlich arbeitenden Indikator gemessen werden. Lackmuspapier ist viel zu ungenau. Am genauesten ist die elektrometrische Messung mit einem pH-Meter. Sie kommt für aquaristische Zwecke auf Grund der hohen Anschaffungskosten allgemein nicht in Betracht.

Besonders im Aquarium ist der pH-Wert durch verschiedene Einflüsse dauernden Schwankungen unterworfen. Diese Schwankungen können gefährlich werden, wenn das Wasser nicht genügend „gepuffert" ist. Je mineralärmer ein Wasser ist, um so weniger ist es „gepuffert". Das Weitere hierzu später.

Die elektrische Leitfähigkeit

Die elektrische Leitfähigkeit des Wassers gibt Auskunft darüber, wie groß der Gehalt an gelösten Mineralstoffen im Wasser ist. Sie sagt jedoch nichts darüber aus, w e l c h e Mineralstoffe sich im Wasser befinden. Angegeben wird die elektrische Leitfähigkeit in Mikro-Siemens (µS). Da die Temperatur auf das Meßergebnis Einfluß hat, wird mit einer Fußnote noch angegeben, bei welcher Temperatur die Leitfähigkeit gemessen wurde (μS_{25}). Für die aquaristische Praxis ist es jedoch unerheblich, diese Veränderungen auf Grund der Wassertemperatur mit zu berücksichtigen.

Für die Zucht verschiedener Fische ist ein mineralarmes Wasser Voraussetzung und daher das Messen des Leitwertes angebracht.

Auf jeden Fall sollte man sich merken: Mineralarmes Wasser ist nicht für eine längere Haltung von Zierfischen geeignet, weil es zu wenig „gepuffert" ist und der pH-Wert schnell einmal plötzlich in den gefährlichen Bereich pendeln kann. In einem solchen Wasser sollten Fische nur zur Zucht für kurze Zeit gehalten werden.

Gemessen wird der Leitwert mit einem elektrisch betriebenen Leitwertmesser, dessen beide Elektroden in das Wasser getaucht werden. Entsprechend dem Widerstand, den das Wasser dem von Elektrode zu Elektrode fließenden Strom entgegensetzt, wird der Leitwert angezeigt. Mineralarmes Wasser hat einen kleinen Leitwert (destilliertes Wasser bis 10 µS). Wasser mit einem Leitwert über 500 ist als sehr mineralreich zu bezeichnen und bei verschiedenen Fischen für Zuchtzwecke ungeeignet.

Nitratgehalt

Eine Unsitte, die man selbst bei erfahrenen Aquarianern immer wieder antreffen kann, ist es, in den Aquarien zu viele Fische unterzubringen. Viele Fische fressen natürlich auch viel Futter, und das Ergebnis sind große Mengen von Ausscheidungen, die wir zum Teil als Mulm auf dem Boden der Becken wiederfinden. In unseren Aquarien findet nun ein komplizierter Umwandlungsprozeß statt.

Nitrate sind zwar als gutes Düngemittel für Wasserpflanzen bekannt, aber die bei einem Besatz mit vielen Fischen anfallende Menge kann eine noch so gute Bepflanzung nicht abbauen. Gefährlich für unsere Fische sind Nitrite, die entweder durch teilweise Oxydation von Ammoniumverbindungen oder durch Reduktion aus Nitraten entstehen.

Das Messen des Nitratgehaltes lohnt sich nicht. Relativ verläßliche Werte über die im Wasser vorhandenen Abbauprodukte lassen sich nur sehr schwer feststellen. Wenn ein Aquarienwasser zu riechen anfängt, sind selbstverständlich zu viele Abbauprodukte darin. Dazu darf es jedoch gar nicht erst kommen. Ein Aquarium sollte so groß wie möglich sein, und nur mit wenigen Fischen besetzt werden. Häufiger Wasserwechsel ist ebenfalls erforderlich! Beachtet man das, hat man bestimmt lange Zeit viel Freude an allem, was sich im Aquarium befindet.

Wassertemperatur

Entgegen Angaben in den meisten Fachbüchern ist es besser, Fische in nicht zu warmem Wasser zu halten. Oft werden Temperaturangaben aufgrund der Messungen in den Heimatgewässern eingesetzt. Man muß aber berücksichtigen, daß sie fast immer während der Trockenzeit durchgeführt werden, also in der Zeit der größten Hitze. Es ist daher oft nicht erforderlich, unsere Aquarien zu heizen. Die Temperatur in bewohnten Zimmern reicht gewöhnlich aus. Selbstverständlich gibt es auch Ausnahmen, auf die später besonders hingewiesen wird.

Fütterung

Nach der Größe des Fisches richtet sich auch die Größe der am liebsten gefressenen Futterbrocken. Obwohl die Forschung und die Produktionsverfahren von Trockenfutter einen hohen Stand erreicht haben, ist eine Fütterung mit Lebendfutter vorzuziehen. Oft ist jedoch die Beifütterung von Trockenfutter sogar erforderlich bzw. nützlich. Neben Lebend- und Trockenfutter hat sich bei verschiedenen Fischen das Füttern mit Herzfleisch besonders bewährt und zu Zuchterfolgen geführt.

Auswahl und Haltung der Zuchttiere

Wenn man es auch nicht wahrhaben möchte, es ist die Tatsache nicht zu leugnen, daß jeder Aquarianer eine bestimmte Fischfamilie, Gattung oder gar Art besonders ins Herz geschlossen hat. Dabei spielen die Möglichkeiten des einzelnen auch eine Rolle. Es genügen oft ein Blick in die Aquarien sowie eine Unterhaltung über die Aquaristik und man weiß, wer der Favorit ist. Diese liebgewonnenen Fische möchte man natürlich nachziehen. Manchmal muß man dann aber feststellen, daß man kein Paar besitzt. An Hand der umfangreich angebotenen Literatur ist es kein Problem mehr, die Geschlechter zu bestimmen, wenn es sich nicht gerade um eine Art handelt, bei der die Geschlechtsbestimmung sogar für Fachleute kaum möglich ist.

Hat man sich entschlossen, eine bestimmte Fischart nachzuzüchten, ist es angebracht, sich die Zuchttiere selbst großzuziehen. Man kauft 6 bis 10 Jungfische und hält sie dann unter möglichst optimalen Bedingungen. Was sind optimale Bedingungen für die gewählte Art? Mit wenigen Einschränkungen sind es die natürlichen Lebens- und Umweltbedingungen in der unberührten Natur. Diese Lebensbedingungen im Aquarium nachahmen zu wollen, ist aber ein hoffnungsloses Unterfangen. Obwohl uns viele technische Hilfsmittel zur Verfügung stehen, können wir nur einiges möglichst naturnahe gestalten. Ob nun die Technik wenig oder viel Hilfe leistet, den folgenden Grundsatz sollten wir nie außer acht lassen: Große Aquarien – wenige Fische – mäßiges Füttern – oft Wasserwechsel. Damit schaltet man zumindest den erhöhten Nitratgehalt aus. Das ist wichtiger als alles andere. Wasserhärte und pH-Wert sind für das Wohlbefinden der Mehrzahl der Fischarten nicht so ausschlaggebend, zumindest solange nicht, bis die Tiere zur Zucht angesetzt werden. Mir ist es bisher gelungen, jeden Fisch im normalen, harten und mineralreichen Leitungswasser gut zu halten und zur Zucht vorzubereiten.

Bei der Auswahl der Zuchttiere ist es notwendig, richtig hinzuschauen. Für die Nachzucht sollte man nur Fische verwenden, die fast dem Idealbild dieser Art entsprechen. Ein gutes Farbfoto zeigt meist alles, was den Fisch auszeichnet. Grundsätzlich sollten Zuchttiere gesund sein und unverletzte Flossen haben. Man weiß nie genau, ob es sich nur um eine Verletzung handelt, oder ein vererbbares Merkmal ist. Nicht zuletzt ist eine einwandfreie Färbung von ausschlaggebender Bedeutung. Zuchttiere sind abwechslungsreich, aber nicht zu üppig zu füttern. In den meisten Fällen verwendet man am besten Daphnien, Cyclops, Drosophila, Mückenlarven und Enchyträen. Einige Fischarten bevorzugen auch noch andere Futterarten, darüber wird im Kapitel „Erfahrungen bei der Zucht" berichtet.

Die bisherigen Ausführungen beziehen sich nicht nur auf Fische, deren Haltung vielfach als nicht einfach und deren Zucht als problematisch angesehen wird, sondern auch auf Wildfänge. Die meisten von mir nachgezogenen sogenannten „Problemfische" waren Wildfänge, und ich hielt sie immer wie geschildert, ohne dadurch Verluste beklagen zu müssen. Es wäre vermessen zu behaupten, daß ich keine Verluste hatte; wenn es einmal passierte, war es meist nur auf irgendeine Unachtsamkeit zurückzuführen.

Eine eventuelle Angst vor den Problemfischen können wir vergessen, denn im „Frischwasser" läßt sich fast jeder Fisch halten. Die meisten Mißerfolge müssen hingenommen werden, wenn man versucht, den Fischen möglichst Wasserverhältnisse wie in der freien Natur zu bieten. Es wurde schon darauf hingewiesen, daß solch ein Wasser oft nicht stabil ist. Fließt aus der Wasserleitung allerdings ein mineralarmes Wasser, was jedoch kaum vorkommt, hat man bestimmt Probleme. Abhilfe würde hier nur ein ständiger Wasserdurchlauf bringen. Das heißt natürlich nicht, daß das Wasser regelrecht durchs Becken fließen muß. Bereits schnelles Zutropfen von Frischwasser reicht völlig aus. Solch ein Wasserdurchlauf kann zu einem Risiko für die Wohnung werden, wenn er nicht reibungslos funktioniert. Eine Verstopfung des Überlaufs kann während der Abwesenheit zu einer kleinen Überschwemmung führen.

Zuletzt sei noch darauf hingewiesen, daß man im allgemeinen die meisten Fischarten besser zum Laichen bringt, wenn man die Zuchttiere nach Geschlechtern getrennt hält, bevor sie zum Laichen angesetzt werden. Es reicht meist schon aus, daß sich die Tiere eine Woche nicht gesehen haben. Natürlich gibt es auch Ausnahmen.

Grundausstattung für die Zucht von Zierfischen

Die Zucht von Zierfischen ist schon etwas aufwendiger als die Haltung und erfordert verschiedene Hilfsmittel. Der Fischart entsprechend benötigt man ein mehr oder minder großes Zuchtbecken. In vielen Fällen kann das Hälterungsaquarium als Zuchtbecken benutzt werden, z. B. bei Labyrinthfischen und Cichliden. Für kleine Eierlegende Zahnkarpfen genügt oft schon ein Plastikbehälter mit ungefähr 1 l Inhalt. Für große Cichliden müssen Aquarien mit einer Größe von mindestens 100 l verwendet werden. Zur Verfügung müssen die gleichen Einrichtungsgegenstände stehen, die man auch in Hälterungsaquarien hat: Feinkörniger Kies, möglichst glatte Steine, einige Pflanzen, Schaumstoffilter, Filterpumpen, Ablaichwatte und in genügender Anzahl diverse Kleinteile, die ein Züchter immer wieder benötigt.

Außerdem benötigt man zur Aufzucht der Jungfische noch einige Aufzuchtbecken, die ruhig etwas größer sein dürfen. Heizung ist in den meisten Fällen nicht unbedingt erforderlich, besonders dann nicht, wenn die Wassertemperatur ohne Heizung im Durchschnitt über 20 °C liegt. Dies ist in einer Wohnung meist der Fall. Nur in einigen Fällen ist es angebracht, einen Heizer zu verwenden. Es genügt dann, je zwei Heizer von 10, 15, 20 oder eventuell sogar 40 Watt zur Verfügung zu haben. Gewöhnlich kommt man jedoch mit den 10- oder 15-Watt-Heizern aus. Obwohl bei mir viele Becken über 100 l Wasser fassen, muß ich selten für kurze Zeit zu einem Heizer mit 40 Watt greifen. Die meiste Zeit werden meine Heizer nicht genutzt. Da eine große Anzahl Zucht- und auch Aufzuchtbecken für Filter oder zur Belüftung viel Luft benötigen, ist es ratsam, sich gleich eine leistungsstarke Membranpumpe zuzulegen.

Für manche Zierfischarten benötigt man unbedingt ein besonderes Wasser. Man sollte deshalb in der Lage sein, es zumindest annähernd so herstellen zu können, wie es die Fische zum Laichen brauchen. Im allgemeinen braucht man dazu entweder destilliertes oder vollentsalztes Wasser. Viele Züchter haben sich aus Bequemlichkeit eine Vollentsalzungsanlage angeschafft. Eigentlich ist das für jeden Züchter zweckmäßig, denn dann hat man immer vollentsalztes Wasser im Haus. Natürlich kann man auch einen größeren Behälter mit destilliertem Wasser aufstellen. Allein der Transport des Wassers ist aber oft ein Problem. Man denke z. B. an Züchter, die in oberen Stockwerken wohnen; ganz abgesehen von dem Platzbedarf, den man für den großen Vorratsbehälter benötigt.

Nicht unbeachtet darf man die Geräte für die Futterbeschaffung lassen. Was nützt es uns, wenn wir Jungfische soweit gebracht haben, daß sie freischwimmen, und es ist kein Futter für sie da. Sind entsprechende Netze vorhanden, kann man schnell zu einem Tümpel oder Teich hinausfahren und das benötigte Futter fangen. In der Fachgruppe, dem Verein oder von einem der Fischfreunde erfährt man oft, in welchem Tümpel dieses oder jenes Futter zu fangen ist. Als Züchter hat man möglichst drei Netze mit unterschiedlicher Maschenweite:

1. Maschenweite 0,12 mm für Rädertierchen
2. Maschenweite 0,2 mm für Nauplien
3. Maschenweite 0,8 mm für Daphnien und Cyclops

Nach der Größe des gewünschten Futters wählen wir das Netz und verwenden das nächstgrößere Netz als Sieb, wenn verschiedene Futterarten im Teich sind. Es wird über den Eimer oder die Kanne gelegt und der Fang dort hineingetan. Bei leichten Bewegungen des

Netzes dringt dann das jeweils feinere Futter durch die Maschen, während das größere Futter im Netz verbleibt. So kann man schon beim Fang das Futter nach Bedarf trennen.

Wegen des besseren Überblicks folgt eine Aufstellung aller Dinge, die der Züchter möglichst im Hause haben sollte, obwohl einige Sachen nicht immer sofort benötigt werden:

Aufzuchtbecken (möglichst groß)
Zuchtbecken – eventuell verschiedene Größen (10, 20, 30 l)
Membranpumpe
Schaumstoffilter
Schläuche verschiedener Stärken aus Silikonkautschuk
PVC-Rohre verschiedener Stärke
Absperrhähne
Ausströmer
Verbindungs-, T- und Doppel-T-Stücke
feinkörniger Kies
Moorkienwurzeln
Ablaichwatte
verschiedene Wasserpflanzen
Heizer mit 10, 15 oder 20 Watt
Beleuchtung für Zucht- und Aufzuchtbecken
Futternetze, Netzstange und Transportbehälter für Futter (10 l)
Futtersiebe
mindestens zwei 10-Liter-Eimer
Mikrozucht („Essigälchen"), Grindalwürmchen-Zucht
Pinzette
Pipette
Wasseraufbereitungsanlage (Vollentsalzung) selbstgebaut oder fertig gekauft
Phosphorsäure 85 %ig, etwa 50 g
Gummihandschuhe benutzen, da die Phosphorsäure nicht mit Haut, Augen und Kleidung in Berührung kommen darf. Vor Unbefugten zu schützen.
Lupe
Torf
grobe Haushaltssiebe
Plastikgaze (grobmaschig)
verschiedene flache Steine
Plastikschalen
Netze zum Herausfangen der Fische

Etwas Biologie

Zuchttiere

Wenn man von Zuchttieren spricht, sind im allgemeinen ein Weibchen und ein Männchen gemeint. Das Weibchen produziert Eier und das Männchen Spermien. Mit diesen beiden Tieren wäre eigentlich die Grundlage für eine erfolgreiche Nachzucht gegeben. Es gibt jedoch noch eine Vielzahl anderer Faktoren, die eine Rolle spielen.

Zunächst wollen wir versuchen, Männchen und Weibchen auseinanderzuhalten, denn mit zwei Weibchen oder nur zwei Männchen können wir natürlich keine Nachzucht erzielen. Bei den meisten Arten stellt der erfahrene Züchter schnell fest, welchem Geschlecht ein Fisch zugeordnet werden muß. Die Männchen der Lebendgebärenden Zahnkarpfen besitzen ein mehr oder weniger großes und bewegliches Gonopodium für die Befruchtung; es ist gut sichtbar und die Geschlechtsbestimmung somit meist kein Problem. Aber auch hier gibt es Ausnahmen und u. a. muß die verschiedene Färbung der Geschlechter mit herangezogen werden, um Männchen und Weibchen sicher trennen zu können. Beispielsweise muß man bei den Hochlandkärpflingen ganz genau hinsehen, bevor man das „Gonopodium“ erkennen kann.

Bei Cichliden beachtet man meist mehr die Flossen, obwohl bei einigen Gattungen und Arten auch dort kein Hinweis zu erwarten ist. Doch betrachten wir nicht die Ausnahmen. Im allgemeinen sieht es so aus, daß Männchen großflächigere und spitz ausgezogene, teilweise sogar fadenförmig verlängerte Rücken- und Afterflossen haben. Die Rücken- und Afterflossen der Weibchen dagegen sind meist kleiner und oftmals abgerundet; wenn sie spitz sind, bleiben sie aber kurz. Bei verschiedenen Cichlidenarten kommt noch hinzu, daß Männchen viel intensiver gefärbt sind als die oft kleineren Weibchen. Fast die gleichen Merkmale können wir auch bei den Labyrinthfischen zur Geschlechtsbestimmung heranziehen.

Recht einfach sind die Männchen und Weibchen der Eierlegenden Zahnkarpfen zu unterscheiden. Fast immer sind Männchen größer und stechen mit ihrer Farbenpracht von den meist grauen und kleineren Weibchen ab. Bei den Barben ist das Männchen ebenfalls oft das farblich auffallendere Tier, doch kann man bei ihnen die Körperform mit heranziehen. Männchen sind insgesamt schlanker gebaut, während Weibchen eine gut wahrnehmbare gerundete Bauchpartie haben. Das trifft ebenso für die meisten Salmler zu, bei denen oft zwischen Männchen und Weibchen kaum Unterschiede bestehen. Bei Welsen sind die kleineren, schlankeren Tiere oft die Männchen. Es kann bei dieser Gruppe je nach Art noch andere Verschiedenheiten geben.

Die aufgezeigten Unterscheidungsmerkmale geben nur einen groben Überblick und treffen nicht immer zu. Man sollte sie aber kennen, denn mit diesem Wissen kommt man bei den meisten Fischarten schon recht weit. Im nächsten Teil des Buches werden noch weitere Hinweise gegeben.

Paarungsverhalten

Im allgemeinen müssen Lebewesen, die den Geschlechtspartner anlocken, Kontaktscheu abbauen und eine Abstimmung aufeinander erreichen wollen, die eine Begattung und Befruchtung ermöglicht, den „richtigen Ton anschlagen". So vielfältig die Artenzahl der Lebewesen ist, so unterschiedlich sind auch die Verhaltensweisen und Signale. Wenn wir bei Zierfischen z. B. nur erwähnen wollten, daß Cichliden auf Steinen und Eierlegende Zahnkarpfen in oder am Bodengrund laichen, hätten wir damit so gut wie nichts gesagt. Viel wichtiger ist es zu wissen, wie sich ein Männchen verhalten muß, um erst einmal vom Weibchen als Vertreter der eigenen Art und außerdem als Geschlechtspartner anerkannt zu werden. Das gleiche gilt auch für das Verhalten eines Weibchens gegenüber dem Männchen.

Es gibt einige gleiche, oft kaum erkennbare Verhaltensweisen aller Vertreter einer Fischfamilie. Außerdem treten innerhalb einer Gattung Verhaltensweisen auf, die nur Vertreter dieser Gattung zeigen. Daher kommt es vor, daß verschiedene Arten – zumindest in Laichnot – gemeinsam ablaichen. Die letzten Schranken fallen jedoch erst, wenn die meisten Verhaltensweisen gleich sind. Erst jetzt erkennt das Männchen an den bestimmten, nur den Weibchen derselben Art eigenen Verhaltensweisen, daß ein passendes Weibchen ablaichen möchte. Geht das Männchen darauf ein, löst die artspezifische Balz des Männchens die letzte Eireife beim Weibchen aus. Bestimmte Verhaltensweisen des Weibchens werden wiederum zum Auslöser für weitere Handlungen des Männchens, z. B. Nestbau. Wenn bei beiden Partnern alle Handlungen so ablaufen, wie sie für diese Art programmiert sind, kommt es auch zur Paarung. Verschiedene Arten einer Gattung können sich noch nicht soweit auseinanderentwickelt haben, daß das Paarungsverhalten sich noch etwas ähnelt. Unter diesen Bedingungen ist es ohne weiteres möglich, daß es zur Paarung kommt, falls ein Männchen und ein Weibchen aus zwei unterschiedlichen Arten des betreffenden Kreises zusammengesetzt werden. Dies passiert besonders dann, wenn beide Tiere noch nicht oder lange Zeit nicht abgelaicht haben. In der „Aufregung" wird auf kleine Abweichungen des Partners dennoch richtig reagiert.

Alles in allem muß betont werden, daß ein richtiges Verhalten der Partner zueinander für die Paarung wichtig ist. Im allgemeinen ist das innerhalb einer Art vorprogrammiert. Es kann aber auch Abweichungen geben, z. B. durch eine Mutation. Dadurch können nicht nur Äußerlichkeiten verändert werden (Albinismus), sondern auch Verhaltensweisen. Langjährige Züchter wissen, daß es möglich ist, daß ein bestimmtes Männchen das ausgewählte Weibchen nicht zum Laichen bringt. Tauscht man nun das Männchen gegen ein anderes aus, gelingt die Paarung auf Anhieb. Ein derartiges Auswechseln eines Partners ist aber verhältnismäßig selten notwendig; meist sind andere Gründe schuld.

Paarung

Haben sich die Partner gefunden und stimmen die Balzhandlungen während der Anpaarung, kommt es bald zur Paarung. Die Paarung der Zierfische kann man nach drei Arten unterscheiden:

1. Einführung des Gonopodiums und innerliche Befruchtung der Eier (Lebendgebärende Zahnkarpfen).
2. Gleichzeitiger Ausstoß von Eiern und Spermien. Die Befruchtung erfolgt außerhalb des Körpers (Salmler, Barben).
3. Ablage der Eier auf ein Substrat (Pflanzen, Steine usw.) und anschließende Befruchtung (Cichliden).

Neben diesen Grundarten der Paarung gibt es noch viele Abweichungen, vor allem bei der weiteren Laichpflege. Während sich bestimmte Fischgattungen oder Arten überhaupt nicht mehr um den abgesetzten Laich kümmern, treiben andere Brutpflege; sie kann sehr intensiv werden, z. B. bei den Maulbrütern.

Die Entwicklung vom Ei bis zum Jungfisch

Im allgemeinen entwickeln sich die befruchteten Eier im freien Wasser, irgendwo verstreut oder dichtbeieinander, geschützt durch das Brutpflegeverhalten der Elterntiere. Sind alle Eier befruchtet, so bestehen im natürlichen Biotop durch das meist fließende Wasser die günstigsten Bedingungen zur Entwicklung der Larven, wenn man bestimmte Feindfaktoren außer acht läßt. Im Aquarium müssen also möglichst ähnliche Bedingungen geschaffen werden, besonders bei der Wasserqualität. Das ist am besten mit häufigem Wasserwechsel zu erreichen. Gefährlich wird es z. B. bei Barben und Salmlern gleich nach dem Laichen. Man hat zwar die Elterntiere aus dem Becken entfernt, aber nicht die während der Paarung „erfolglosen" Spermien, die Samenflüssigkeit und anderen Sekrete. Diese organischen Stoffe bilden in den kleinen Zuchtbecken die Grundlage für eine Massenentwicklung von Bakterien, die auch den Eiern schaden. Man saugt daher soviel wie möglich von dem Zuchtwasser ab und ersetzt es mit ähnlichem Wasser, nach dem Schlüpfen der Larven mit normalem Leitungswasser. Dieser Methode sollte man gegenüber dem Zusatz von antibakteriellen Stoffen den Vorzug geben.

Es ist streng darauf zu achten, daß alle eventuell weißwerdenden Eier sofort mit einer Pipette abgesaugt werden. So verhindert man eine aufkommende Verpilzung des gesamten Laiches.

Nach der Befruchtung beginnt die Eizelle mit der Furchung, d. h. aus einer Eizelle entstehen Tochterzellen. Diese Teilung setzt sich dann immer weiter fort, z. B. vom 4-Zellen-Stadium zum 8-Zellen-Stadium usw., bis sich langsam die Embryonalanlage bildet, aus der sich der Dottersack und der größer werdende Embryo entwickeln. Nach dem Schlüpfen hat die Larve im allgemeinen einen verhältnismäßig großen Dottersack, der sie noch am freien Schwimmen hindert. Die Ernährung der Larve erfolgt jetzt durch Abbau des Dottersackinhaltes. Gleichzeitig wächst die Larve und entwickelt sich zum Jungfisch, der nun fressen muß, um weiterleben zu können. Verläuft diese Entwicklung unter Brutpflege der Eltern oder eines Elternteils, so ist für die Entwicklung des Laiches, der Larven und Jungfische die beste Voraussetzung gegeben. Es ist aber auch in diesem Falle immer für viel Frischwasser zu sorgen.

Die Aufzucht

Die vollentwickelten Jungfische benötigen, da der Dottersack aufgebraucht ist, in den ersten Stunden nach dem Freischwimmen entsprechend ihrer Größe sofort Futter. Viele Jungfische, z. B. die der

Salmler, Barben und Labyrinthfische, sind so klein, daß man sie erst bei genauem Hinsehen erkennt. Sie benötigen daher auch feinstes Futter, das möglichst nicht mehr wächst oder nicht so schnell wächst. Rädertierchen sind dabei zu bevorzugen. Obwohl auch feinste Cyclops-Nauplien gefressen werden, muß man mit ihnen vorsichtig sein, denn abends nicht gefressenes Futter dieser Art wächst bei dem verhältnismäßig warmen Wasser sehr rasch und kann dann zur Gefahr für die Jungfische werden. Wenn also Cyclops-Nauplien gefüttert werden, so nur so viele eingeben, daß sie innerhalb der nächsten Stunde gefressen werden können. Man füttert lieber einmal mehr. Damit auch wirklich nur Futtertiere einer Größe ins Becken kommen, muß das Futter vor dem Füttern nochmals gut gesiebt werden. Die dafür erforderlichen Futtersiebe kann man sich gut selbst herstellen.

Bei Jungfischen von Cichliden, die im allgemeinen schon etwas größer sind, kann man Cyclops-Nauplien als Erstfutter ohne Bedenken verfüttern. Man sollte jedoch auch bei ihnen zumindest in den ersten Tagen unbedingt nur feinstes Futter verwenden. Auch zuviel Futter auf einmal ist hier nicht angebracht. Im Gegensatz dazu ist es bei einer Fütterung mit Rädertierchen, z. B. bei Labyrinthfischen, möglich und auch angebracht, die Jungfische sozusagen im Futter „stehenzulassen". Spätestens eine Woche nach dem Anfüttern sollte man die Jungfische in ein größeres Aufzuchtbecken überführen und, wie immer wieder betont, den regelmäßigen Wasserwechsel nicht vergessen. Darauf kann nicht oft genug hingewiesen werden. Nur bei guter Wasserqualität und reichlicher Fütterung wachsen die Jungfische schnell und zu gesunden, kräftigen Tieren heran.

In der zweiten Woche nach dem Freischwimmen kann man bei Salmlern und Barben auch Mikro (Essigälchen) beifüttern; bei Cichliden und Welsen schon vom ersten Tag an. Bewährt hat es sich, hin und wieder ebenfalls etwas Trockenfutter, tiefgekühlten Spinat (aufgetaut), Haferflocken und Weizenkeime zu verfüttern. Diese Futterarten sind auch für Zuchttiere gut geeignet. Wenn viele Jungfische im Aufzuchtbecken schwimmen, ist es kaum zu vermeiden, daß dieses Becken sehr schnell verschmutzt. Die Scheiben sind dann mit einer schleimigen Schicht überzogen. Bei jedem Wasserwechsel sollte man daher mit dem Schwamm die Scheiben reinigen. Am besten ist es, nicht nur einen Teil des Wassers, sondern soviel wie möglich zu wechseln. Man saugt also das Wasser bis zu einem Stand von ungefähr 2 cm ab. Zweckmäßig ist es, an der Ansaugseite des Schlauches einen Ansaugkorb zu befestigen, durch den die Jungfische nicht schlüpfen können. Ich habe mir angewöhnt, das über einen Boiler und die Mischbatterie entsprechend temperierte Wasser direkt aus der Leitung mit einem langen Schlauch ins Becken zu bringen. Verluste gab es dabei sehr selten. Will man besonders vorsichtig sein, hängt man während des Einfüllens einen Schnellfilter ins Becken. Nach einer Stunde ist kaum noch so viel Luft im Wasser, daß sie sich an den Fischen ansetzt und sie beim Schwimmen behindert. Die aufgeführten Ratschläge brauchen nicht in jeder Situation und bei jeder Leitungswasserqualität zutreffen; sie sind als Hinweise zu betrachten. Am meisten lernt man aus eigenen Erfahrungen, die man aber nur dann machen kann, wenn man mit der Nachzucht begonnen hat.

Spezieller Teil

Erfahrungen bei der Nachzucht von Zierfischen der verschiedenen Fischfamilien

Lebendgebärende Zahnkarpfen und Hochlandkärpflinge

Die Heimat dieser beliebten Fische liegt im Raum zwischen dem südlichen Nordamerika bis einschließlich Südamerika. Sie wurden nicht nur im reinen Süßwasser, sondern auch im Brackwasser gefunden. In ihren Biotopen kommen sie in fast allen Arten von Gewässern vor, in denen sie sich hauptsächlich in den Uferregionen aufhalten. Zu den Lebendgebärenden Zahnkarpfen und Hochlandkärpflingen gehören u. a. folgende Gattungen:

Alfaro	*Phalloptychus*
Brachyrhaphis	*Poecilia*
Carlhubbsia	*Poeciliopsis*
Cnesterodon	*Priapichthys*
Gambusia	*Quintana*
Girardinus	*Xenodexia*
Heterandria	*Xenophorus*
Neoheterandria	*Xenotoca*
Phallichthys	*Xiphophorus*
Phalloceros	

Der wohl bekannteste Vertreter der Lebendgebärenden Zahnkarpfen dürfte der Guppy *Poecilia reticulata* PETERS, 1859 sein. Gerade bei dieser Art gab es viele Varianten aufgrund unterschiedlicher Verbreitungsgebiete. Das wurde von den Guppy-Züchtern genutzt; sie züchteten im Laufe der Zeit Tiere, die in Form und Färbung jeden begeistern. Da es allmählich unmöglich wurde, diese Vielzahl von Formen insgesamt zu bewerten, wurden Bewertungs-Richtlinien aufgestellt. Darin werden die Guppys nach Hauptstandards zusammengefaßt. Innerhalb dieser Standardformen sind die einzelnen

Tiere dann besser vergleichbar. Neben der Einteilung nach der Form (Doppelschwert, Untenschwert, Obenschwert, Scherenschwanz, Rundschwanz, Fahnenschwanz, Schleierschwanz, Fächerschwanz, Triangel, Nadelschwanz, Speerschwanz, Spatenschwanz, und Leierschwanz) unterteilt man auch noch nach Farbe.

Der Spiegelkärpfling oder Platy *Xiphophorus maculatus* (GUENTHER, 1866) hat sich einen festen Platz in den Aquarien erobert. Auch bei dieser Art finden wir viele Standortvarianten mit farblichen Abweichungen. Das trifft ebenfalls für Schwertträger *Xiphophorus helleri* HECKEL, 1848 zu. Beliebt ist genauso der „Black Molly", eine Zuchtform von *Poecilia sphenops* CUVIER & VALENCIENNES, 1846.

Man sollte es sich zum Grundsatz macnen, diese Fische in möglichst großen Aquarien zu halten. Obwohl die Tiere verhältnismäßig klein sind, ist ihr Stoffwechsel sehr groß, besonders bei einer warmen Haltung. Sie fressen sehr viel und scheiden demzufolge auch viel wieder aus. Man kann die Fische mit jedem der üblichen Lebend- und Trockenfutterarten füttern. Auch pflanzliche Nahrung wird gern genommen; am besten gibt man z. B. Tiefkühl-Spinat als Beinahrung. Wenn zu viele Tiere im Becken schwimmen, verschlechtert dies unweigerlich schnell die Wasserqualität. Häufiger Wasserwechsel ist also angebracht. Beachtet man, daß die meisten Lebendgebärenden Zahnkarpfen mineralreiches Wasser lieben, werden sie besonders groß und entwickeln sich auch farblich zu Prachtexemplaren. Will man reinerbige Formen nachziehen, darf man nicht vergessen, daß sich die verschiedenen Varianten (Zuchtformen) bzw. Mutanten miteinander kreuzen. Es verbietet sich daher von selbst, sie zusammen in einem Aquarium zu halten – Ausnahme: Tiere gleichen Geschlechts.

Bald bemerken wir, daß die Weibchen in der Bauchgegend anschwellen, ein sicheres Zeichen für die Entwicklung befruchteter Eier zum Jungfisch. Voraussetzung ist selbstverständlich, es war auch ein Männchen im Becken. Die Befruchtung erfolgt bei den Lebendgebärenden Zahnkarpfen durch innere Befruchtung. Die Afterflosse des Männchens hat sich zu einem Begattungsorgan entwikkelt. Am Ende des Gonopodiums befindet sich meist ein hakenförmiges Gebilde, mit dem es in der Geschlechtsöffnung des Weibchens „verankert" wird, wenn die Kopulation stattfindet. Über eine sehr kleine Rinne wird das „Spermapaket" in das Geschlechtsorgan des Weibchens gebracht.

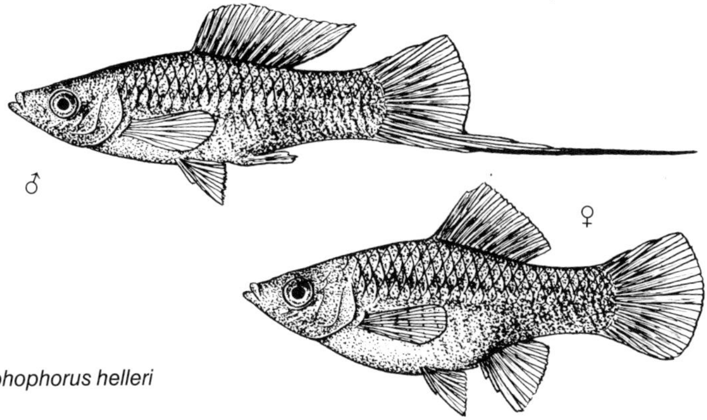

Xiphophorus helleri

Bei den Hochlandkärpflingen *(Goodeidae)* erkennt man auf den ersten Blick beim Männchen kein besonders geformtes Gonopodium. Nur bei genauem Hinsehen kann man wahrnehmen, daß ein Begattungsorgan, jedoch nicht im Sinne eines Gonopodiums, vorhanden ist und durch einen Einschnitt von dem hinteren Teil der Afterflosse getrennt ist. Die Befruchtung bei den Hochlandkärpflingen erfolgt über den von der Afterflosse getrennten Zipfel, den das Männchen bei der Paarung wie eine Schale um die Geschlechtsöffnung des Weibchens mit der angelegten ,,Genitalpapille'' des Männchens legt (erste kurze Strahlen der Afterflosse).

Diese Art der Befruchtung erfordert unbedingt einen Gleichklang der Bewegungen beider Partner. Das setzt voraus, daß auch das Weibchen zur Paarung bereit ist. Ein bekannter Hochlandkärpfling ist *Xenotoca eiseni* (RUTTER 1896).

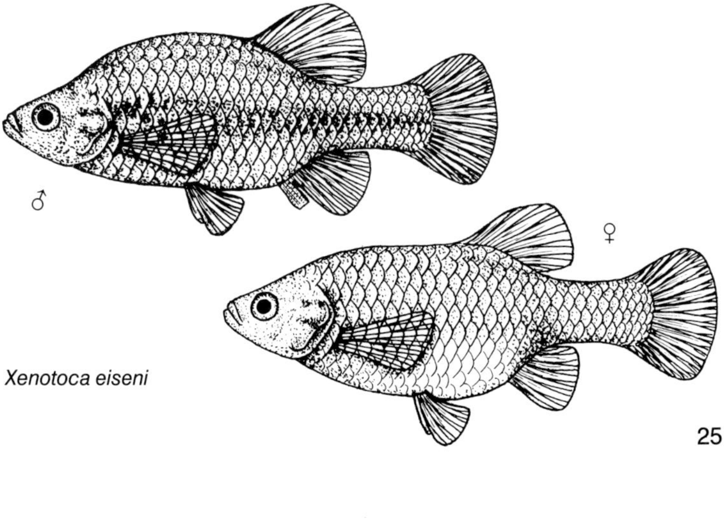

Xenotoca eiseni

Zur Kopulation schwimmt das Männchen der Lebendgebärenden Zahnkarpfen an die Seite des Weibchens und führt die Spitze des Gonopodiums ein. Für einige Sekunden verharren die Tiere in dieser Stellung, und das Männchen gibt das Sperma ab. Ein Teil der Spermien dringt in die herangereiften Eier ein, der Rest bildet eine Reserve und bleibt oft noch Monate nach der Kopulation befruchtungsfähig. Eine Ausnahme bilden die Hochlandkärpflinge, denn ihre Weibchen können die Samenfäden nicht speichern. Bei jeder sich entwickelnden Eiserie ist eine Kopulation erforderlich. In den befruchteten Eiern innerhalb des Mutterleibes entwickeln sich die Jungfische, die während der Geburt die Eihülle sprengen. Je nach Gattung oder Art dauert die Entwicklung vom Ei zum fertigen Jungfisch zwischen 4 und 6 Wochen. Sofort nach der Geburt beginnen die Jungfische, ein Stück zu schwimmen; sie lassen sich aber dann gleich zu Boden gleiten und schwimmen erst nach kurzer Zeit zur Wasseroberfläche, um die Schwimmblase mit Luft zu füllen. Bis zu 150 Jungfische kann ein großes Weibchen werfen, z. B. das vom Schwertträger. Dies geschieht nicht fortdauernd, es können längere Pausen während des Gebärens eingelegt werden.

Eigentlich gibt es für den Züchter nur ein Problem: Er muß verhindern, daß werfende Weibchen die Jungfische sofort wieder fressen. Zu diesem Zweck wurden sogenannte „Gebärkästen" gebaut, die sich recht erfolgreich durchgesetzt haben. Bei mir hat es sich bewährt, Weibchen, die in der Bauchgegend sehr stark angeschwollen waren, in ein kleines Becken zu setzen, das so mit feinfiedrigen Wasserpflanzen gefüllt war, daß diese Weibchen sich nur mit Mühe bewegen können. Wichtig ist es, vor allem über Nacht das Becken gut zu belüften, weil im Dunkeln Wasserpflanzen dem Wasser Sauerstoff entziehen. Man braucht nun nur jeden Tag nachzuschauen, ob die Jungen schon abgesetzt wurden. Ist dies der Fall, setzt man das Weibchen wieder in das Hälterungsbecken zurück. Normalerweise werden die Jungfische in den frühen Morgenstunden geboren. Aus dem Becken mit den Jungfischen entfernt man jetzt vorsichtig die Wasserpflanzen, zieht das meiste Wasser ab und ersetzt es mit abgestandenem Frischwasser. Die Jungfische können sofort mit Cyclops-Nauplien angefüttert werden.

Häufig treten besonders bei *Xiphophorus helleri* sogenannte „Spätentwickler" oder „Spätmännchen" auf. Sie ähneln mit ihrer Größe und Plumpheit über lange Zeit den Weibchen, so daß man sie für

Phallichthys amates, Befruchtung

Weibchen halten muß. Dies um so mehr als die sogenannten „Frühentwickler" oder „Frühmännchen" vollentwickelt und eindeutig als Männchen erkennbar sind. Oft führte es dazu, „Spätmännchen" – wenn sie erst nach Monaten Merkmale des Männchens zeigten und befruchtungsfähig wurden – als Tiere anzusehen, die eine Geschlechtsumwandlung durchgemacht haben. „Spätmännchen" sind im allgemeinen erheblich größer und plumper als „Frühmännchen".

Weibchen verschiedener Arten zeigen nach der ersten Befruchtung einen sogenannten „Trächtigkeitsfleck". Besonders auffallend ist er bei *Xiphophorus variatus, X. xiphidium, Poecilia melanogaster* und *Gambusia affinis.*

Bei der Zucht von Lyratail-Schwertträgern, die wegen ihrer starkverlängerten Flossenspitzen einen großen Liebhaberkreis finden, ist ein Gonopodium entstanden, das ebenfalls stark verlängert und oft verzweigt ist. Männchen sind damit kaum noch in der Lage, Weibchen zu befruchten. Abhilfe kann man für kurze Zeit mit Kürzen (Abschneiden mit einer Schere auf normale Länge) des Gonopodiums schaffen.

In küstennahen Gewässern mit teils brackigem Wasser kommen *Poecilia sphenops, P. velifera* und *P. latipinna* vor. Man kann dem Wasser, in dem sie gehalten werden, bis zu 10% Seewasser zusetzen. Anzuraten ist es auf alle Fälle beim mineralarmen, weichen Leitungswasser. Wenn hartes, mineralreiches Wasser vorhanden ist, muß nach meinen Erfahrungen der Zusatz nicht sein.

Neben der Gattung *Poecilia* gehört die Gattung *Gambusia* zu den artenreichsten Gattungen der viviparen Zahnkarpfen. Ein dieser Gattung sehr nahestehender Fisch ist *Belonesox belizanus,* KNER, 1860, der von Honduras bis ins südliche Mexiko vorkommt. Der Lebendgebärende Hechtkärpfling macht seinem Namen vom Aussehen her schon alle Ehre. Besonders auffallend ist das mit vielen kleinen Zähnen versehene Maul. Daß dieser Fisch zu den Lebendgebärenden Zahnkarpfen gehört, will man gar nicht so recht glauben, das Gonopodium des Männchens weist aber eindeutig darauf hin und ist gleichzeitig das äußere Geschlechtsmerkmal.

Nach den derzeitigen Erkenntnissen ist der Hechtkärpfling der größte Vertreter der Familie *Poeciliidae.* Die Weibchen werden bis 20 cm, Männchen bis 12 cm groß. Wir haben es bei diesen Fischen mit echten Raubfischen zu tun, die in ihrer Heimat in allen Gewässerarten leben. Entschließt man sich, sie zu erwerben, muß man bedenken, daß die meist als verhältnismäßig kleine Jungfische verkauften Tiere schnell heranwachsen und bald ein Aquarium mit ungefähr 100 Liter Inhalt benötigen, am besten ein Rennbecken. Erst in einem derartigen Becken fühlen sie sich richtig wohl. Andere Fische sollten nicht mit im Aquarium gehalten werden, zumindest müssen sie ungefähr die gleiche Größe wie die Räuber haben. Am besten ist es, sie im Artenbecken zu halten.

An die Wasserhärte werden keine Anforderungen gestellt. Die Wassertemperatur kann zwischen 20 und 28 °C liegen. Das Becken sollte im Hintergrund gut bepflanzt sein. Man kann auch Schwimmpflanzen mit ins Becken geben; dann sollte man jedoch berücksichtigen, daß dadurch viel Licht weggenommen wird. Solange die Tiere jung und noch nicht sehr groß sind, kann man sie ohne weiteres mit Daphnien, Mückenlarven, Tubifex und Enchyträen füttern. Je größer die Tiere werden, desto mehr sollte man dazu übergehen, ihnen Jungfische entsprechender Größe als Futter zu geben. Hiervon hängt es ab, ob wir mit Nachzucht rechnen können. Die oft bemerkte Unfruchtbarkeit der Fische ist in den meisten Fällen auf falsche Fütterung (keine lebenden Fische) zurückzuführen. Eine Guppyzucht ist also Voraussetzung für die richtige Haltung dieser Fische. Bei der Fütterung kann man beobachten, daß das im allgemeinen größere Weibchen immer der herrschende Teil im Becken ist. Das Männchen traut sich nur in einiger Entfernung vom Weibchen an Futtertiere heran. Wagt es doch einmal, in der Nähe des Weibchens zu fressen, wird es sofort verjagt. Das geschieht vor allem, wenn das Weibchen mit dem Fressen nicht fertig ist.

Die Paarung der Hechtkärpflinge ähnelt sehr der Paarung der Gambusen. Sie wird vom Männchen eingeleitet, das sich schrägschwimmend quer vor dem Weibchen postiert. Es bewegt dabei zitternd die Flossen. Dann beginnt es, mit dem Körper schaukelnde Bewegungen auszuführen, und die Flossen werden gespreizt und dann wieder angelegt. Das Gonopodium wird nach unten oder zur Seite gestellt und dann erneut in Normalstellung gebracht. Aus dieser T-Stellung heraus schwimmt das Männchen einen Halbkreis um das Weibchen und dann seitlich an die Partnerin heran, vorausgesetzt, daß sie stehenbleibt. Oft beobachtet man, wie ein Männchen versucht, das Weibchen in die Seiten zu rammen oder zu beißen.

Nomorhamphus celebensis

1 Männchen balzt vor dem Weibchen.

2–5 Geburt eines Jungfisches.

3
4
5

Ist das Weibchen paarungsbereit, bleibt es im allgemeinen stehen. Nun kann sich das Männchen an die Seite des Weibchens begeben. Während des Heranschwimmens wird das Gonopodium seitlich in Richtung auf die Genitalgegend des Weibchens gestellt und dann dort eingeführt. Es findet die Befruchtung statt.

Je nach Wassertemperatur liegt die Trächtigkeitsdauer zwischen 35 und 45 Tagen. Die Tiere sollten jetzt besonders gut gefüttert werden. Das Weibchen wird in ein separates Becken gesetzt, wenn man deutlich an der sehr stark gewordenen Bauchpartie erkennt, daß die Jungfische bald geboren werden. Dieses Aquarium kann ungefähr 15 Liter fassen. Man bringt so viele feinfiedrige Wasserpflanzen ein, damit das Weibchen nur noch mit Mühe schwimmen kann. Ein Ausströmer sorgt für den notwendigen Sauerstoffgehalt des Wassers.

Sind die zwischen 15 und 20 mm großen Jungfische geworfen, wird das Weibchen herausgefangen und in das Hälterungsbecken zurückgesetzt. Die Jungfische – es sind meist bis zu 50 Stück – kann man gleich mit Cyclops anfüttern. Alle Wasserpflanzen kann man nun vorsichtig aus dem Aufzuchtbecken nehmen.

Bei Lebendgebärenden Zahnkarpfen ist es notwendig, verschiedene Arten und vor allem Zuchtformen – wie bereits erwähnt – nicht zusammen in einem Becken zu halten, weil es zu Kreuzungen kommen kann, die nicht gewünscht werden.

Halbschnäbler *Hemirhamphidae*

Die Halbschnäbler oder Halbschnabelhechte sind eine besondere Gruppe lebendgebärender Zierfische, die nach heutigen Erkenntnissen nur im südostasiatischen Raum vorkommen. Zu ihnen zählen u. a. *Dermogenys pusillus* (seit langem bekannt), *D. sumatranus, Nomorhamphus celebensis, N. hageni, N. liemi, N. towoeti, Hemirhamphodon chrysopunctatus, H. pogonognathus* und *H. phaiosoma.* Alle Arten sind ausgesprochene Oberflächenfische, die hauptsächlich von Anflugnahrung leben. Sie nehmen aber jedes Futter an, sogar Trockenfutter.

In ihrer Heimat kommen sie oft in größeren Schwärmen vor. Sie sind in allen Arten von Gewässern, teilweise sogar in küstennahen, brakkigen Gewässern anzutreffen. Ein Seewasserzusatz im Aquarium ist

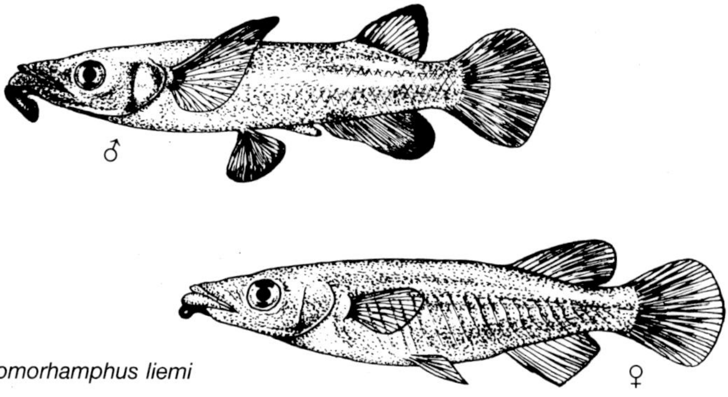

Nomorhamphus liemi

jedoch nicht notwendig, wenn man nicht sehr mineralarmes, weiches Wasser hat. Männchen sind kleiner und schöner gefärbt als Weibchen. Die Haltung im Aquarium ist verhältnismäßig unproblematisch, man sollte sie jedoch im Schwarm halten. Männchen tragen untereinander oft kleine Kämpfe aus, und es ist wunderschön anzusehen, wenn sie balzen.

Auch diese Fische haben wie die Lebendgebärenden Zahnkarpfen ein Begattungsorgan, doch ohne Widerhaken. Eine erfolgreiche Befruchtung ist daher nur möglich, wenn das Weibchen paarungsbereit ist. Eine Paarung dauert zwischen 10 und 40 Sekunden.

Bei *Nomorhamphus liemi* liegen die besamten Eier im sackartig erweiterten Eierstock des Weibchens. Die sich entwickelnden Embryonen liegen dann nebeneinandergeschichtet im sackartig erweiterten Ovar. Die Weibchen werden in der Bauchgegend fortwährend dicker. Nun ist es an der Zeit, das Weibchen herauszufangen und wie bei den Lebendgebärenden Zahnkarpfen in ein anderes Becken zu setzen, das mit feinfiedrigen Wasserpflanzen versehen wurde, so daß sich das Weibchen kaum bewegen kann. Auch eine gute Belüftung darf nicht fehlen. Bei der Geburt kommen die Jungfische mit dem Kopf oder mit dem Schwanz zuerst aus der Genitalöffnung. Sofort streben sie der Wasseroberfläche zu, um wahrscheinlich ihre Schwimmblase zu füllen. Die zuerst ausgestoßenen Jungfische sind etwa 2,5 cm, die zuletzt ausgestoßenen oft nur 1,8 cm groß. Ist man während des Gebärens dabei, fängt man am besten alle Jungfische kurz nach der Geburt heraus und bringt sie in ein anderes Becken. Das nach dem Gebären sichtbar eingefallene Weibchen wird wieder in das Hälterungsbecken überführt. Es ist angebracht, die Wasserpflanzen nicht noch am gleichen Tag aus dem Becken mit den Jungfischen zu nehmen, die sonst zu Bauchrutschern werden können. Die Jungfische fressen gleich größere Cyclops-Nauplien. Von einem großen Weibchen kann man bei einem Wurf bis zu 20 Jungfische erhalten. Besonders günstig wirkt es sich auf die Körperbeschaffenheit der Jungfische aus, wenn Elterntiere oft mit *Drosophila* (stummelflügelige Essigfliege) oder Mückenlarven gefüttert wurden. 28–32 Tage nach dem Absetzen der Jungfische werfen die Weibchen erneut.

Eierlegende Zahnkarpfen

Das Vorkommen der Killifische erstreckt sich über fast alle subtropischen und tropischen Gebiete der Erde, ausgenommen Australien. Den größten Artenreichtum bietet Westafrika. Sie leben in Flüssen und allen möglichen Gewässern. Das Wasser ist in den heimatlichen Biotopen oft extrem mineralarm, weich und sauer. Wasserwerte, die einem minimal verunreinigten destillierten Wasser entsprechen, sind nicht selten. Der pH-Wert liegt zum Beispiel oft bei 4,5. Verbreitet werden die Fische vielfach durch Überschwemmungen, so daß man sie teilweise in kleinsten Wasseransammlungen finden kann, die in der Trockenzeit völlig austrocknen können. Besonders in Pfützen und Tümpeln kann die Temperatur stark schwanken und außerdem der Mineralgehalt im Laufe der Zeit durch Verdunstung des Wassers steigen. Grundsätzlich sind Eierlegende Zahnkarpfen als recht anpassungsfähig zu bezeichnen. Die meisten von ihnen – besonders in Afrika und Südamerika beheimatete Fische – werden auf Grund der Kurzlebigkeit auch Saisonfische genannt.

Ein Züchter unterscheidet zunächst nach der Art und Weise des Laichens. Wir haben es entweder mit Haft- oder Bodenlaichern zu tun. Deshalb werden die Zuchtmethoden aufgeteilt nach zwei Gruppen beschrieben. Weiterhin wäre zu beachten, ob die Fische aus dem tropischen Regenwald, der Feucht- oder Trockensavanne stammen. Nach dem jeweiligen Biotop müssen wir bei der Zucht verschiedene Dinge berücksichtigen. Die meisten Killifische haben den Vorteil, keine Laichräuber zu sein. Das erleichtert die Zucht wesentlich.

Haftlaicher

Zu den Haftlaichern zählen u a. folgende Gattungen:

Aphanius
Aphyosemion (teilweise)
Aplocheilichthys
Aplocheilus
Cyprinodon
Epiplatys
Fundulus
Garmanella
Jordanella
Lucania
Oryzias
Pachypanchax
Procatopus
Rivulus
Roloffia (teilweise)
Valencia

Die vielfach in Regenwaldgebieten vorkommenden verschiedenen Aphyosemion- und Epiplatys-Arten sind sehr bekanntgeworden. Stellvertretend für alle aus dem tropischen Regenwald stammenden Arten wird hier die Haltung und Zucht von *Epiplatys annulatus* (BOULENGER, 1915) beschrieben. Diese Fischart ist in Fließgewässern und Tümpeln Westafrikas (Sierra Leone, Guinea bis Liberia) beheimatet. Als ausgesprochener Oberflächenfisch hält er sich vorwiegend an der Wasseroberfläche auf. Die Haltung der mit einer Größe von 4 cm verhältnismäßig kleinen und zierlichen Fische ist problemlos. Wenn man keinen besonderen Wert auf Nachzucht legt, können sie in fast jedem Leitungswasser gehalten werden. Gefressen werden am liebsten *Drosophila* und *Cyclops;* man kann aber auch geringe Mengen Trockenfutter anbieten.

Zur Zucht werden kleine Aquarien (10 l) benötigt. Auf den Boden legt man ein Büschel Javamoos, das den Weibchen und schwächeren

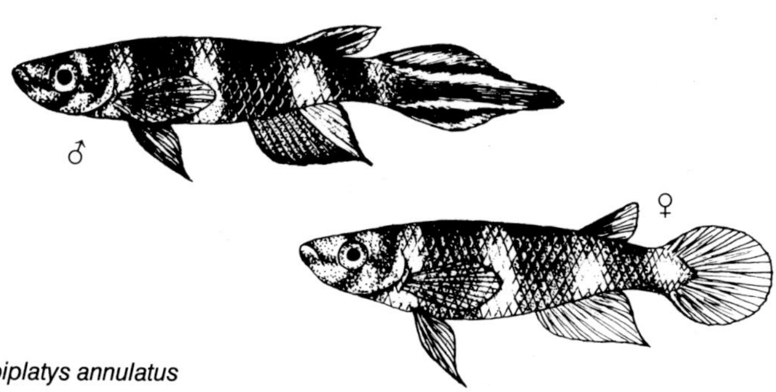

Epiplatys annulatus

Männchen als Versteck und außerdem als Laichsubstrat dient. Das Wasser kann destilliertes oder vollentsalztes Wasser sein, das man über Torf gefiltert und einen pH-Wert um 6 erreicht hat. Diesem Wasser setzt man 1/4 l bis 1 l Leitungswasser (mit 20–5° dH) zu. Wassertemperatur zur Haltung und zur Zucht 22–25 °C. Bei Störungen springen diese Fische gern. Es ist deshalb angebracht, eine Schwimmpflanze einzusetzen und das Becken mit einer dünnen Glasscheibe abzudecken. Die Fische werden sich dann meist unter oder zwischen den Schwimmpflanzenblättern aufhalten.

Am besten setzt man 6 bis 8 Weibchen und zwei oder drei Männchen in das Becken. Die Zuchttiere sollten vorher möglichst nach Geschlecht getrennt gehalten und abwechslungsreich gefüttert worden sein. Nach dem Einsetzen in das Zuchtbecken wird man schon kurze Zeit später das Balzen der hübschen Männchen beobachten können. Mit gespreizten Flossen und in leuchtenden Farben prangend versuchen sie, sich gegenseitig „auszustechen", ohne ernsthaft miteinander zu kämpfen. Auch dem Weibchen gegenüber will sich das Männchen ins rechte Licht setzen. Dieses Balzen wird bald durch den Versuch abgelöst, das Weibchen in die Pflanzen zu lokken, in unserem Falle in das Javamoos. Hierbei sind nicht mehr alle Flossen ständig gespreizt. Ist das Weibchen laichwillig, folgt es der Aufforderung und schwimmt an die Pflanzen heran. Dann drückt es den Hinterkörper an die Pflanzen, und das Männchen schiebt sich neben das Weibchen. Eng aneinandergeschmiegt verharren die Tiere nun einen Augenblick leicht zitternd, und während der ruckartigen Trennung werden die Geschlechtsprodukte abgegeben.

Jeden Tag kann man mit 6 bis 10 Eiern pro Weibchen rechnen. Die Jungfische schlüpfen bei ca. 25 °C ungefähr nach 10 Tagen. Zur rationellen Zucht beläßt man daher die Zuchttiere nur 10 Tage im Bekken und bringt sie entweder wieder getrennt unter oder setzt sie in ein anderes, bereits vorbereitetes Zuchtbecken. Nach einem vierwöchigen Daueransatz sollte man die Geschlechter wieder für einige Zeit (14 Tage) trennen. Die schlüpfenden Jungfische kann man sofort absaugen und in ein Aufzuchtbecken ohne Bodengrund überführen oder in dem Zuchtbecken belassen und dort einige Tage füttern. Damit sich an der Wasseroberfläche keine Kahmhaut (aus Kahm [hefeähnl. Pilz-, Bakterienart] gebildete Haut auf Flüssigkeit) bildet, bringt man eine feinperlige Durchlüftung ins Becken. Die Jungfische werden am besten mit Rädertierchen angefüttert. Man kann auch feinste Cyclops- oder Artemia-Nauplien verfüttern, doch ist es in beiden Fällen möglich, daß die Futtertiere zu schnell wachsen und nicht mehr gefressen werden können. Herangewachsene Cyclops werden sogar zu einer Gefahr für die Jungfische.

Auch die Elterntiere können als kleine Räuber eine Gefahr für die Jungfische werden. Das gilt vor allem, wenn nicht genügend Versteckmöglichkeiten (Schwimmpflanzenwurzeln) vorhanden sind. Daher werden die Zuchttiere, wie bereits beschrieben, nach jeweils 10 Tagen in ein anderes Becken umgesetzt.

In ein Aufzuchtbecken umgesetzte Jungfische sollte man nicht mehr in dem reinen Zuchtwasser schwimmen lassen. Langsam wird es mit Leitungswasser versetzt. Futtertiere sterben dann nicht so schnell, und Jungfische wachsen nach meinen Erfahrungen besser.

Zu den in der Feuchtsavanne vorkommenden Arten gehört *Aphyosemion bualanum* (AHL 1924). Diese bis zu 5 cm großen Fische leben in Kamerun oft in kleinen Tümpeln, die für einige Tage fast trocken werden können. Im allgemeinen trocknen sie aber nicht völlig aus, etwas Wasser bleibt bis zur nächsten Regenzeit immer noch vorhanden.

Bei der Zucht dieser Fische gibt es keine größeren Unterschiede zu den im Regenwald beheimateten Arten. Man verwendet weiches bis mittelhartes Wasser mit einem pH-Wert von 6–6,5. Jungfische schlüpfen ca. 20 Tage nach dem Ablaichen. Man kann die Elterntiere umsetzen oder täglich die Eier von den Pflanzen absammeln. Übrigens hat sich für die zweite Methode das Einbringen von Perlonge-

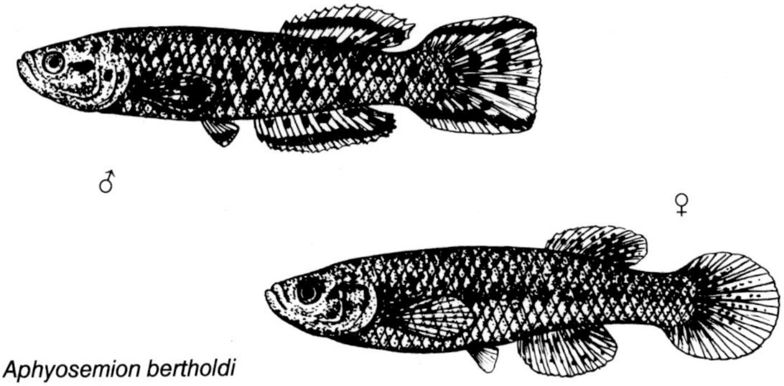

Aphyosemion bertholdi

spinst statt Pflanzen bewährt. Die mit einem Durchmesser von 1,5 mm verhältnismäßig großen Eier sind hartschalig und gut zu erkennen. Wenn man sie nicht sieht, sollte man eine Lupe zu Hilfe nehmen. Abgesammelt werden die meist hartschaligen und leicht zu fühlenden Eier mit den Fingern. Damit beschädigt man sie nicht. Die Eier werden in ein anderes Becken ohne Einrichtung bei einem Wasserstand von nur einigen Zentimetern oder in feuchten Torf gelegt. Aus in Wasser gelegten Eiern schlüpfen nach 20 Tagen die Jungfische. Die Entwicklung der in Torf gelegten und kühl (bei ca. 18 °C) gehaltenen Eier ist erst nach ungefähr 4 Wochen soweit, daß man mit kühlem Wasser (ca. 18 °C) aufgießen kann. Jungfische schwimmen dann bereits nach einigen Stunden, sie werden ebenso gefüttert wie die der vorher behandelten Art.

Manchmal gibt es auch Schwierigkeiten beim Schlupf der Jungfische. Es scheint, daß sie die Eihülle nicht sprengen können. Dann hilft Schütteln des Wassers oder oft auch etwas Trockenfutter, das man auf die Wasseroberfläche streut. Weitere Möglichkeiten der Schlupfhilfe sind: Zugabe von sehr kühlem (10 °C) Frischwasser, Erhöhung des Kohlensäuregehaltes im Wasser durch längeres Einblasen von ausgeatmeter Luft (ungefähr 5 Minuten) sowie Herab- und Heraufsetzen der Wassertemperatur zwischen 15 und 30 °C. Dies alles trifft übrigens noch mehr bei den Eiern der Bodenlaicher zu.

Leuchtaugenfische der Gattungen *Procatopus* und *Plataplochilus* sind Pflanzenlaicher, die jedoch jede Art von Spalten zum Laichen vorziehen. An Wasserpflanzen bevorzugen sie die Kerben an der Blattbasis. Sehr gern laichen die Tiere an Korkeichenrinde. Diese Fische, von denen in den letzten Jahren *Procatopus nototaenia* BOULENGER, 1904 aus Kamerun sehr bekannt wurde, benötigen zur Zucht weiches Wasser. Es sollte häufig gewechselt werden, weil Frischwasser das Wohlbefinden und die Laichfreudigkeit der Tiere steigert, zumal sie in ihrer Heimat in fließenden Gewässern vorkommen. Die Wassertemperatur sollte bei 23 °C liegen. Vierzehn Tage nach dem Laichen schlüpfen die Jungfische, die sofort angefüttert werden müssen. Leuchtaugenfische sind Schwarmfische. Sie sollten im Aquarium im Schwarm gehalten werden, erst dann kommen sie richtig zur Wirkung.

Aus dem südostasiatischen Raum stammen die Leuchtaugenfische der Gattung *Oryzias*. Sie werden auch als Reiskärpflinge bezeich-

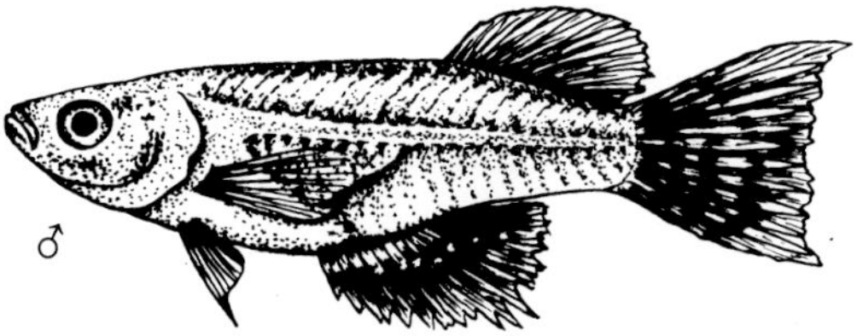

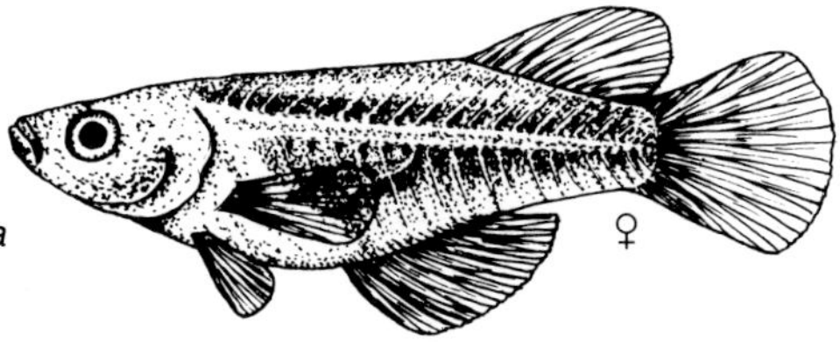

Procatopus nototaenia

net. Bekannt geworden sind sie aufgrund ihres Laichverhaltens, das anhand des Javakärpflings *Oryzias javanicus* (BLEEKER, 1854) erläutert werden soll. Männchen und Weibchen dieser aus Java und der Malaiischen Halbinsel stammenden Fische werden bis 4 cm groß. Man unterscheidet sie nach der Färbung und Form der Afterflossen. Männchen zeigen besonders bei auffallendem Licht, einen bläulichen Schimmer. Die Strahlen der Afterflossen sind etwas verlängert, während die Afterflosse beim Weibchen glatt und abgerundet ist.

Zur Zucht verwendet man am besten ein 10-Liter-Becken ohne Bodengrund. Erforderlich ist mittelhartes Wasser mit einem pH-Wert um 7. Die Wassertemperatur sollte um 23 °C liegen. Mit Glasnadeln oder Steinen befestigt man am Boden des Beckens einen kleinen Busch feinfiedriger Wasserpflanzen. Die Zuchttiere hält man vor dem Ansatz am besten getrennt und füttert sie gut mit Mückenlarven oder anderen Lebendfutterarten. Sie fressen jedoch auch Trockenfutter.

Nach dem Einsetzen der Zuchttiere in das Zuchtbecken dauert es meist nur einige Minuten, bis das Männchen mit gespreizten Flossen vor dem Weibchen balzt. Das Weibchen wird vom Männchen dann heftig getrieben. Bereits nach einigen weiteren Minuten bleibt das Weibchen auf einmal stehen, und das Männchen schwimmt an die Seite des Weibchens. Es schmiegt sich mit dem hinteren Körperteil eng an das Weibchen, während die Vorderkörper etwas auseinanderstehen. Das Männchen legt nun die große Afterflosse um die Aftergegend des Weibchens. Ungefähr 10 Sekunden verharren die Tiere in dieser Stellung, bis man deutlich die Eier in die von der Afterflosse des Männchens gebildete Tasche gleiten sieht. Gleichzeitig erfolgt auch die Befruchtung der Eier durch das Männchen. Das Männchen schwimmt dann beiseite.

Die Eier – es können bis 40 Stück sein – bleiben wie eine Traube an der Bauchgegend des Weibchens hängen. Anfangs sind die Eier milchigtrüb, in den nächsten Minuten werden sie fast glasklar. Das Weibchen schwimmt mit den Eiern meist noch einige Stunden umher und streift sie dann an den feinfiedrigen Wasserpflanzen ab. Hier hängen sie an feinen Fäden bis zum Schlüpfen der Jungfische. Dies geschieht je nach Wassertemperatur zwischen 3 und 6 Wochen. Die geschlüpften Jungfische halten sich fast immer unter der Wasseroberfläche auf. Sie müssen mit Rädertierchen oder feinsten Cyclops-Nauplien angefüttert werden.

Obwohl Eier und Jungfische von den Elterntieren nicht gefressen werden, ist es angebracht, die täglich ablaichenden Zuchttiere nach 4 bis 5 Wochen aus dem Becken zu nehmen, oder die jeweils geschlüpften Jungfische abzuschöpfen und in ein Aufzuchtbecken zu bringen. Diese Jungfische wachsen entgegen anderslautenden Berichten bei häufigem Wasserwechsel und guter Fütterung zu normal großen Tieren heran. Im Alter von 4 Monaten sind die Tiere bereits laichreif.

Eine Besonderheit unter den Eierlegenden Zahnkarpfen ist der Floridakärpfling *Jordanella floridae* GOODE und BEAN, 1879. Die Heimat dieser bis 6 cm großen Fische erstreckt sich von Florida bis Yucatan (Mexiko). Das farbenprächtige Männchen unterscheidet sich gut von dem unscheinbar graugefärbten Weibchen.

Haltung und Zucht dieser Fische ist nach meinen Erfahrungen unproblematisch. Die Zuchtbehälter sollten jedoch mindestens 30 l Inhalt haben. Die Wassertemperatur kann zwischen 18 und 25 °C liegen. Wichtig ist nur, daß man den Tieren auch pflanzliche Kost bietet. Sie fressen aber wie die meisten anderen Fische vorwiegend Lebendfutter.

Als Laichsubstrat verwendet man am besten ein Büschel Javamoos. Laichvolle Weibchen erkennt man gut an der stark geschwollenen

Bauchpartie. Während des Balzens wird das Weibchen regelrecht blaß. Mit S-förmig gekrümmtem Körper laichen die Tiere am Javamoos ab. Bei dem von kleinen Pausen unterbrochenen Laichvorgängen werden in ungefähr eineinhalb Stunden bis zu 300 Eier abgegeben. Das Weibchen fängt man jetzt am besten aus dem Becken. Man kann nun beobachten, daß sich das Männchen intensiv um den Laich kümmert und ihn darüberstehend mit den Brustflossen befächelt. Oft dauert diese Brutpflege jedoch nur einen Tag. Daher ist es angezeigt, das Männchen ebenfalls einige Stunden nach dem Laichen aus dem Becken zu nehmen. Die Jungfische schlüpfen je nach Wassertemperatur 10 bis 14 Tage nach dem Laichen.

Abschließend eine Aufstellung der Schlupfzeiten verschiedener Haftlaicher:

Aphanius dispar	10–14 Tage
iberus	8–12 Tage
Aphyosemion	
australe	etwa 14 Tage
– *bivittatum*	14–22 Tage
– *bualanum*	
(in Torf)	20–30 Tage
– *calliurum*	12–14 Tage
– *christyi*	12–14 Tage
– *cognatum*	12–16 Tage
– *gardneri*	
(in Torf)	14–30 Tage
– *labarrei*	12–14 Tage
– *mirabile*	16–24 Tage
– *multicolor*	12–14 Tage
– *scheeli*	12–14 Tage
Aplocheilichthys	
macrophthalmus	14 Tage
– *normani*	14 Tage
– *pumilus*	14 Tage
Aplocheilus blockii	14 Tage
– *dayi*	12 Tage
– *lineatus*	14 Tage
– *panchax*	14 Tage
Cyprinodon	
macularius	10–14 Tage
– *variegatus*	8–10 Tage
Epiplatys	
annulatus	10–14 Tage
– *chevalieri*	12–14 Tage
– *dageti*	14 Tage
– *fasciolatus*	14 Tage
– *grahami*	14 Tage
– *macrostigma*	14 Tage
– *sexfasciatus*	14 Tage
Fundulus	
chrysotus	8–10 Tage
Garmanella	
pulchra	10–12 Tage
Jordanella	
floridae	10–14 Tage
Lucania goodei	10–12 Tage
Oryzias	
javanicus	3–6 Wochen
– *latipes*	2–4 Wochen
– *melastigma*	2–4 Wochen
Pachypanchax	
homalonotus	12–16 Tage
– *playfairi*	10–14 Tage

Procatopus gracilis	14 Tage	*– strigatus*	14 Tage
– nototaenia	14 Tage	*– urophthalmus*	14–20 Tage
– roseipinnis	14 Tage	*Roloffia bertholdi*	3 Wochen
– similis	14 Tage	*– calabarica*	3 Wochen
Rivulus cylindraceus	14 Tage	*– guineensis*	10–14 Tage
– holmiae	10–14 Tage	*– petersi*	14–21 Tage
– ornatus	14–22 Tage	*Valencia hispanica*	14 Tage

Die angegebenen Schlupfzeiten können bei tieferen oder höheren Temperaturen über- oder unterschritten werden.

Bodenlaicher

Die bekanntesten Gattungen unter den Bodenlaichern sind:

Aphyosemion (teilweise)	*Nothobranchius*
Austrofundulus	*Pterolebias*
Cynolebias	*Rachovia*
Cynopoecilus	*Roloffia* (teilweise)

Sie sind vorwiegend in Ostafrika, aber auch in Westafrika und Südamerika zu finden. Hauptsächlich leben sie in Gewässern der Trockensavanne, die teilweise über Monate hinaus völlig austrocknen. In den Verbreitungsgebieten der Trockensavanne gibt es große Temperaturunterschiede zwischen Tag und Nacht. Nachts können Temperaturen von ca. 15 °C und am Tage Temperaturen bis zu 40 °C auftreten. Diesen wechselnden Bedingungen sind die bodenlaichenden Zahnkarpfen angepaßt. Im allgemeinen sind sie auch die „echten" Saisonfische, denn sie können in ihrem Biotop kaum länger als ein paar Monate leben. Wenn die Wasserlöcher austrocknen, sind sie zum Sterben verurteilt. Dem angepaßt sind das Laichverhalten und die Entwicklung der Eier, die auch unter aquaristischen Bedingungen zwischen 4 und 9 Monate dauert; eine Folge der Tatsache, daß die heimatlichen Gewässer monatelang ohne Wasser sind bzw. sein können. Die Eier überdauern in der freien Natur die Trockenzeit oft eingebettet im feuchten Schlamm oder anderen Bodengrund.

Die meisten Arten der Bodenlaicher sind nicht wie viele Haftlaicher Oberflächenfische, sondern bewegen sich in allen Wasserschichten. Das Futter der Tiere besteht in den Heimatgebieten wahrscheinlich meist aus Anflugnahrung und Mückenlarven. Wichtigstes Ziel dieser Fische – bei ihnen besonders ausgeprägt – ist die Erhaltung der Art. Sie laichen nach Erreichen der Geschlechtsreife fast ununterbrochen bis zu ihren Tode, der im allgemeinen kurz vor dem völligen Austrocknen der Wasserstellen zu erwarten ist. Es wundert deshalb nicht im geringsten, daß ein Pärchen *Nothobranchius rachovi* nach kurzer Zeit sogar zu laichen beginnt, wenn man es in eine Kaffeetasse mit etwas Wasser setzt.

Zu den Bodenlaichern gehören die schönsten und skurrilsten Eierlegenden Zahnkarpfen, Nothobranchius-Arten und *Austrofundulus dolichopterus.* Obwohl diese Tiere im Aquarium unter optimalen Bedingungen um ein Vielfaches länger am Leben gehalten werden können als in der Natur, sind sie doch auch in unseren Becken nur verhältnismäßig kurzlebig. Deshalb und wegen der langen Entwicklungszeit der Eier sind sie in Aquarien nicht oft zu finden, was erstaunlich ist, wenn man bedenkt, wie schön sie sind. Nur ein kleiner Kreis von Spezialisten hält und züchtet diese Fische über einen längeren Zeitraum. Oft ist nur die festverankerte Meinung schuld, daß man bei der Nachzucht zuviel Aufwand treiben müßte. Es bleibt zu hoffen, daß sich einige Aquarianer nach dem Lesen der folgenden Erläuterungen zu einer etwas anderen Einstellung durchringen.

Für die Haltung im Aquarium sei nur soviel gesagt, daß sie keine großen Anforderungen an Wasser und Beckengröße stellen. Hin und wieder vergreifen sich die Tiere an den Flossen anderer Fische. Außerdem sollte man beachten, daß man sie so kühl wie möglich hält, wenn man die Tiere lange Zeit am Leben erhalten will. 18–20 °C sind gerade richtig. Je höher man die Temperatur einstellt, um so lebhafter werden die Tiere und desto mehr steigt der Stoffwechsel, d. h. sie fressen mehr und wir verkürzen ihr Leben.

Am besten zu beobachten sind die Tiere in einem Artenbecken, das gleichzeitig als Zuchtbecken verwendet werden kann. Ein solches Becken sollte, wenn zwei bis drei Männchen und bis zu 10 Weibchen eingesetzt werden, möglichst mindestens 30 l Wasser fassen. Der Bodengrund kann u. a. aus einer ca. 3 cm starken Torfschicht bestehen. Einige mit Javamoos bewachsene Moorkienwurzeln ergänzen die Einrichtung und bieten den Weibchen und auch den schwächeren Männchen bei allzu heftigen Nachstellungen Schutz. Angebracht ist es auch, einen feinperligen Luftstrahler (Ausströmer) mit einzubringen. Ein möglichst dunkler Hintergrund hebt besonders

Nothobranchius guentheri

1 Männchen treibt das Weibchen.

2 Weibchen wird überschwommen und zum Boden dirigiert.

3 Männchen schwimmt neben das Weibchen und legt die Rückenflosse über den Rücken des Weibchens.

4 Nachdem die Tiere sich vorn aufgerichtet haben, beginnen sie, leicht zu zittern; dabei wird ein Ei ausgestoßen und befruchtet.

1

3

2

4

bei den Nothobranchius- und Austrofundulus-Arten die Wirkung dieser Tiere. Das Wasser kann eine Gesamthärte bis 10° dH und einen pH-Wert um 6 haben. Wie ein solches Wasser hergestellt wird, wurde bereits bei den Haftlaichern erläutert. Bei den Bodenlaichern ist es nicht notwendig, das Wasser über Torf zu filtern, weil der als Bodengrund verwendete und vorher kurz ausgekochte Torf genügend Huminsäure an das Wasser abgibt.

Die eingesetzten Tiere fressen fast jedes angebotene Futter. Es hat sich bewährt, abwechslungsreich zu füttern; vor allem Mückenlarven sind geeignet. Bei geschlechtsreifen Tieren fast aller Arten kann man die Geschlechter gut unterscheiden. Männchen stechen farblich hervor, während Weibchen oft einfarbig grau sind. Laichreife Weibchen erkennt man deutlich an der stark geschwollenen Bauchpartie, die etwas heller als der übrige Körper ist.

Bei *Nothobranchius*-Arten haben wir folgendes Laichverhalten: Die Männchen umflattern die Weibchen balzend mit gespreizten Flossen und versuchen, sie mit Überschwimmen und dem sogenannten „Reiten" zum Bodengrund zu drücken. Sie schwimmen immer wieder neben die Weibchen und legen die Rückenflosse über den Rükken des Weibchens. Dabei pressen sie sich dicht an das Weibchen. Bei manchen Arten *(Nothobranchius korthausae)* legt das Männchen auch noch die Afterflosse an die Genitalgegend des Weibchens. In dieser Stellung, meist die hinteren Körperteile in den Bodengrund gedrückt, verharren die Tiere dann einige Sekunden am Bodengrund, bis ein Zittern durch die Körper der jetzt leicht S-förmig gekrümmten Tiere geht. Beide Tiere öffnen in diesem Augenblick meist vor Anspannung die Mäuler und trennen sich dann ruckartig voneinander. Hierbei werden die Geschlechtsprodukte ausgestoßen und das befruchtete Ei mit einem Schwanzschlag gleich in den Bodengrund befördert. Immer wieder wird das Weibchen getrieben und zum Ablaichen bewegt.

Ein wichtiger Grund für einen Wasser- und Torfwechsel in einem solchen Becken ist der große Stoffwechsel der Tiere. Man sollte den größten Teil des Wassers und den gesamten Bodengrund (Torf) alle 3 Wochen absaugen. Ins Becken gibt man neuen Torf und füllt über einen Luftschlauch mit 5 mm Durchmesser langsam wieder Frischwasser auf. Die oft beschriebene Anfälligkeit der Fische beim Wasserwechsel konnte ich bei dieser Methode bisher nicht beobachten.

Nothobranchius guentheri

Den abgesaugten Torf schüttet man in ein Netz (Perlongaze) und drückt ihn so aus, daß er nur noch etwas feucht bleibt. Er kommt dann am besten in eine Plastikschale mit Deckel oder in einen Perlonbeutel. Bei Zimmertemperatur können die Eier im Torf so die notwendige Zeit liegenbleiben (bei Nothobranchius-Arten 3 bis 9 Monate).

Bei den in Südamerika vorkommenden Cynolebias- und Pterolebias-Arten beobachten wir eine etwas andere Verhaltensweise bei der Paarung. Sie soll am Beispiel von *Cynolebias whitei* MYERS,

Cynolebias whitei

Cynolebias whitei

1 Das Männchen balzt.

2 Männchen überschwimmt Weibchen.

3 Weibchen schwimmt an die Brustflossen des Männchens heran.

4 Männchen stellt sich zum Eindringen in den Bodengrund bereit.

5 Tiere dringen gemeinsam in den Bodengrund ein.

2

4

5

1942 erläutert werden. Die Tiere in den Tümpeln der Trockensavannen sind sehr kurzlebig (annuelle Arten). Zur Zucht angesetzt, schwimmt das Männchen immer wieder ruckartig mit gespreizten Flossen um das Weibchen herum. Mitunter bleibt es, Kopf nach unten, zitternd vor ihm stehen. Das laichbereite Weibchen folgt dann meist dem Männchen, daß nun eine geeignete Stelle zum Ablaichen sucht. Dabei stößt das Männchen sehr oft mit dem Kopf in den Bodengrund. Die Torfschicht sollte ungefähr 5 cm hoch sein. Ist die geeignete Stelle gefunden, bleibt das Männchen mit dem Kopf im Bodengrund eine Weile bewegungslos stehen. Nun schiebt sich das Weibchen mit dem Kopf an eine Brustflosse des Männchens heran. Wenn es mit dem Maul gegen die vordere Hälfte der Brustflosse stößt, zeigt es damit an, daß es sich in der richtigen Lage zum Ablaichen befindet. Die Brustflossen des Männchens haben vorn berührungsempfindliche Papillen. Beide Tiere dringen in dieser Stellung gemeinsam in den Bodengrund ein und laichen dort ab, für den Betrachter unsichtbar. Danach taucht im allgemeinen zuerst das Männchen wieder aus dem Bodengrund auf, aber nur mit dem Kopf oder Vorderkörper. So verharrt das Männchen einige Sekunden, bis es dann vollständig aus dem Bodengrund herausschwimmt. Das Weibchen folgt, und sofort beginnt das Männchen beim Anblick der Partnerin wieder mit dem Balzen.

Der Torf wird abgesaugt und feucht gelagert. Die Eier sind ungefähr 1,3 mm groß und nach ca. 3 Monaten soweit entwickelt, daß man durch Aufgießen von Frischwasser mit einer Temperatur von 15 °C Jungfische zum Schlüpfen bringen kann, deren Geschlechter sich bereits nach etwa 14 Tagen unterscheiden lassen; die neue Generation ist nach 6–8 Wochen geschlechtsreif.

Die Jungfische der Bodenlaicher schlüpfen innerhalb von Stunden und können sofort mit Rädertierchen angefüttert werden. Am besten schöpft man aber auch hier die geschlüpften Jungfische mit einem hellen Plastiklöffel aus dem Aufgußbecken und überführt sie in ein gesondertes Aufzuchtbecken. Bei kräftiger Fütterung wachsen die Jungfische der Bodenlaicher im allgemeinen etwas schneller als die der Haftlaicher. Schon nach 5–6 Wochen kann man bei den meisten Arten die Geschlechter unterscheiden, was bei den Haftlaichern oft erst nach 2–3 Monaten der Fall ist.

Eierlegende Zahnkarpfen haben einen unschätzbaren Vorzug gegenüber anderen Fischarten. Beim Versand kann man sich auf Eier

beschränken. Das kann sogar in einem Brief erfolgen. Die Eier werden aussortiert und mit wenig Torf in eine kleine Plastiktüte gegeben, die dann im Briefumschlag verschickt wird. Auf diese Weise können sich Liebhaber dieser Arten eine kleine Freude machen.

Abschließend eine Aufstellung der Schlupfzeiten der Bodenlaicher der Eierlegenden Zahnkarpfen:

Aphyosemion	
fallax	3 Monate
– *filamentosum*	2–3 Monate
– *gulare*	3–6 Monate
– *seymouri*	5–6 Monate
– *sjoestedti*	3–6 Monate
– *striatum*	2–4 Monate
– *walkeri*	3–4 Monate
Austrofundulus	
dolichopterus	5–6 Monate
– *transilis*	5–6 Monate
Cynolebias	
bellotti	3–4 Monate
– *nigripinnis*	3–4 Monate
– *whitei*	3–4 Monate
Cynopoecilus	
ladigesi	2–4 Monate
Nothobranchius	
guentheri	3–5 Monate
– *kirki*	3–5 Monate
– *orthonotus*	3–5 Monate
– *palmquisti*	3–5 Monate
– *rachovi*	5–9 Monate
Pterolebias	
longipinnis	4–5 Monate
– *peruensis*	3–4 Monate
– *zonatus*	3–4 Monate
Rachovia brevis	3–4 Monate
Roloffia	
monroviae	3–4 Monate
– *occidentalis*	4–6 Monate

Da beim ersten Aufgießen meist nicht alle Jungfische schlüpfen, schöpft man am besten nach drei Tagen die geschlüpften Jungfische ab und bewahrt den dann wieder ausgedrückten Torf erneut ungefähr einen Monat in einer Plastikdose oder einem Plastikbeutel auf. Dann gießt man wieder Wasser auf den Torf und wird einige weitere Jungfische „ernten" können. Dies kann man noch einige Male wiederholen. Bei verschiedenen Arten (z. B. *Austrofundulus transilis)* kann man damit rechnen, daß Jungfische noch nach zwei Jahren aus den Eiern schlüpfen, berichtet Knaack.

Während der Ruhepause der Eier sollte man den Torf hin und wieder einmal nach unbefruchteten oder bereits verpilzten Eiern durchsuchen. Man erkennt sie an der weißlichen Färbung und der gut sichtbaren Verpilzung. Einwandfreie Eier sind meist glasklar, oder man erkennt bereits die Entwicklung im Ei.

Labyrinthfische

Alle Labyrinthfische haben ein gleiches Merkmal, das zusätzliche Luftatmungsorgan. Mit diesem „Labyrinthorgan" in der Kiemenhöhle können sie direkt aus der Luft zusätzlich Sauerstoff aufnehmen. Um Luft zu schöpfen, schwimmen sie in regelmäßigen Abständen an die Wasseroberfläche. Wenn ihnen das Luftholen verwehrt wird, ersticken sie. Dieses Labyrinth ist den im Biotop vorhandenen Wasserverhältnissen (Sauerstoffgehalt) entsprechend mehr oder weniger ausgebildet. So ist z. B. das Organ des Ceylon-Makropoden *Belontia signata,* der in sauerstoffreichen Gewässern vorkommt, nicht so groß wie das des Kletterfisches *Anabas testudineus,* der auch in Gewässern lebt, die austrocknen können.

Vor allem im südostasiatischen Raum und in Afrika kommen Labyrinthfische vor. Die schönsten Arten stammen aus Südostasien. Dem Paarungsverhalten und der Brutpflege entsprechend kann man diese Fischfamilien wie folgt untergliedern (zumindest für die Behandlung bei der Nachzucht):

Schaumnestbauende Arten (überwiegend)
Freilaichende Arten
Maulbrütende Arten

Bei den schaumnestbauenden Arten kann man noch nach Arten mit Schwimmeiern und Arten mit Sinkeiern unterscheiden.

Schaumnestbauer

Zu den Schaumnestbauern gehören folgende Gattungen:

Belontia
Betta (teilweise)
Colisa
Ctenopoma (teilweise)
Ctenops
Macropodus
Malpulutta
Osphronemus
Parosphromenus
Pseudosphromenus
Trichogaster
Trichopsis

Wenden wir uns zuerst den Schaumnestbauern zu, die Schwimmeier produzieren. Zu ihnen gehören die Gattungen *Belontia, Macropodus, Trichogaster, Colisa, Osphronemus* und *Ctenopoma.* Am Beispiel *Colisa lalia* (HAMILTON-BUCHANAN, 1822), dem ungefähr

Colisa lalia

1 Männchen.

2 Männchen baut ein Schaumnest.

3 Weibchen schwimmt in die Körperkrümmung des Männchens.

4 Weibchen wird umschlungen.

5 Nachdem das Weibchen umschlungen ist, wird es mit der Bauchseite schräg nach oben gedreht.

6 Unter starkem Zittern werden die Eier ausgestoßen und befruchtet.

1

4

2

3

5

6

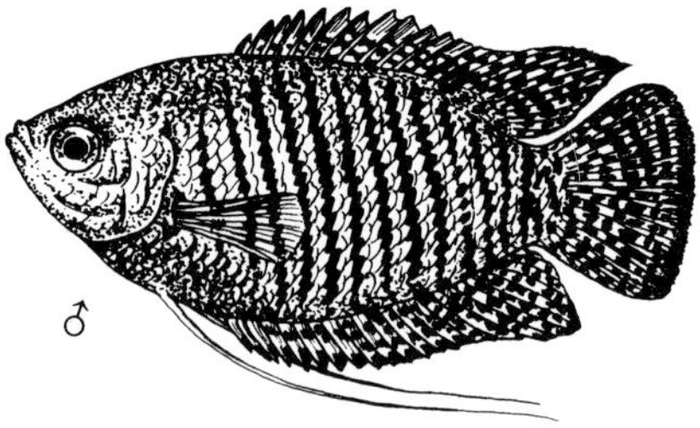

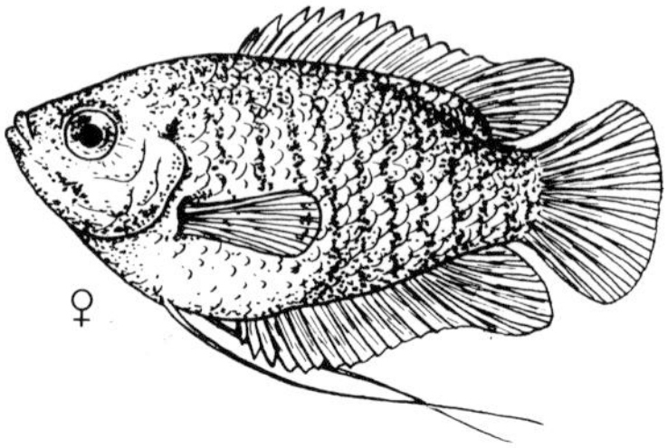

Colisa lalia

6 cm großen Zwergfadenfisch soll diese Gruppe behandelt werden. Er kommt in NO-Indien, Bangladesch sowie Assam vor und bewohnt Gewässer aller Art. Mit Einleitung von Flußwasser durch Kanäle ist er sogar auf Reisfelder gekommen und dort verhältnismäßig oft zu finden.

Die Unterscheidung der Geschlechter ist, wie bei vielen Labyrinthfischen, kein Problem, weil Männchen im Gegensatz zu Weibchen, die oft nur unscheinbar gefärbt sind, in den schönsten Farben erstrahlen. Dazu kommt, daß zumindest die Rückenflosse des Männchens spitz ausgezogen ist; die des Weibchens ist abgerundet. Für schaumnestbauende Arten mit Schwimmeiern ist die Einrichtung des Haltungsbeckens, das gleichzeitig auch Zuchtbecken sein kann, nicht schwer. Es sollte bis auf den vorderen Raum an der Sichtscheibe gut bepflanzt sein. Fast jedes Leitungswasser ist für diese Fische geeignet. Die Wassertemperatur kann zwischen 20 und 25 °C liegen und ruhig etwas schwanken. Gefüttert werden kann fast jedes Lebend- und Trockenfutter. In einem dichtbepflanzten Becken ist es dem Weibchen möglich, den oft zu beobachtenden Attacken des Männchens auszuweichen. Zum Studium der Fische hat sich bewährt, ein Pärchen allein in einem Becken zu halten. Dieses Becken braucht nur ungefähr 40 l Wasser zu fassen. Andererseits ist aber auch gegen eine Haltung in einem Gesellschaftsbecken nichts einzuwenden. Doch bleiben wir beim Artenbecken mit einem Pärchen der Zwergfadenfische.

Sind die Tiere laichreif, sucht das Männchen Pflanzenteile zusammen und versucht, sie an der Wasseroberfläche zu halten. Dies erfolgt durch ständiges Unterlegen der Pflanzenteile mit feinsten Schaumperlen. Immer wieder schwimmt das Männchen durch das Becken und sucht nach irgendwelchem Baumaterial. Manchmal werden Teile ans Nest gebracht, die wesentlich größer als der Fisch selbst sind. So entsteht mit der Zeit ein Nest aus Pflanzenteilen und Schaumperlen, das immer weiter ausgebaut wird und dann auch ein Stück über die Wasseroberfläche hinausschaut. Das Verwenden von Pflanzenteilen zum Schaumnestbau gibt es in dieser Form bei Labyrinthfischen nur noch bei *Trichogaster microlepis,* allerdings viel ausgeprägter. Bei den meisten Labyrinthfischen wird das Schaumnest nur aus Schaumperlen – oft unter einem Schwimmpflanzenblatt – angelegt.

Ist das Zwergfadenfisch-Weibchen laichbereit, schwimmt es immer wieder auf das Nest zu. Es wird aber meist wieder vom Männchen verjagt. Dieses Verhalten ist dann oft zu beobachten, wenn man die Tiere vorher getrennt gehalten hat. Bei längerem Zusammensein der Partner wird fast regelmäßig das Männchen der aktivere Teil sein und von seinem fertiggebauten Nest aus versuchen, ein Weibchen zum Ablaichen heranzulocken. Dies geschieht im allgemeinen mit sogenanntem Führungsschwimmen. Erblickt ein Männchen ein Weibchen, schwimmt es sofort zu ihm hin und beginnt, vor ihm zu balzen. Aufgeregt „umflattert" es mit gespreizten Flossen und in den schönsten Farben erstrahlend das Weibchen und schwimmt dann eine kurze Strecke in Richtung Nest. Ist das Weibchen laichbereit, folgt es zaghaft, immer wieder innehaltend. Das Männchen schwimmt stets weiter an das Nest heran und wieder zurück zu dem Weibchen, bis das Weibchen endlich mit unter dem Nest ist. Dort bleibt das Männchen nun mit gespreizten Flossen fast regungslos stehen. Das Weibchen übernimmt jetzt die Initiative und stupst mit dem Maul in die Bauchgegend des Männchens, das sich daraufhin etwas schräg legt und den Körper leicht krümmt. In die Körperkrümmung schwimmt das Weibchen hinein. Diese Berührung vom Weibchen löst beim Männchen die Umklammerung aus. Fest umklammert drehen sich beide Tiere noch etwas, so daß die Bauchseite des Weibchens ungefähr nach oben zeigt. Nun geht ein Zittern durch den Körper des Männchens und im gleichen Augenblick wird das Sperma abgegeben. Im Bruchteil einer Sekunde danach gibt das Weibchen eine „Wolke" von Eiern ab, die durch die Spermawolke treiben müssen und dabei befruchtet werden. Die Eier steigen dann langsam zur Wasseroberfläche bzw. zum Nest auf. Das Männchen löst jetzt die Umklammerung und beginnt sofort mit dem Einsammeln der Eier, die noch nach oben schweben oder außerhalb des Nestes an der Wasseroberfläche schwimmen.

Die eingesammelten Eier werden vom Männchen in das Nest gespuckt und mit Schaumperlen unterlegt. Das Weibchen hat sich in der Zwischenzeit aus seiner Erstarrung gelöst und schwimmt in ein sicheres Versteck. Dort bleibt es, solange das Männchen mit Einsammeln der Eier beschäftigt ist. Darauf kommt es wieder zum Nest und stupst das Männchen erneut in die Bauchgegend. Sogleich beginnt das Spiel von neuem. Die abgegebenen Eier sind glasklar, bis zu 100 Eier werden pro Laichakt abgegeben, und 1000 Eier insgesamt sind nicht selten. Alle Eier werden vom Männchen im Nest verstaut und jeweils mit feinsten Luftperlen unterlegt, die durch die Kiemen herausgepreßt werden.

Nach dem Laichen wird das Weibchen vom Männchen energisch verjagt. Auch andere in die Nähe des Nestes gekommene Fische werden angegriffen, selbst wenn sie vielfach größer sind als das Männchen. Ungefähr 24 Stunden nach dem Laichen schlüpfen die Larven, die noch weiter vom Männchen betreut werden. Wenn sie in den nächsten Tagen öfter aus dem Nest hinuntersinken, ist das Männchen sofort zur Stelle, nimmt sie auf und spuckt sie ins Nest zurück.
Drei Tage nach dem Schlüpfen schwimmen die jetzt vollentwickelten Jungfische frei und das Männchen kann die Jungfische nicht mehr zusammenhalten. Sie werden jetzt sogar als willkommene Bereicherung des Futterangebotes angesehen. Aus diesem Grunde hat es sich bewährt, dem Männchen das Schaumnest drei Tage nach dem Laichen wegzunehmen. Dies geschieht am besten mit einer Plastikschale, die man unter das Nest schiebt. Das Nest wird auf diese Weise in ein anderes Becken ohne Bodengrund überführt. Der Wasserstand in diesem Becken braucht nur einige Zentimeter hoch zu sein. Sobald die Jungfische freischwimmen, müssen sie angefüttert werden. Das erfolgt am besten mit Rädertierchen. Die Jungfische sollen dabei im Futter stehen. Gleichzeitig erhöht man mit Frischwasser den Wasserstand im Aufzuchtbecken. Bereits nach ei-

△ *Trichopsis schalleri* *Parosphromenus deissneri* ▽

ner Woche sind die Jungfische so stark gewachsen, daß man sie mit Cyclops- oder Artemia-Nauplien füttern kann.

Zu den Vertretern der Schaumnestbauer, die Sinkeier produzieren, gehören die Gattungen *Pseudosphromenus, Malpulutta, Parosphromenus, Betta* (teilweise), *Trichopsis* und *Ctenops*. Die meisten Arten dieser Gattungen bauen ihr Schaumnest nicht direkt an der Wasseroberfläche, sondern in den unteren Wasserschichten unter Blättern oder in Höhlen. Am Beispiel von *Trichopsis schalleri* und *Parosphromenus deissneri* soll das Laichverhalten beschrieben werden, das bei den einzelnen Gattungen etwas abweichen kann.

Von Herrn Schaller wurde *Trichopsis schalleri* LADIGES, 1962 ca. 220 km nordöstlich von Bangkok bei Korat in Thailand gefangen. Diese 6 cm großwerdenden Fische sind viel schlanker gebaut als zum Beispiel der Zwergfadenfisch. Eine Unterscheidung der Geschlechter ist nur bei durchscheinendem Licht gut möglich. Bei den Weibchen sieht man dann den hinteren Teil des Eierstockes direkt unter der Schwimmblase. Laichreife Weibchen erkennt man an der stärkeren Bauchpartie. Diese Fische können „knurren". Der etwas größere Vertreter der Gattung *Trichopsis vittatus* erhielt deshalb den Namen „Knurrender Gurami".

Zur Haltung eines Paares verwendet man am besten ein 20 l-Becken. Es wird gut bepflanzt. Im Vordergrund, der als Schwimmraum im allgemeinen fast frei ist, sollte nur eine grobblättrige Cryptocoryne wachsen. Unter einem Blatt dieser Wasserpflanze werden die Tiere laichen. Bei der Art hat es sich bewährt, nicht zu mineralreiches und hartes Wasser zu verwenden. Wasser mit einem Wert von 10–15 °dH dürfte sich recht gut für Haltung und Zucht eignen. Zur Zucht kann man auch ein 10-Liter-Becken verwenden. Auf einen besonderen Bodengrund wird verzichtet. Man schafft den Tieren nur eine Höhle, in der sie laichen können.

Sehr interessant ist das Laichen. Das Männchen baut unter dem Höhlendach ziemlich flüchtig ein Schaumnest mit großen Luftperlen. Während des Nestbaus schwimmt das Männchen hin und wieder zum Weibchen und balzt mit gespreizten Flossen. Dabei werden auch die knurrenden Töne erzeugt, die gut wahrzunehmen sind. Ist das Weibchen laichbereit, folgt es dem zum Nest zurückschwimmenden Männchen. Am Nest angekommen, umschwimmen sich die Tiere mit gespreizten Flossen. Aus diesem Umschwimmen heraus

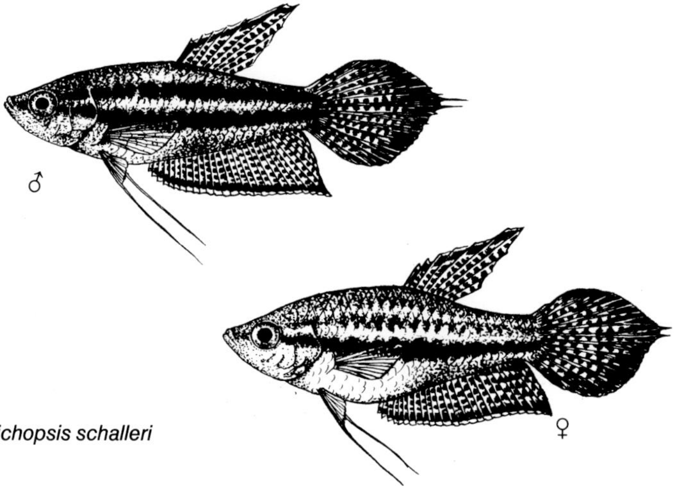

Trichopsis schalleri

schwimmt das Weibchen in die Körperkrümmung des Männchens hinein. Dabei krümmt es sich selbst etwas. Das Männchen umschlingt nun das Weibchen richtig, und die Tiere verharren einige Sekunden in dieser Stellung. Dann geht ein Zittern durch die Körper, und aus der Genitalöffnung des Weibchens schießt ein Eipaket heraus. Kurz vorher wurde vom Männchen bereits das Sperma abgegeben, durch das das Eipaket hindurch muß. Hierbei werden die Eier befruchtet. Sofort schnappt das Männchen noch aus der Umschlingung heraus nach dem Eipaket, das im allgemeinen aus 3–5 Eiern besteht. Alles geschieht so blitzschnell, daß man nur im Foto richtig sieht, was hier genau geschieht.

Das Männchen bringt das Eipaket gleich in das Schaumnest. Dort werden die Eier mit Schaumperlen unterlegt. Die weißlichen Eier sind schwerer als Wasser und sinken deshalb auf den Boden, wenn sie vom Schaumnest nicht gehalten werden. Das Männchen – manchmal aber auch das Weibchen – schnappt dann sofort die sinkenden Eier und bringt sie ins Schaumnest zurück. Insgesamt erhält man von einem Ansatz bis zu 600 Eier. Drei Tage nach dem Laichen entfernt man am besten die Elterntiere aus dem Becken und setzt einen Ausströmer ein. Dieser sollte neben dem Blatt mit dem Schaumnest stehen und mäßigstark eingestellt werden. So entsteht eine regelmäßige leichte Strömung auch unter dem Schaumnest. Die Larven hängen zu dieser Zeit mit den Schwänzen nach unten an der Höhlendecke. Deutlich zu sehen ist der weißliche Dottersack, der jedoch am dritten Tag nach dem Schlüpfen aufgebraucht ist. Die Jungfische müssen jetzt angefüttert werden. Alles Weitere ist so zu machen, wie es bei den Labyrinthfischen beschrieben wurde, die Schwimmeier produzieren.

Nun noch eine andere, etwas abweichende Weise der Paarung, die nach bisherigen Beobachtungen nur bei *Parosphromenus deissneri* und *Malpulutta kretseri* DERANIYAGALA, 1937 zu sehen ist. Beide Arten laichen ebenfalls am liebsten in Höhlen. Es werden Höhlen bevorzugt, die möglichst dicht über dem Bodengrund postiert wurden. Während *Malpulutta kretseri* darin noch ein regelrechtes Schaumnest baut, werden von *Parosphromenus deissneri* nur sehr selten vereinzelt Luftperlen unter der Höhlendecke angebracht. Beide Arten gehören zu den seltensten Arten. Erst in den letzten Jahren wurden sie eingeführt und auch verschiedentlich nachgezogen.

Wenden wir uns dem kleinsten Vertreter der Labyrinthfische zu. *Parosphromenus deissneri* (BLEEKER, 1859) erreicht nur eine Größe von 3,6 cm und soll ca. 80 km nordwestlich von Singapur vorkommen. Männchen sind besonders beim Balzen wunderschön gefärbt, Weibchen zeigen eine gelblichbraune Färbung. Die Haltung dieser Tiere ist ohne weiteres in härterem, mineralreichem Wasser möglich, zur Zucht benötigt man allerdings ein mineralarmes, weiches Wasser, das einen pH-Wert von ungefähr 6 haben sollte, der möglichst mit einer Filterung über Torf erreicht werden sollte. Gefressen werden gern kleine Mückenlarven, Cyclops, Grindal und Artemia-Nauplien. Um die Tiere möglichst oft sehen zu können, sollte man das Hälterungsbecken nicht zu stark bepflanzen. Obwohl die Fische klein sind, sollte dieses Hälterungsbecken ungefähr 30 Liter fassen. Man kann darin zwei Männchen und 3–4 Weibchen halten.

Das Zuchtbecken kann die gleiche Größe mit 30 Liter haben. Es sollte aber keinen Bodengrund und höchstens eine kleine Cryptocoryne oder ein Büschel anderer Wasserpflanzen in einem Blumentopf enthalten, das als Schutz für das Weibchen dienen kann. Ein Ablaichplatz kann z. B. ein Stück Plastikrohr mit größerem Durchmesser sein. Es ist jedoch auch jedes andere Material geeignet, wenn es eine Höhle bildet. Dann wird ein Paar eingebracht. Das Weibchen muß einen gut wahrnehmbaren Laichansatz zeigen. Nach einiger Zeit kann man beobachten, daß zuerst das Weibchen die Höhle be-

1

Malpulutta kretseri

1 Männchen beim Schaumnestbau.

2 Weibchen schwimmt in die Körperkrümmung des Männchens.

3 Weibchen wird vom Männchen umschlungen.

4 Weibchen hat die Eier auf die Afterflosse des Männchens abgelegt; die Tiere sinken zu Boden.

5 Während das Männchen noch erstarrt liegenbleibt, schwimmt das Weibchen aus der Umklammerung. Die Eier liegen noch auf der Afterflosse des Männchens.

6 Weibchen nimmt die Eier auf und bringt sie ins Nest.

2

3

4

5

6

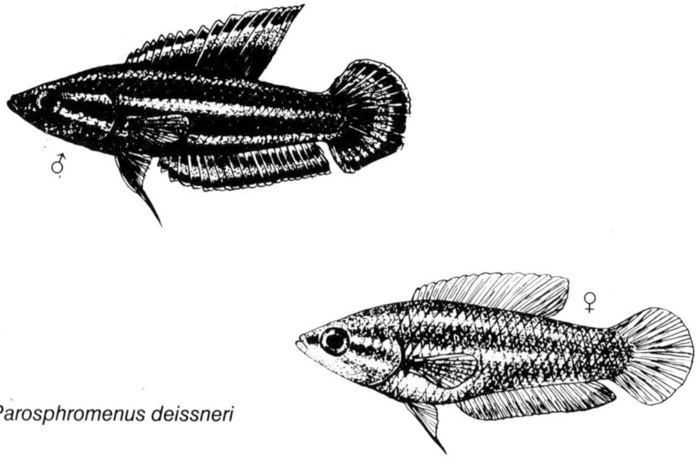

Parosphromenus deissneri

legt. Es steht in der Höhle mit dem Kopf nach unten. Einen Tag später kommt auch das Männchen zur Höhle und balzt dort mit bis zum Zerreißen gespannten Flossen und in der schönsten Färbung vor dem Weibchen. Zwischendurch stupsen beide Tiere immer wieder an die Höhlendecke. Dies könnte ein angedeutetes Putzen sein.

Sind beide Tiere laichbereit, krümmt sich das Männchen etwas und schwimmt dabei etwas schräg. In diese leichte Körperkrümmung schwimmt das Weibchen hinein. Dieses Hineinschwimmen ist der auslösende Faktor für die nun folgende Umklammerung seitens des Männchens. Ohne sich zu drehen, verharren die Tiere kurz, bis ein Zittern durch die Körper geht. Dabei werden vom Männchen das Sperma ausgestoßen und vom Weibchen 1–4 Eier auf die Afterflosse des Männchens abgelegt. Bei dieser Anstrengung öffnet das Weibchen meist das Maul. Das Männchen löst nun die Umklammerung leicht. Es sinkt einige Millimeter nach unten und steigt danach wieder auf, ohne sich für uns sichtbar bewegt zu haben. Auch das Weibchen ist an der Stelle stehengeblieben, an der sich das Männchen vom Weibchen gelöst hat. Erst jetzt schwimmt es etwas zurück und nimmt mit dem Maul das Ei oder die Eier von der Afterflosse des Männchens. Damit schwimmt es zur Höhlendecke und versucht, das Ei zu befestigen. Das Männchen steht daneben. Fällt ein Ei herunter, versuchen beide Tiere, es aufzufangen und wieder anzubringen. So werden in ungefähr einer Stunde bis zu 50 Eier abgegeben und an der Höhlendecke befestigt.

Das Männchen übernimmt die weitere Brutpflege. Ungefähr 45 Stunden nach dem Laichen schlüpfen die Larven und hängen mit dem Schwanz nach unten an der Höhlendecke. Fünf Tage später schwimmen die Jungfische frei. Trotzdem hängen sie noch an den Scheiben und schwimmen wenig frei umher. Sie werden nun mit Rädertierchen angefüttert. Es hat sich bestens bewährt, die Jungfische bzw. Larven bereits einige Stunden nach dem Schlüpfen in ein anderes Becken abzusaugen. Täglich füllt man mit einem 5-Millimeter-Luftschlauch den Wasserstand mit Leitungswasser etwas mehr auf. So erreicht man, daß die Rädertierchen in dem etwas mineralreicherem Wasser nicht absterben. Bis zu einer Größe von gut 10 mm wachsen die Jungfische gut, dann stagniert das Wachstum etwas. Nach meinen Erfahrungen sind die Tiere erst nach 7 Monaten zuchtreif. Es kommt oft vor, daß Männchen sich an den Eiern und später an den Larven vergreifen. So kann man manchmal, obwohl die Tiere hin und wieder laichen, nur sehr wenige Jungfische aufziehen. Daher der Rat, die Larven oder vielleicht sogar die Eier abzusaugen.

Bei den Sinkeier produzierenden Schaumnestbauern gibt es eine Gattung, von der einige Arten das Schaumnest immer direkt an der Wasseroberfläche anlegen. Es ist die Gattung *Betta.* Aus diesem Grunde sei auch von dieser Gattung noch ein Vertreter kurz vorgestellt.

Die bekannteste Art dieser Gattung dürfte *Betta splendens* REGAN, 1909 sein. Sie stammt aus Thailand und ist vor allem als Schleierform bei den Aquarianern sehr verbreitet. Viele Farbvarianten und Formen sind bis heute bekannt geworden und die schönsten werden überall in Kampffischschauen dem staunenden Publikum vorgeführt.

Bei der Haltung sollte man bedenken, daß die Tiere ihren Namen mit Recht tragen. Er bezieht sich vor allem auf das Kampfverhalten der Männchen untereinander. Daher ist es angebracht, Männchen zu trennen und nur in einem großen Aquarium gemeinsam zu halten, wenn sich die Tiere ein Revier „abstecken" können. Die immer noch anzutreffende Haltung in Marmeladengläsern sollte der Vergangenheit angehören, auch bei der Aufzucht. Mindestens 1-Liter-Plastikdosen pro Männchen sollten verwendet werden. Kräftige und gutaussehende Tiere sind dann keine Seltenheit mehr.

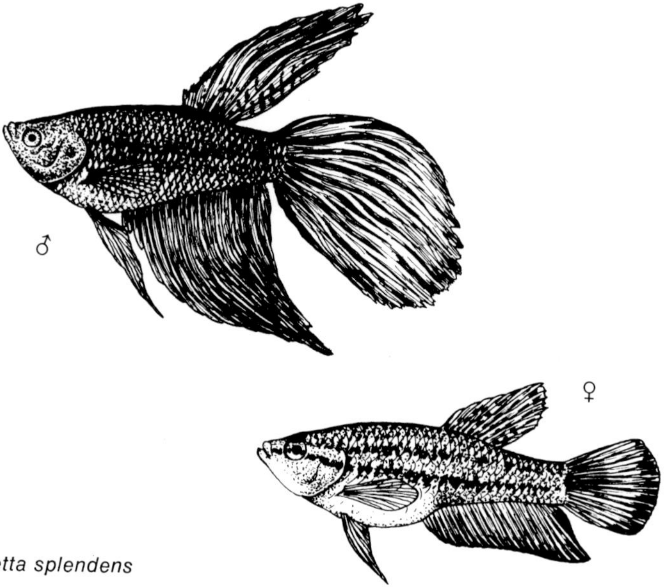

Betta splendens

Eine besondere Wasserqualität verlangen die Kampffische zur Zucht nicht. Man benutzt am besten ein Becken mit 10–20 Liter ohne Bodengrund. Zur Unterstützung des Schaumnestbaus wird eine Schwimmpflanze oder ein Schwimmpflanzenblatt ins Becken gesetzt. Notwendig ist das nicht unbedingt. Am Bodengrund sollte sich ein nicht zu starkes Plastikrohr (ca. 20 mm Durchmesser) befinden. Es soll dem Weibchen Schutz vor dem aggressiven Männchen bieten. Hält man die Tiere in einem eingerichteten und gut bepflanzten Becken, findet das Weibchen immer ein Versteck.

Das eingesetzte Paar – unser ausgewähltes Weibchen sollte unbedingt Laichansatz zeigen – wird bald aktiv werden. Zuerst wird das Männchen tätig und balzt mit aufgestellten Flossen und gespreizten Kiemendeckeln wedelnd vor dem Weibchen. Das Weibchen sieht sich dies eine Weile gelassen an und versucht, etwas ängstlich geworden, ein sicheres Versteck zu erreichen. Nun sucht das Männchen eine geeignete Stelle für den Bau des Schaumnestes. Es beginnt, Schaumperlen zu produzieren und an einer Stelle zu konzentrieren, meist unter einem Schwimmpflanzenblatt. Zwischendurch schwimmt das Männchen immer wieder zum Weibchen, wenn es die

Partnerin zu Gesicht bekommt. Anfangs wird das Weibchen angebalzt, später aber weggebissen. So kommt es leider oft vor, daß ein Weibchen bald so aussieht, als wäre es stark „gerupft". Ist ein Weibchen soweit, daß es unbedingt ablaichen will, schwimmt es auf das Nest zu und versucht sofort, das Männchen in die Bauchgegend zu stupsen. Gelingt das, erfolgt nach kurzer Umkreisung die Umschlingung. Dann drehen sich die Tiere so, daß die Genitalgegend des Weibchens zur Seite oder etwas nach oben zeigt. Nach dem Zittern, das durch die Körper geht, werden die Geschlechtsprodukte abgegeben. Die weißlichen Eier sinken langsam zu Boden. In der Zwischenzeit hat sich das Männchen aus der Verkrampfung gelöst und beginnt mit dem Einsammeln der Eier. Das Weibchen bleibt noch einige Zeit verkrampft in der gleichen Stellung wie während der Paarung. Dann entkrampft es sich auch und wird sofort vom Männchen verjagt. Solange das Männchen die Eier sammelt und im Schaumnest unterbringt, darf sich das Weibchen nicht sehen lassen. Erst dann, wenn das erledigt ist, stellt sich das Männchen mit aufgestellten Flossen unter dem Nest auf und fordert damit das Weibchen auf, wieder zum Laichen zu kommen.

Bei jedem Laichakt werden ungefähr 40 Eier abgegeben. Es können 200–300 Eier insgesamt pro Ansatz werden. Das Männchen betreibt nach dem Laichen intensive Brutpflege. Die Larven schlüpfen wie bei den Schwimmeierproduzenten nach 24 Stunden und die Jungfische schwimmen nach weiteren 3 Tagen frei. Die weitere Behandlung der Jungfische erfolgt, wie bereits beschrieben.

Freilaicher

Zu den freilaichenden Labyrinthfischen zählen folgende Gattungen:

Helostoma	*Anabas*
Sandelia	*Ctenopoma* (teilweise)

Alle Arten dieser Gattungen (Ausnahme: einige Ctenopoma-Arten) bauen kein Schaumnest. Aus Südostasien stammen nur *Helostoma temminckii* (CUVIER & VALENCIENNES, 1831) der Küssende Gurami und *Anabas testudineus* (BLOCH, 1795), der Kletterfisch. Weitaus mehr Arten mit diesem Laichverhalten finden wir in Afrika bei den Gattungen *Ctenopoma* und *Sandelia.* Alle Arten zeichnen sich auch dadurch aus, daß eine Unterscheidung der Geschlechter sehr schwer ist und erst leichter wird, wenn die Tiere laichbereit sind. Dann schwellen die Weibchen in der Bauchgegend außergewöhnlich stark an. Bei den afrikanischen Arten der Gattung *Ctenopoma* kann man die Geschlechter außerdem anhand von sogenannten Dornenfeldern auseinanderhalten. Dazu muß man die Tiere aus dem Wasser nehmen und die Dornenfelder möglichst mit der Lupe suchen. Männchen besitzen sehr ausgeprägte Dornenfelder dicht hinter den Augen und vor der Schwanzwurzel. Bei den Weibchen sind sie nicht oder nur schwach ausgeprägt vorhanden.

Eine Haltung der meist sehr großen, aber oft auch unscheinbar gefärbten, freilaichenden Labyrinthfische ist völlig unproblematisch, wenn man ihnen größere und gut bepflanzte Becken bietet. Während *Helostoma temminckii* am liebsten kleinstes Futter (Rädertierchen bis Cyclops) frißt, sind die afrikanischen Freilaicher und auch *Anabas testudineus* damit ganz und gar nicht satt zu bekommen. Sie wollen möglichst mit kleinen Fischen, Rückenschwimmern, Mehlwürmern und einem anderen größeren Futter ernährt werden. Eigentlich benötigt man zur Zucht dieser Fische kein besonderes Bekken. Man muß nur andere Fische aus dem Hälterungsbecken nehmen und lediglich das zum Laichen ausgewählte Paar darin belassen. Es hat sich gezeigt, daß die Tiere in größeren Becken leichter laichen.

Bei einem laichbereiten Paar beobachtet man schon Tage vor dem Laichen, daß sie öfter als üblich mit gespreizten Flossen balzen. Dabei wedeln sie mit dem ganzen Körper. Bei den Küssenden Guramis werden außerdem immer häufiger die großen wulstigen Lippen aufeinander gepreßt. Dieses Balzverhalten wird als „Küssen" bezeichnet und hat den Tieren ihren Trivialnamen eingebracht. Vor dem Laichen dauert das Küssen meist erheblich länger (nach meinen Beobachtungen bis zu 20 Sekunden) als außerhalb der Laichzeit beim Imponierbalzen; dann ist es am intensivsten bei Jungfischen zu beobachten.

Dieses Verhalten wird immer intensiver, bis es endlich zu einer Umschlingung an irgendeiner Stelle des Beckens kommt. Diese oft sehr kurze Umschlingung endet mit dem Ausstoßen der Geschlechtsprodukte. Die Tiere schwimmen danach wieder ruckartig auseinander, und die glasklaren winzigen Eier steigen zur Wasseroberfläche. Bei jedem Laichakt werden einige hundert Eier abgegeben. In Züchtereien hat man bei *Helostoma temminckii* schon Ergebnisse mit

10 000 Eiern pro Ansatz erzielt. Nach meinen Erfahrungen ist es wirklich kein Problem, in jedem Falle nach dem Laichen mindestens 1000 Eier von der Wasseroberfläche abzuschöpfen. Das sind aber meistens schon zu viele Eier, um die Jungfische aufzuziehen, weil sie kaum absetzbar sind. Hier ist jedenfalls wieder einmal vorgesorgt worden, denn die unbewachten Eier – nach dem Laichen kümmern sich die Elterntiere nicht mehr um den Laich – werden in der Natur schnell das Opfer anderer Fische und sogar der eigenen Eltern. Nicht nur die Eier, sondern auch die nach 17–24 Stunden schlüpfenden Larven sind stark gefährdet. Im Aufzuchtbecken, in das wir den abgeschöpften Laich schütten, fehlen die Feinde. Wir bekommen fast alle geschlüpften Larven zum Freischwimmen, und aus Jungfischen werden verkaufsreife Tiere, vorausgesetzt, daß wir bei dieser Vielzahl von Jungfischen ein möglichst großes Aufzuchtbecken haben, häufig das Wasser wechseln und reichlich füttern. Auch bei ihnen beginnt man mit Rädertierchen und füttert dann nach ca. einer Woche Nauplien. Speziell die Jungfische von *Helostoma temminckii* kann man bis zur Verkaufsgröße (ab 4 cm) mit Rädertierchen und Nauplien füttern.

Eigentlich gibt es bei den freilaichenden Labyrinthfischen nur eine Schwierigkeit: Nachzucht auf Befehl erhält man nur dann, wenn laichreife Weibchen im Becken schwimmen. Deshalb ist es auch bei ihnen angebracht, Zuchttiere nach dem Geschlecht getrennt zu halten. Selbstverständlich muß man genau wissen, welches Geschlecht die ausgewählten Tiere haben. Setzt man zu einem laichvollen Weibchen ein Männchen, kann man darauf warten, daß sie laichen. Stets zusammen in einem Becken gepflegte Tiere laichen, wann sie wollen. Das kann zu einer Zeit sein, in der wir gerade nicht zu Hause sind, so daß die Fische den Laich ,,abschöpfen''.

Maulbrüter

Die einzigen Gattungen bei den Labyrinthfischen, deren Arten Maulbrutpflege betreiben, sind nach jetzigem Erkenntnisstand *Betta* (teilweise) und *Sphaerichthys.* Der Schokoladengurami *Sphaerichthys osphromenoides* CANESTRINI, 1860 ist den Aquarianern gut bekannt. Er kommt im südlichen Teil der Malaiischen Halbinsel, auf Sumatra und Kalimantan vor. Dort lebt er in Gewässern mit ungewöhnlich mineralarmem Wasser, das einen pH-Wert

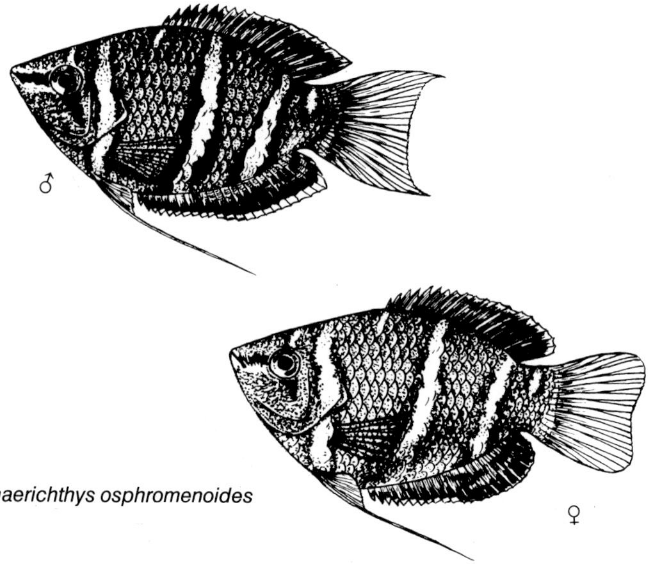

Sphaerichthys osphromenoides

bis zu 5,5 aufweist. Das Wasser ist oft braun gefärbt. In der Natur dürfte die Nahrung hauptsächlich aus Mückenlarven und Anflugnahrung bestehen. Die Tiere werden nur knapp 6,5 cm groß.

Geschlechtsunterschiede bei diesen Tieren festzustellen, ist nicht einfach, zumindest nicht bei jüngeren Fischen. Grundsätzlich kann aber auch bei dieser Art gesagt werden, daß ein Männchen etwas schöner gefärbt ist und die Rückenflosse hinten spitz endet, beim Weibchen ist sie abgerundet. Dieses Merkmal ist nur sichtbar, wenn die Tiere die Flossen spreizen. Am besten achtet man darauf, ob die Flossen weißlich gesäumt sind. Haben sie einen weißen Saum, handelt es sich gewiß um ein Männchen.

Schokoladenguramis sind Labyrinthfische, die mit ihrer Schokoladenfarbe an Korallenfische erinnern. Sie waren daher schon immer sehr begehrte Fische, deren Nachzucht bereits so mancher versucht hat. Eine regelmäßige Zucht dürfte bisher kaum gelungen sein. Nachdem die Legende, daß der Schokoladengurami lebendgebärend sei, endgültig beiseite gelegt wurde, vertrat man eine Auffassung, nach der die Tiere ein Schaumnest bauen oder die Eier im Maul erbrüten. Es wird sogar behauptet, daß gelegentlich von der einen Brutpflegeform auf die andere übergegangen wird. Über viele Jahre habe ich diese Fische gehalten und ihr Verhalten mit vielen

△ *Helostoma temminckii* *Sphaerichthys osphromenoides* ▽

Exemplaren aus den verschiedensten Sendungen studiert. Es stellte sich heraus und wurde erstmals auch von mir belegt, daß der Schokoladengurami eindeutig ein Maulbrüter ist, der kein Schaumnest baut.

Die Haltung dieser oft als problematisch hingestellten Fische ist nicht schwieriger als die Pflege der meisten anderen Labyrinthfische. Es soll jedoch nicht unerwähnt bleiben, daß die Tiere sich im mineralarmen, weichen Wasser mit einem durch Filterung über Torf erzeugten pH-Wert um 6 am wohlsten fühlen. Voraussetzung ist dabei jedoch, noch mehr Wert auf Wasserwechsel zu legen. Die Tiere kann man auch im Leitungswasser halten und nur zur Zucht in ein Wasser mit den erwähnten Werten bringen. Es muß nochmals darauf hingewiesen werden, daß die immer wieder in der Literatur angegebenen hohen Wassertemperaturen nicht notwendig sind, ja sogar schädlich (zumindest für die Lebensdauer) sein können. Eine Wassertemperatur von durchschnittlich 24 °C ist für die Tiere bestimmt besser als eine Haltung bei 30 °C.

Wichtig ist bei diesen Tieren ebenfalls die richtige Ernährung. Viele Aquarianer ernähren nicht, sondern mästen. Also mehr Zurückhaltung beim Füttern! Bekommen Zierfische im Aquarium gelegentlich bis zu zwei Wochen kein Futter, sterben sie bestimmt nicht. Sie sehen sogar recht gut aus, vorausgesetzt, daß sie in einem Aquarium schwimmen, das schon längere Zeit steht. Darin finden die Tiere immer etwas zu „knabbern", z. B. Algen. Aber auch in frisch eingerichteten Aquarien werden bis zu 7 Hungertage ohne Schwierigkeiten überstanden. Jedoch sollte man dann beachten, daß den Fischen nicht gleich soviel Futter ins Becken gegeben wird, daß sie sich zum „Platzen" vollfressen können. Das kann schiefgehen. Am besten füttern wir – vor allem bei der Vorbereitung zur Zucht – schwarze und weiße Mückenlarven sowie *Drosophila.* Gefressen wird auch fast jedes Lebend- oder Trockenfutter.

Als Zuchtbecken verwendet man ein 50 l-Becken mit einem fast destillierten Wasser, das längere Zeit über Torf gefiltert wurde und dadurch einen pH-Wert zwischen 5,5 und 6 hat. Die Wassertemperatur kann bei der Zucht ebenfalls um 24 °C liegen. Außer einer Schwimmpflanze und eventuell noch etwas Javamoos ist keine weitere Einrichtung im Becken erforderlich. Schwimmen mehrere Tiere im Hälterungsbecken, kann man das Zuchtbecken dann einrichten, wenn sich bei einem oder mehreren Weibchen Laichansatz zeigt.

Weibchen mit Laichansatz erkennt man deutlich an der stärkeren, etwas helleren Bauchpartie. Sieht man, daß ein oder mehrere Männchen das Weibchen umwerben, ist es Zeit, ein laichvolles Weibchen und das am intensivsten balzende Männchen in das Zuchtbecken umzusetzen.

Nach ein paar Stunden werden wir bereits das Männchen vor dem Weibchen mit gespreizten Flossen wieder balzen sehen. Die Tiere haben nun eine intensiv dunkle Farbe angenommen und umkreisen sich mit aufgestellten Flossen im freien Wasser. Bald schwimmen sie stets an eine bestimmte Stelle des Bodengrundes und umkreisen sich auch dort. In einem Becken mit feinem Kies als Bodengrund entsteht in diesem Bereich eine Mulde. Das Pärchen sucht immer häufiger die spätere Laichstelle auf, und es kommt aus den Umkreisungen heraus zu Scheinpaarungen, bei denen keine Eier abgegeben werden. Kurz vor dem Laichen sehen wir, daß unser Männchen fast schwarz ist und häufig den etwas rötlichen Kehlsack bläht. Das Männchen bleibt während der Umkreisungen auf einmal stehen und legt sich mit gekrümmtem Körper etwas schräg. Langsam schwimmt das Weibchen nun in die Körperkrümmung des Männchens hinein. Befindet sich das Weibchen an der richtigen Stelle, verharren die Tiere einige Zeit in dieser Stellung. Eine feste Umschlingung erfolgt nicht. Das Männchen beginnt dann, leicht zu zittern. In diesem Augenblick wird das Sperma abgegeben und gleich darauf – fast im gleichen Augenblick – stößt das Weibchen die Eier aus. Sie sind cremefarben und knapp 2 mm groß. Es werden bis zu 80 Eier abgelegt. Die beiden Tiere schwimmen etwas auseinander und verharren einen Moment regungslos. Danach beginnt das Weibchen mit dem Einsammeln der Eier.

Die ersten 20 bis 30 Eier kann das Weibchen noch ohne Schwierigkeiten aufsammeln. Das weitere Aufsammeln der Eier geht dann schon etwas langsamer vonstatten. Deutlich sieht man, wie sich der Kehlsack des Weibchens immer mehr vergrößert. Obwohl nicht alle Eier aufgenommen werden können, schwimmt das Weibchen dann an die Wasseroberfläche, meist unter ein Schwimmpflanzenblatt und bleibt dort stehen. Dabei werden die Eier mit Kaubewegungen umgeschichtet und somit Platz für weitere Eier geschaffen. Die nicht vom Weibchen eingesammelten Eier nimmt jetzt das Männchen auf und spuckt sie einzeln direkt vor das Maul des Weibchens, das sie mit dem Maul aufschnappt. Sind alle Eier im Kehlsack des Weibchens verstaut, kümmert sich das Männchen nicht mehr um das Weibchen und schwimmt an eine andere Stelle des Beckens.

Das Weibchen mit dem stark angeschwollenen Kehlsack führt weiterhin die kauenden Bewegungen durch und schnappt jetzt öfter als vorher nach Luft. Erst 14 Tage später werden die voll entwickelten und keinen Dottersack mehr tragenden Jungfische aus dem Maul entlassen. Sie sind dann ca. 5 mm groß. Man füttert sie am besten gleich mit Artemia- oder Cyclops-Nauplien an. Das Weibchen wird nun aus dem Becken genommen. Das Männchen kann man schon kurz nach dem Laichen herausfangen. Damit die Futtertiere nicht so schnell absterben, tauscht man vor dem ersten Füttern einen Teil (ca. die Hälfte) des Zuchtwassers gegen Leitungswasser aus.

Salmler

Die Gruppe der Salmlerartigen ist eine der umfangreichsten bei den Zierfischen. Als gemeinsames Merkmal der Salmler kann das Vorhandensein bezahnter Kiefer angesehen werden. Die meisten Salmler haben eine Fettflosse. Bei vielen Salmlern befinden sich auf den ersten Strahlen der Afterflosse der Männchen kleine Widerhaken. Es wird angenommen, daß sie bei der Paarung zum Festhalten der Weibchen eine Rolle spielen. Diese Widerhaken sind zum Körper gerichtet. Man kann sie mit bloßem Auge nicht wahrnehmen. Beim Herausfangen eines Tieres erkennt man das Vorhandensein von Widerhaken daran, daß die Tiere oft im Netz hängenbleiben.

Knapp 1500 Arten sind bisher bekannt geworden. Nach Géry gibt es 14 Familien (3 in Afrika und 11 in Amerika) mit 32 Unterfamilien, die hauptsächlich im Amazonasgebiet vorkommen. Salmler sind ebenfalls im weiteren Südamerika (ausschließlich des südlichsten Teiles), in Mittelamerika bis Texas und Afrika zu finden.

Viele Salmler haben sich einen festen Platz in den Becken der Aquarianer erobert. Die prächtigen Farben und geringe Größe dieser Arten haben dazu besonders beigetragen. Hinzu kommt, daß die Nachzucht der Salmler keine großen Probleme aufwirft, obwohl es auch unter ihnen Arten gibt, die bis heute nicht bzw. nur ganz selten nachgezogen wurden.

Megalamphodus sweglesi

Die Haltung der Salmler ist unproblematisch. Leitungswasser reicht in fast allen Fällen aus. Die Beckengröße hängt von der Größe und der Anzahl der gehaltenen Tiere ab. Auf jeden Fall sollte man auch bei den kleineren Arten Becken verwenden, die mindestens 50 Liter fassen. Man muß berücksichtigen, daß viele Salmler Schwarmfische sind und man speziell die kleinen Arten auch im Schwarm halten sollte. Außerdem wirkt das besser. Ein Schwarm Neon zum Beispiel ist ein wunderschöner Anblick im Gegensatz zu einzelnen Tieren dieser Art. Die Wassertemperatur kann je nach Art zwischen 18 und 24 °C liegen.

Entsprechend der Art des Ablaichens unterscheiden wir grundsätzlich nach freilaichenden Salmlern, Haftlaichern und Salmlern mit innerer Befruchtung. Innerhalb der Gruppen, zumindest der ersten beiden, gibt es noch verschiedene Abweichungen beim Laichen und bei der Brutpflege, die behandelt wurden, soweit sie von Bedeutung sind.

Freilaicher

Zu dieser Gruppe gehören unter anderem folgende Gattungen:

Cheirodon
Gymnocorymbus
Hemigrammus
Hyphessobrycon
Megalamphodus
Moenkhausia
Nematobrycon
Paracheirodon
Pristella
Thayeria

Wählen wir als Beispiel zur Beschreibung der Nachzucht gleich eine Art, der man nachsagt, daß sie nicht einfach nachzuziehen wäre. *Cheirodon axelrodi* SCHULTZ, 1956 ist ein farblich sofort ins Auge fallender kleiner Salmler mit einer Größe von 5 cm, aus dem Flußgebiet des Rio Negro. Er ist prächtiger als der lange Zeit favorisierte *Paracheirodon innesi.* Beide Arten hält man am besten im Schwarm in einem größeren sogenannten „Rennbecken". Eine besondere Wirkung erreicht man mit einem dunklen Hintergrund in diesem Becken, der möglichst aus einer mit Javamoos bewachsenen Wand bestehen sollte. Andere Wasserpflanzen in einem solchen Becken stören oft nur. Einige schöne Stücke Moorkienholz – eventuell teilweise mit Javamoos bewachsen – vervollständigen den dekorativen Wert eines Neon-Beckens.

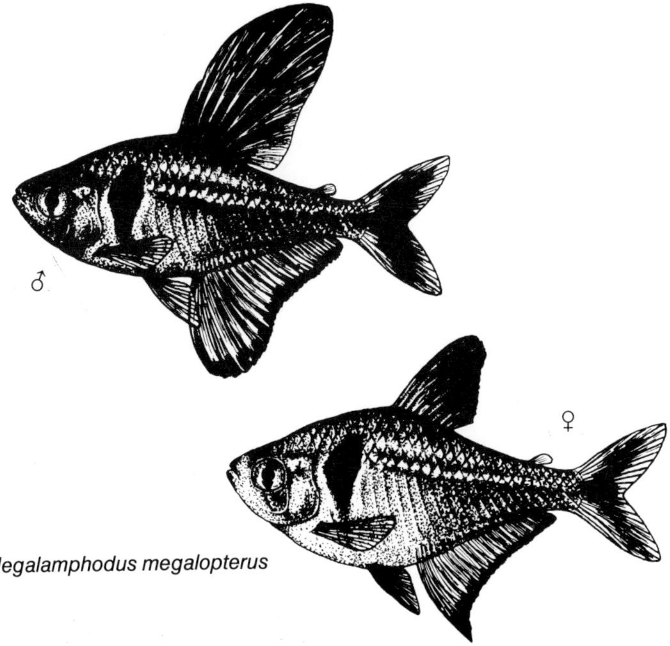

Megalamphodus megalopterus

Es sei nochmals darauf hingewiesen, daß zur Haltung dieser Tiere, auch wenn sie zur Zucht vorgesehen sind, fast immer normales Leitungswasser verwendet werden kann, vorausgesetzt der pH-Wert liegt nicht über dem Neutralbereich 7. Solange wir die Fische in einem solchen Becken halten, laichen sie dort auch ab. Jungfische

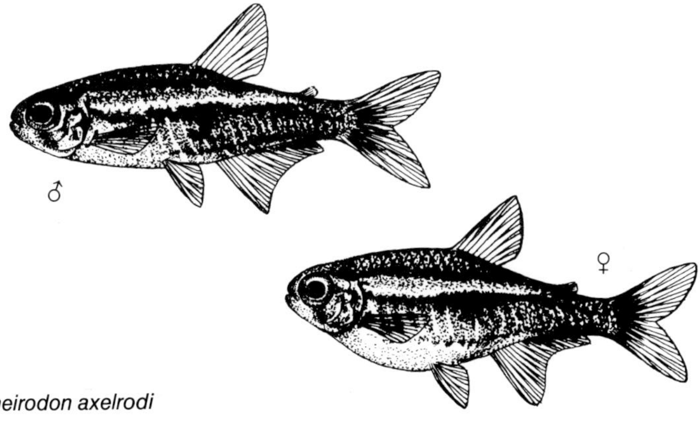

Cheirodon axelrodi

werden allerdings selten einmal in diesem Becken aufkommen. Der größte Teil der Eier wird in diesem Wasser nicht befruchtet. Die wenigen eventuell doch auskommenden Jungfische werden meist von den größeren Tieren gefressen. Es ist also unbedingt erforderlich, die Tiere in einem besonderen Zuchtbecken zur Zucht anzusetzen.

Nach meinen Erfahrungen ist zumindest beim Roten Neon *(Cheirodon axelrodi)* die Zucht im fast destillierten Wasser am erfolgreichsten. Wir schaffen also in einem ca. 10-Liter-Becken grob die natürlichen Wasserverhältnisse. Dazu verwenden wir destilliertes oder vollentsalztes Wasser, das schon einige Zeit über Torf gefiltert wurde und dadurch eine fast dunkelbraune Färbung angenommen hat. Hiervon verwenden wir ca. 5 Liter und gießen noch einige Liter frisches vollentsalztes Wasser zu. Der pH-Wert sollte dann bei 5,5 bis 6 liegen. Das Becken bleibt völlig ohne Einrichtung. Auch Wasserpflanzen verwenden wir zumindest bei dem Roten Neon nicht. Es empfiehlt sich, die Bodenscheibe außen schwarz anzustreichen. Dann erkennt man sehr gut den Laich auf dem Boden des Beckens. Die Wassertemperatur kann zwischen 24 und 28 °C liegen; dabei sollte man ruhig mehr nach unten als nach oben gehen.

Die Entscheidung, ob man mit einem oder mehreren Zuchtbecken beginnen möchte, muß noch getroffen werden. Zur rationellen Nachzucht verwendet man gleich mehrere Becken. Nun fängt man von den Zuchttieren am besten einige laichreife Weibchen aus dem Hälterungsbecken und setzt je ein Tier in ein Zuchtbecken. Dann wird in jedes Becken auch ein Männchen gegeben, das aber nicht aus dem Hälterungsbecken genommen werden sollte. Diese Männchen haben eventuell gerade gelaicht und werden nicht sofort mit dem nächsten ihnen vorgesetzten Weibchen laichen. Männchen, die ungefähr zwei Wochen kein Weibchen gesehen oder mit ihm gelaicht haben, sind viel besser geeignet, da sie sofort „richtig rangehen".

Am besten setzt man die Tiere am Morgen in die Zuchtbecken. Je nach Laichreife der Weibchen werden die Tiere bereits in der nächsten Nacht oder in einer der folgenden Nächte ablaichen. Das Laichen erfolgt fast immer im Dunkeln. Mit einer dunkelroten Lampe können wir die Tiere beim Laichen beobachten. Das schlanke und etwas kleinere Männchen schwimmt immer öfter aus der näheren Umgebung des Weibchens plötzlich auf die Partnerin zu und stupst es mit dem Maul in die Rückenpartie. Anfangs schwimmt das Weib-

Paracheirodon innesi, balzend

chen daraufhin sofort ein Stück weiter. Später bleibt es stehen, und das Männchen nähert sich der Partnerin seitlich. Meist schwimmen die Tiere aber wieder auseinander. Doch plötzlich kommt es zu Paarungen, indem die beiden Tiere ein kurzes Stück nebeneinander schwimmen und dann blitzschnell nach oben schießen. Es kommt zu einer angedeuteten Umschlingung seitens des Männchens und dabei werden die Geschlechtsprodukte abgegeben. Die Tiere trennen sich nun wieder voneinander und schwimmen beiseite, während der Laich zu Boden sinkt. Das geschieht alles so schnell, daß es nur mit Fotos belegt werden kann. Es ist kaum möglich, dieses Verhalten richtig zu beobachten. Man sieht die Tiere nur nach oben und wieder auseinanderschießen. Bei jedem Laichakt werden bis zu 30 Eier abgegeben; insgesamt können es bis 400 Eier werden, die ein Paar bei einem Ansatz bringt. Das vorher in der Bauchgegend sehr starke Weibchen wirkt nach dem Laichen regelrecht eingefallen. Daran erkennt man morgens beim Überprüfen, ob abgelaicht wurde. Das ist aber kein sicheres Zeichen, weil manche Weibchen nicht auslaichen und deshalb am anderen Tage noch eine starke Bauchpartie zeigen. Deshalb sollte man zusätzlich mit einer Taschenlampe von der Seite auf den Bodengrund leuchten. Auf dem dunklen Boden heben sich die glasklaren, etwas bräunlichen Eier gut ab. Bei guten Zuchtpaaren liegt der ganze Boden voller Eier. Hat man sie entdeckt – selbstverständlich können es auch weniger Eier sein – fängt man die Elterntiere vorsichtig heraus. Sie werden nach dem Geschlecht getrennt in Becken mit normalem Leitungswasser auf den nächsten Ansatz vorbereitet. Weibchen, die nicht voll ausgelaicht haben, setzt man in ein anderes Zuchtbecken und gibt ein anderes Männchen hinzu.

Nicht selten müssen wir auf das Ablaichen ein paar Tage warten. Man kann die Zuchtpaare in den Zuchtbecken ruhig füttern, jedoch auf keinen Fall mit Daphnien oder Cyclops, die sofort in dem Wasser absterben würden. Man sollte Enchyträen nehmen, die einzeln ins Becken gegeben werden. Dabei wartet man ab, daß die Enchyträe gefressen wurde, ehe man die nächste ins Becken gibt. Ein Futtertier für jeden Fisch reicht aus. Eine nicht gefressene Enchyträe finden wir spätestens am nächsten Tag nicht wieder; sie hat sich aufgelöst, und nur ein heller Fleck kennzeichnet die Stelle, an der sie lag.

Tiere, die abgelaicht haben und in separate Becken gesetzt wurden, werden mit Cyclops und Enchyträen gefüttert. Bewährt hat sich auch die Fütterung mit Drosophila. Nach ungefähr 14 Tagen sind sie wieder soweit, daß man sie ansetzen kann.

Nach dem Laichen zieht man aus dem Zuchtbecken am besten soviel Wasser ab, daß nur noch ein ca. 5 cm hoher Wasserstand bleibt. Bei dem normalerweise lebensfeindlichen Zuchtwasser entwickeln sich nach meinen Erfahrungen so schnell keine Infusorien, die Eier oder Larven schädigen würden. Bereits nach ca. 22 Stunden schlüpfen die Larven. Jetzt kann man dem Zuchtwasser täglich etwas Frischwasser (Leitungswasser) über einen 5-Millimeter-Schlauch langsam zusetzen. Damit erreicht man, daß Futtertiere (Cyclops- oder Artemia-Nauplien) nicht sofort nach dem Einbringen absterben. Am fünften Tag schwimmen die Jungfische frei und werden angefüttert. Sie schwimmen nun in einem Wasser, das dem Leitungswasser sehr nahekomnmt. Aufgrund eigener schlechter Erfahrungen möchte ich darauf hinweisen, daß nur feinste Nauplien oder lieber gleich Rädertierchen gefüttert werden sollten. Auf keinen Fall gibt man zuviel Futter. Gefüttert wird am Morgen, am Abend sollten möglichst keine Futtertiere mehr im Aufzuchtbecken sein, vor allem keine Nauplien. Sie wachsen bei der relativ hohen Wassertemperatur sehr schnell und töten Jungfische. Hunderte von Jungfischen, die gerade einen Tag alt waren, habe ich anfangs eingebüßt, weil ich nicht darauf achtete.

Eigentlich ist das so extrem mineralarme Wasser nach meinen Erfahrungen nur beim Roten Neon erforderlich, es kann aber auch bei anderen Salmlern verwandt werden. Der Neonsalmler *Paracheirodon innesi* (MYERS, 1936) kann in gleicher Weise gezüchtet werden. Er braucht aber nicht unbedingt das mineralarme Wasser. Man enthärtet das Wasser und gibt etwas destilliertes bzw. vollentsalztes Wasser zu. Im Gegensatz zum Roten Neon muß man bei dieser Art über dem Boden grobmaschige Gaze anbringen, unter die unsere Zuchttiere nicht schwimmen können. Sie muß eng an den Seitenscheiben liegen. Auf die Gaze legt man ein kleines Büschel Javamoos. Das Wasser kann eine Temperatur von 18–20 °C haben.

Die vorher getrennt gehaltenen Tiere setzt man dann in das Zuchtbecken. Einen Tag vor dem Ansatz sollten die Tiere jedoch möglichst nicht mehr gefüttert werden. Das Zuchtwasser wird dann nicht mehr als nötig mit Stoffwechselprodukten angereichert. Abends zur Zucht angesetzte Paare laichen im allgemeinen bereits am nächsten Morgen. Beim Laichen wird das Weibchen vom Männchen regel-

Paracheirodon innesi

1 Männchen treibt das Weibchen.

2 Hin und wieder stupst es das Weibchen in die Seite.

3 Die Tiere drängen sich aneinander, um im nächsten Augenblick

4 zusammen nach oben zu schießen. Hierbei umklammert das Männchen das Weibchen.

5 Nach Abgabe des Spermas löst sich das Männchen, und das Weibchen stößt die Eier aus.

6 Die Tiere trennen sich, während die Eier zu Boden sinken.

2

3

6

Hemigrammus caudovittatus

recht umschlungen, wenn sie nach oben schießen. Dabei werden pro Laichakt ca. 20, insgesamt bei einem Ansatz bis 200 Eier abgegeben.

Die meisten der anfangs aufgeführten Salmlergattungen können auf die gleiche Art und Weise wie Neonfische zur Zucht angesetzt werden. Alle Arten laichen verhältnismäßig willig und ähnlich wie *Cheirodon axelrodi.* Man sollte nie versäumen, die Tiere regelmäßig in Abständen von 7–14 Tagen ablaichen zu lassen, weil es sonst zur Laichverhärtung kommen kann, und Weibchen dann zur Zucht nicht mehr taugen.

Recht interessant ist das etwas abweichende Laichverhalten von *Hemigrammus caudovittatus* AHL, 1923. Diese Salmler stammen aus dem La-Plata-Stromgebiet und werden bis zu 7 cm groß. Sie können leider im bepflanzten Becken Schaden anrichten, weil sie sehr gern Pflanzen fressen. Wenn man das verhindern will, sollte man den Tieren hin und wieder etwas gebrühten Spinat oder Salat ins Becken geben.

Zur Zucht muß man ein etwas größeres Zuchtbecken verwenden. Ein etwas längeres Becken, das nicht ganz so tief zu sein braucht, hat sich bewährt. Man nimmt Wasser mit einer Härte bis ungefähr 10° dH, das einige Zeit über Torf gefiltert wurde. Die Gaze befestigt man am besten ca. 10 cm über dem Boden und bringt einige Stengel *My-*

riophyllum darauf an. Nachdem man die vorher getrennt gehaltenen und gut gefütterten Tiere in das Zuchtbecken gesetzt hat, wird das Männchen im allgemeinen bald beginnen, das etwas größere und am stärkeren Bauchumfang erkennbare, laichreife Weibchen zu treiben. Damit diese etwas größeren Fische beim Treiben nicht jeden Augenblick eine Scheibe vor sich haben, regte ich an, ein etwas größeres und möglichst langes Becken zu nehmen Das Zuchtbecken könnte zum Beispiel 60 X 25 X 20 cm groß sein.

Beim Treiben wird das Weibchen nicht nur gejagt, sondern auch immer wieder mit gespreizten Flossen umschwommen. Das Männchen unterschwimmt hin und wieder das Weibchen und stupst es in die Bauchgegend. Dann versucht das Männchen immer öfter, dicht an die Seite des Weibchens zu kommen. Ist die Partnerin laichbereit, strebt sie über den Pflanzen der Wasseroberfläche zu. Meist erfolgt die Umschlingung bei der Paarung dicht unter bzw. direkt an der Wasseroberfläche und so schnell, daß man nur die aufgewühlte Wasseroberfläche sieht. Danach kann man beobachten, wie die Eier zu Boden sinken. Damit diese Eier nicht einen zu langen Weg bis zur Gaze haben, wird sie so hoch angebracht. Beachtet man das nicht, kann ein großer Teil der Eier gefressen werden, bevor sie die Gaze erreicht haben.

Von einem großen Paar erhält man je Ansatz ohne weiteres 1000 Eier. Die Larven schlüpfen nach ca. 24 Stunden. Besonders bei diesen Fischen ist es angebracht, nachdem man das Zuchtpaar und die Einrichtung (*Myriophyllum* und Gaze) aus dem Becken entfernt hat, das Wasser soweit wie möglich abzusaugen und mit der gleichen Menge Frischwasser in der Zuchtwasser-Qualität zu ergänzen. Das abgestorbene Sperma und andere beim Laichen mit abgegebene Stoffe würden sonst eine Massenentwicklung von Infusorien stark begünstigen. Nach dem Schlüpfen der Larven saugt man am besten nochmals soviel Wasser wie möglich ab und füllt innerhalb der nächsten Tage langsam mit Leitungswasser wieder auf.

Die Jungfische schwimmen ungefähr 5 Tage nach dem Schlüpfen frei und werden am besten mit Nauplien angefüttert. Sobald wie möglich sollte man die Jungfische aufgrund der beträchtlichen Anzahl in ein recht großes Aufzuchtbecken überführen. Nach einigen Wochen ist man sogar aus dem gleichen Grunde gezwungen, die Brut nochmal aufzuteilen.

Haftlaicher

Zu dieser Gruppe von Salmlern gehören unter anderem folgende Gattungen:

Chilodus	*Nannostomus*
Copeina	*Pyrrhulina*
Crenuchus	

Am Beispiel von *Nannostomus espei* (MEINKEN, 1956), einem Schlanksalmler, sollen die Haftlaicher vorgestellt werden. Das Laichen erfolgt zwar am Substrat, oft bleiben die Eier aber nicht am Substrat haften und sinken zu Boden. Bei bestimmter Wasserbeschaffenheit und speziell bei einigen Arten kann man jedoch beobachten, daß die Eier oder zumindestens einige am Substrat kleben bleiben. *Nannostomus espei* ist ein recht ansprechender, leider verhältnismäßig seltener Salmler. Er wird bis zu 5,5 cm groß, wirkt aber aufgrund der Schlankheit (daher auch der Name Schlanksalmler) bedeutend kleiner. Die Art stammt aus dem Stromgebiet des oberen Rio Mazaruni im westlichen Guayana. Die Haltung dieser Salmler, die man auch im Schwarm pflegen sollte, ist unproblematisch. Am besten verwendet man ebenfalls das sogenannte „Rennbecken", also ein Becken, das so lang wie möglich ist und bei dem man eher in der Höhe und Tiefe etwas wegläßt. Gefüttert wird mit Cyclops, kleinen Daphnien, Mückenlarven und – wenn möglich – auch mit *Drosophila.* Die Wassertemperatur kann bei 24 °C liegen.

Für die Zucht dieser Salmler verwendet man ein Becken mit einem Inhalt von ca. 10 l ohne Bodengrund. Außerdem nehmen wir ein Stück Gaze, das einige Zentimeter über dem Bodengrund angebracht wird. Daran wird ein kleines Blatt einer Cryptocoryne oder einer anderen Wasserpflanze befestigt. Das Zuchtwasser sollte sehr weich und über Torf gefiltert sein, so daß es einen pH-Wert von ungefähr 6 hat. Die Härte, zumindest die Karbonathärte, sollte 2° dH nicht übersteigen. Am besten ist es, wenn die Hälfte des enthärteten Wassers durch destilliertes bzw. vollentsalztes Wasser ersetzt wird. Damit haben wir den Mineralgehalt des Wassers halbiert.

Die Zuchttiere werden 14 Tage vor dem Ansatz getrennt gehalten und eventuell auch mit Enchyträen gefüttert. Bringt man die Fische paarweise ins Becken, werden wir bald merken, daß das Männchen aktiv wird. Übrigens ist die Unterscheidung der Geschlechter auch bei den Schlanksalmlern einfach. Das Männchen ist auf alle Fälle

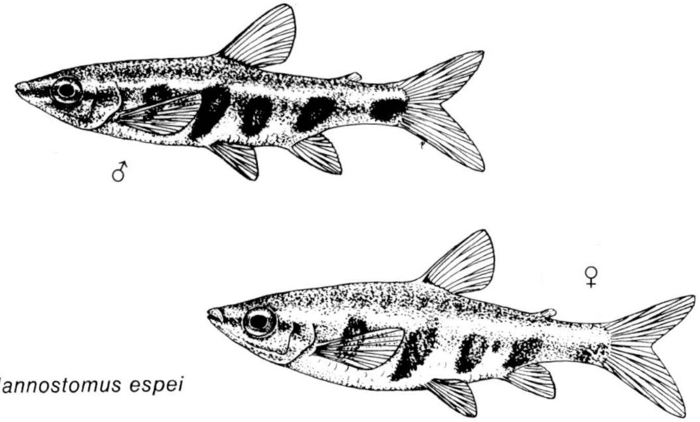

Nannostomus espei

schlanker gebaut und etwas intensiver gefärbt als das Weibchen. Die Partnerin ist etwas heller und zeigt deutlich eine stärkere Bauchpartie.

Im allgemeinen beginnt das Männchen am frühen Morgen mit dem Treiben. Solange das Weibchen noch nicht laichbereit ist, flüchtet es vor dem starktreibenden Männchen an die Wasseroberfläche. Wiederholt stupst das Männchen die Partnerin in die Genitalgegend. Darauf reagiert das Weibchen indem es sich steif dahintreiben läßt, so daß das Männchen es nicht mehr als ein Lebewesen ansehen kann. Es gibt dem Treiben des Männchen erst nach, wenn es laichbereit ist. Das Männchen überschwimmt das Weibchen nun öfter und „reitet" auf der Partnerin. Dann schwimmt das Weibchen zu dem Wasserpflanzenblatt und untersucht es nach einer geeigneten Ablaichstelle. Ist diese gefunden, preßt das Weibchen den Hinterkörper an das Blatt. Das Männchen drängt sich daraufhin an den Körper des Weibchens heran, und fest aneinandergepreßt verharren die Tiere fast eine halbe Minute, ehe man an einem Zittern beider Tiere erkennt, daß ein Ei abgegeben und befruchtet wurde. Ruckartig trennen sich die Tiere danach voneinander und schwimmen in entgegengesetzte Richtungen. Im allgemeinen bleibt das Ei am Blatt kleben. Häufig kommt es aber vor, daß es zu Boden sinkt. Diese Laichakte wiederholen sich, bis das Weibchen keinen Laichvorrat mehr hat. Nun nimmt man die Tiere möglichst schnell aus dem Bekken, weil sie sich sonst an den Eiern vergreifen. Laichrost (Gaze) und Wasserpflanzenblatt lassen wir im Zuchtbecken.

Nach ungefähr 30 Stunden schlüpfen die Larven, die sich innerhalb der nächsten 3 Tage zu fertigen Jungfischen entwickeln und dann mit Rädertierchen und zwei Wochen später mit mittleren Cyclops- oder Artemia-Nauplien gefüttert werden müssen. Die Gaze und das Wasserpflanzenblatt nimmt man am besten zwei Tage nach dem Freischwimmen der Jungfische aus dem Becken. Durch leichtes Rütteln werden eventuell anhaftende Jungfische abgeschüttelt. Jetzt besteht überhaupt keine Gefahr mehr, daß daran ein Ei oder eine Larve beim Herausnehmen hängenbleibt, was vor dem Schlüpfen und danach möglich gewesen wäre. Beim *Nannostomus marginatus* EIGENMANN, 1909, dem kleinsten Vertreter der Gattung *Nannostomus,* sollte man beachten, daß diese Tiere noch beim Laichen den Laich fressen. Man behält kaum noch viele Eier übrig, wenn man bestimmte Vorkehrungen nicht trifft. Um nach dem Laichakt die Eier so schnell wie möglich aus dem Blickfeld der Zuchttiere zu bekommen, gibt es nur die Möglichkeit, den Wasserstand nicht so hoch zu halten (ca. 10 cm) und eine verhältnismäßig kleine Wasserpflanze als Ablaichpflanze zu verwenden. Befindet sie sich dicht an der Gaze, ist beim Laichen der Weg der Eier unter die Gaze kurz; die Elterntiere erwischen nur noch selten ein Ei.

Arten, die nicht nur die Eier auf eine Unterlage heften, sondern deren Männchen die Eier auch noch pflegen, sind schon etwas Besonderes unter den Salmlern. Einer dieser Salmler ist *Pyrrhulina vittata,* REGAN, 1912, der ungefähr eine Länge von 6 cm erreicht und aus dem Amazonasstromgebiet bei Santarem stammt. Die Haltung der Tiere ist problemlos.

Zur Zucht verwendet man ein 15-Liter-Becken. Das Wasser braucht nicht unbedingt sehr weich zu sein, mit ca. 10° dH erzielt man die besten Erfolge. Der pH-Wert sollte um 6 liegen. Als Laichsubstrat kann man ein mehr flaches Stück Moorkienholz oder eine *Echinodorus horizontalis* in einem Plastiktopf verwenden. In das Zuchtbecken bringt man möglichst auch einen feinperligen Ausströmer. Die Zuchttiere hat man vor dem Ansatz getrennt gehalten und gut gefüttert. Man kann in dieser Zeit ruhig etwas mehr Enchyträen verfüttern.

Schon kurze Zeit nach dem Einsetzen der beiden Zuchttiere sieht das Männchen sich nach einem geeigneten Laichplatz um. Ist dieser gefunden – meist ein Blatt, das möglichst waagerecht liegen sollte – beginnt es, auf dem Blatt herumzurutschen und es zu putzen. Dabei wedelt es immer mit den Flossen. Das Weibchen hält sich anfangs

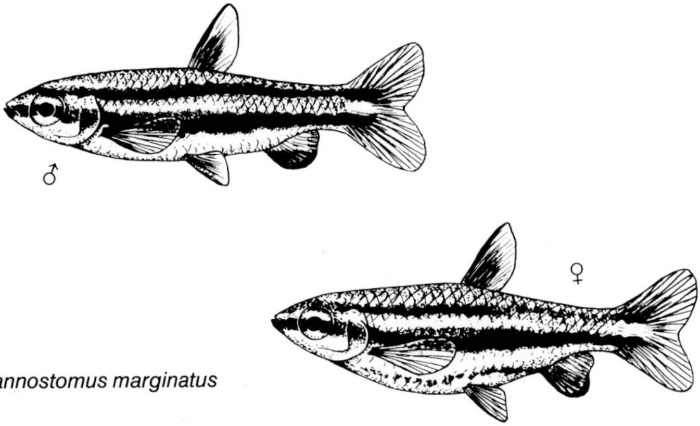

Nannostomus marginatus

noch unter den anderen Blättern auf und entzieht sich so den Blikken des Männchens. Ist es laichbereit, schwimmt es auf das putzende Männchen zu. Meist wird es vom Männchen noch verjagt. Erst muß der Laichplatz genügend gereinigt werden, dann schwimmt das Männchen dem Weibchen entgegen und balzt vor ihm mit gespreizten Flossen. Kurz darauf versucht es, das Weibchen zum Laichplatz zu dirigieren. Dabei schwimmt das Männchen immer wieder zum Laichplatz und vollführt hier eine Putzgeste. Das Weibchen schwimmt bald auf das Blatt und preßt den Bauch auf die Unterlage. Seitlich an das Weibchen heran schwimmt das Männchen

Pyrrhulina vittata

Copella arnoldi

1 Weibchen gleitet langsam zum Kopf des Männchens.

2 Der Körper wird gekrümmt, alle Muskeln sind gespannt.

3 Gleich ist das Blatt erreicht.

4 Die Tiere kleben nun an der Blattunterseite und laichen ab.

5 Mit dem Schwanz voran taucht das Weibchen ins Wasser.

6 Ein Teil des Geleges an der Blattunterseite.

7 Männchen spritzt mit Hilfe des Schwanzes Wassertropfen an das Gelege.

5

6

7

und preßt den Hinterkörper an den des Weibchens. Die Afterflosse legt es um die Genitalgegend des Weibchens. Leicht V-förmig zueinanderstehend zittern die Tiere kurz und schießen sofort danach auseinander. Das einzelne Ei oder die Eier werden dabei gegen die Unterlage gepreßt und bleiben befruchtet im allgemeinen auch dort hängen.

Es kann passieren, daß Eier beim nächsten Laichakt heruntergewirbelt werden. Das geschieht aber selten. Laichakt auf Laichakt folgt, bis schließlich über 300 Eier auf dem Blatt kleben. Das Weibchen wird nun verjagt. Übrigens kommt es vor, daß ein Weibchen schon während des Laichens ein Ei nach dem anderen verspeist. Dem kann man nur entgegenwirken, indem man die Tiere vor dem Ansatz gut füttert und ihnen während des Laichens auch eine oder mehrere Enchyträen gibt.

Das Weibchen fängt man nach dem Laichen möglichst sofort aus dem Becken. Jetzt beginnt das Männchen mit der Brutpflege. Dabei stellt es sich über oder vor den auf dem Blatt befindlichen Laich und befächelt ihn mit den Flossen. Die jungen Larven schlüpfen nach 24 bis 26 Stunden und hängen mit einem feinen Faden noch an der Blattoberseite. Zwei Tage später sollte man auch das Männchen aus dem Zuchtbecken nehmen. Die Jungfische schwimmen knapp drei Tage nach dem Schlüpfen frei und müssen mit Rädertierchen angefüttert werden. Einige Tage später entfernt man auch noch die Wasserpflanze oder das Moorkienholz.

Auf ähnliche Weise laichen auch die Salmler der Art *Copeina guttata* (STEINDACHNER, 1875). Der Forellensalmler wird bis zu 15 cm groß und laicht auf Blatträndern oder in Gruben, die sie durch ihr häufiges Umeinanderdrehen in feinkörnigem Kies schaffen können. Das Männchen bewacht und befächelt die Eier. Man sollte bei diesen Fischen jedoch auch das Männchen schon kurze Zeit nach dem Schlüpfen der Larven aus dem Becken nehmen, weil es sich sonst an der Brut vergreift.

Die wohl interessanteste Art des Ablaichens bei Salmlern führt uns *Copella arnoldi* (REGAN, 1912) vor. Der Spritzsalmler wird bis 8 cm (Männchen) groß und kommt aus dem Gebiet des unteren Amazonas. Weibchen bleiben ca. 2cm kleiner und zeigen weder die schönere Färbung noch die großflächigen Flossen der Männchen. Außerdem ist die Bauchpartie hell, vor allem bei laichreifen Weibchen.

Copella arnoldi

Spritzsalmler sind ein besonderer Schmuck des Gesellschaftsbekkens. Wenn Männchen balzen, alle Flossen aufstellen und mit dem ganzen Körper wedeln, kommt ihre Schönheit erst richtig zur Geltung. Auch die Haltung dieser Salmler wirft überhaupt kein Problem auf, sogar die Zucht ist im normalen Leitungswasser möglich. Außergewöhnlich ist, daß die Tiere außerhalb des Wassers an überhängenden Blättern oder im Aquarium auch an der Deckscheibe laichen. Letzteres nutzen wir für die Zucht. Das Zuchtbecken sollte etwas größer sein. 60 X 25 X 25 cm wäre geeignet. Auf eine Einrichtung kann man völlig verzichten. Wichtig ist nur die Deckscheibe. Sie sollte nicht mehr als 5 cm über der Wasseroberfläche angebracht sein. Das Zuchtwasser kann, braucht aber nicht unbedingt weich zu sein; 20° dH sollte man jedoch nicht überschreiten. Wassertemperatur 22–26 °C.

Vor dem Ansatz werden die Zuchttiere auch bei dieser Art getrennt gehalten und gut gefüttert. Eine Fütterung mit *Drosophyla* hat sich bewährt. Im Zuchtbecken werden Tiere – am besten setzen wir nur ein Paar ein – nach dem Zusammensetzen bald beginnen, sich gegenseitig anzubalzen. Das Männchen stupst das Weibchen immer wieder in die Seiten. Oft umkreisen sich die Tiere auch, um danach wieder auseinanderzuschwimmen. Nach einiger Zeit schwimmt das Männchen an der Wasseroberfläche herum, mit dem Kopf nach oben. Es bleibt dann eine Weile so stehen. Auf einmal springt es aus dem Wasser und läßt sich aber gleich wieder zurückfallen. Es sucht nach einer geeigneten Laichstelle außerhalb des Wassers. Da wir im Zuchtbecken kein Blatt angebracht haben, wird das Männchen nun bis an die Scheibe springen und hier für einen Augenblick an der Scheibe „klebenbleiben". Dann fällt es wieder ins Wasser zurück. Das Weibchen steht dabei immer in der Nähe.

Nachdem das Weibchen das Springen des Männchens eine Weile angeschaut hat, schwimmt es über den Partner und reitet mit dem Bauch auf dem Rücken des Männchens. Das Weibchen versucht nun, immer weiter in Richtung Kopf des Männchens zu kommen. Hat es sich so weit vorgeschoben, berührt es mit dem Unterkiefer den Kopf des Männchens. Dann strebt das Männchen meist der Wasseroberfläche zu, doch schwimmen beide wieder auseinander. Das Männchen springt im Anschluß daran oft erneut aus dem Wasser an die Deckscheibe. Dieses Springen wiederholt sich nun in immer kürzeren Abständen. Nach einiger Zeit versuchen es dann beide Tiere gemeinsam. Dazu schwimmt das Weibchen aus dem „Reiten" heraus neben das Männchen und schmiegt sich so an das Männchen, daß es Kopf an Kopf mit ihm zur Wasseroberfläche strebt. An der Wasseroberfläche verharren die Tiere kurz und krümmen den Körper S-förmig. Auf diese Weise wird der Sprung an die Deckscheibe vorbereitet. Nun springen beide Tiere Seite an Seite aus dem Wasser an die Scheibe. Dort bleiben sie einen Augenblick hängen und fallen dann gemeinsam wieder ins Wasser zurück. Solange beide Tiere gemeinsam ins Wasser zurückfallen, werden keine Eier abgesetzt. Fällt jedoch das Weibchen zuerst ins Wasser und das Männchen verharrt noch einen Moment, wurden vom Weibchen Eier an der Deckscheibe abgesetzt, die noch vom Männchen befruchtet werden. Die Eier sind an der Deckscheibe gut zu erkennen. Dieses Springen wiederholt sich, bis das Weibchen alle Eier abgesetzt hat. Es zieht sich dann in die Pflanzen zurück, während das Männchen sich in der Nähe des Geleges unter der Wasseroberfläche aufhält.

Interessant ist die nun folgende Brutpflege des Männchens. Es spritzt mit dem Hinterteil Wassertropfen an das Gelege. Deshalb erhielt dieser Fisch auch den Namen „Spritzsalmler". Das Gelege mit bis zu 200 Eiern wird auf diese Weise vom Männchen immer feucht gehalten. Die Larven schlüpfen ungefähr 36 Stunden nach dem Laichen und fallen mit den Wassertropfen ins Wasser. Man kann bei einer rationellen Zucht zwei Wege gehen. Am besten hat es sich bewährt, die Eier ungefähr einen Tag nach dem Laichen mit einer fabrikneuen Rasierklinge vom Glas zu trennen und in ein gesondertes Aufzuchtbecken zu bringen. Der Wasserstand in diesem Aufzuchtbecken braucht nur ein paar Zentimeter zu betragen. Nachdem die Larven geschlüpft sind, kann man täglich etwas Frischwasser auffüllen. Die Jungfische schwimmen nach ungefähr vier Tagen frei. Man kann die Deckscheibe mit dem Gelege aber auch auf ein vorbereitetes Aufzuchtbecken legen oder direkt in das Wasser stellen. In das Becken, auf das man die Deckscheibe legt, bringt man einen kleinen Heizer (10 Watt). Damit erreicht man, daß sich auf alle Fälle an der Deckscheibe Wassertropfen bilden, mit denen die geschlüpften Larven ins Wasser fallen können.

Die Aufzucht ist nun nicht schwer. Jungfische werden zuerst mit Rädertierchen und nach einer Woche mit Cyclops-Nauplien gefüttert.

Ein durch seine etwas ungewöhnliche Schwimmweise auffallender Salmler ist der *Chilodus punctatus* MÜLLER & TROSCHEL, 1845. Lange Zeit galt der Punktierte Kopfsteher als Problemfisch. Er wird heute aber schon hin und wieder nachgezogen. Diese Salmlerart stammt aus Guayana, Surinam, dem Flußgebiet des oberen Amazonas und oberen Orinoco. Freilebend und im Aquarium halten sich die Tiere gern zwischen Wasserpflanzen auf, dort sind sie am häufigsten am Bodengrund anzutreffen. Die Tiere werden etwa 9 cm groß und schwimmen fast immer schräg den Kopf zum Boden gerichtet, daher auch der Name Kopfsteher. Die Nahrung wird am Bodengrund gesucht.

Im Aquarium ist *Chilodus punctatus* problemlos zu halten. Man sollte den Tieren jedoch ein möglichst großes Becken bieten, wenn man mehrere Exemplare darin halten will. Ein Rennbecken 80 X 40 X 30 cm wäre geeignet. Als Bodengrund verwenden wir am besten feinkörnigen Kies und bepflanzen den Hintergrund des Bekkens gut. Den vorderen Teil lassen wir frei von Wasserpflanzen und legen eventuell ein paar kleine Moorkienwurzeln auf den Boden. Für die Haltung des Punktierten Kopfstehers ist fast jedes Leitungswasser geeignet. Die Wassertemperatur kann zwischen 22 und 25 °C schwanken. Gefüttert werden die Tiere mit Daphnien, Cyclops, Mückenlarven, Tubifex, Enchyträen und Grindal-Würmern. Hin und wieder kann man auch ein kleines überbrühtes Salatblatt ins Becken geben, daß gern gefressen wird. Wenn die Fische am Bodengrund Futter suchen, kann man oft ein „Klirren" hören. Dieses Geräusch klingt, als ob ein Glasstab unter Wasser gegen die Scheibe geschlagen wird. Wichtig ist, daß für öfteren Wasserwechsel gesorgt wird. In zu kleinen Becken können die Tiere sehr scheu sein.

Für die Nachzucht verwendet man am besten ein Becken gleicher Größe wie bei der Haltung. Man verzichtet jedoch auf den Bodengrund. Einige größere Steine sollten jedoch ins Becken gestellt werden. Dahinter kann sich das Weibchen vor zu heftigen Nachstellungen gut verstecken. Das Zuchtwasser sollte weich bis mittelhart sein. Die Gesamthärte jedoch nicht über 8° dH und die Karbonathärte nicht über 2° dH liegen. Der pH-Wert wird auf 6 eingestellt. Eine Filterung über Torf ist angebracht und ein Ausströmer sorgt für eine leichte Wasserbewegung im Becken. Als Laichsubstrat verwenden wir einen kleinen Busch Javamoos, den wir mit einigen Glasnadeln beschweren, damit er dort liegenbleibt, wo wir ihn hingelegt haben. Das Zuchtbecken wird am besten erst dann eingerichtet, wenn wir im Hälterungsbecken ein Weibchen mit Laichansatz beobachten. Die Unterscheidung der Geschlechter ist gut anhand der Körperform möglich. Die Bauchlinie der Männchen ist fast gerade, während die der Weibchen gebogen ist. Außerdem haben die Weibchen auch einen etwas höheren Rücken. Weibchen mit Laichansatz sind noch besser an der starken, dann helleren Bauchpartie zu erkennen.

Nach Einrichtung des Zuchtbeckens werden das Weibchen aus dem Hälterungsbecken und ein Männchen eingesetzt, das möglichst separat gehalten wurde. Weibchen mit nicht sehr großem Laichansatz setzt man schon einen Tag vor dem Einbringen des Männchens ein. So kann es sich bereits mit den Versteckmöglichkeiten vertraut machen und ist etwas besser gegen das heftige Treiben des Männchens gewappnet.
Bei vorher getrennt gehaltenen Tieren dauert es meist nicht sehr lange, und beide Tiere vergessen die neue Umgebung und balzen sich gegenseitig an. Dabei stehen sich die Fische anfangs frontal gegenüber, so daß sie wie ein am Boden stehendes V wirken. Alle Flossen sind gespreizt. Aus dieser Stellung heraus drehen sich die Tiere dann – wie um eine gedachte Achse vor dem Kopf der beiden – seitlich aufeinander zu. Sie stehen dann parallel nebeneinander. Nun schwimmen die Tiere nebeneinander, den Kopf weiter zum Boden gerichtet, schnell ein Stück durchs Becken. Bleiben sie stehen, wedeln beide Tier mit dem ganzen Körper. Es sieht aus, als ob sie sich gegenseitig jeweils einen Schwall Wasser entgegenschleudern. Manchmal schwimmen sie dann auf einmal waagerecht und drehen sich dabei umeinander. Oft endet das aber mit Bissen des Männchens in die Seiten des Weibchens, das daraufhin meist in Deckung schwimmt. Hier bleibt es in Demutshaltung stehen, die das Männ-

chen veranlaßt, abzudrehen. Das Weibchen schwimmt nun wieder langsam aus dem Versteck, und es scheint, als suche es am Boden nach Futter. Sobald es vom Männchen wieder entdeckt wird, umschwimmt es balzend das Weibchen. Meist endet dies jedoch jetzt noch mit Bissen des Männchens in die hintere Körpergegend des Weibchens. Mit dem Ablaichen kann man erst rechnen, wenn man bemerkt, daß das Weibchen intensiv, fast ohne Unterbrechung durchs Becken gejagt wird. Bis dahin kann es vom Einsetzen der Tiere gerechnet einige Tage dauern. In dieser Zeit sollten die Fische mit Enchyträen gefüttert werden.

Nach meinen Beobachtungen bestimmt das Männchen den Laichplatz. Man muß jedoch bedenken, daß eigentlich nur ein Platz in Frage kommt, nämlich der auf dem Javamoos. Das Männchen schwimmt immer öfter zum Javamoos und versucht, das Weibchen dorthin zu locken. Man beobachtet auch hier wieder das Führungsschwimmen. Das laichbereite Weibchen folgt langsam dem Männchen. Am Javamoos angekommen, ist es das Weibchen, das daran rumzupfend nach einer geeigneten Stelle zum Laichen sucht. Hat es diese gefunden, drückt es sich dort mit der Bauchgegend ins Moos. Das Männchen, das die ganze Zeit neben dem Weibchen war, drückt sich nun gegen das Weibchen und schlägt andeutungsweise den Hinterkörper über den Schwanzstiel des Weibchens. Dicht aneinandergedrängt verharren die Tiere einen Moment und unter kaum merkbarem Zittern werden die Geschlechtsprodukte ausgestoßen.

Das Männchen schwimmt danach seitlich weg. Kurz darauf folgt das Weibchen. Nun kommt es nach kurzen Pausen zu weiteren Paarungen auf dem Javamoos. Danach werden auch größere Laichpausen eingelegt. Während des Laichens zeigen die Tiere nicht mehr ihre dunkle Längsbinde, sondern einen länglichen dunklen Fleck dicht hinter dem Kiemendeckelrand.

Nach dem Laichen werden die Zuchttiere vorsichtig herausgefangen; das ist nicht immer einfach. Insgesamt kann man bei einem Ansatz mit 300 Eiern rechnen. Bei größeren Weibchen sogar mit sehr viel mehr. Die Eier sind fast glasklar und etwa 1,5 mm groß. Sie quellen schon bald etwas auf. Bei 25 °C schlüpfen die Larven nach ca. 3 Tagen. Sie sind knapp 4 mm groß und hängen senkrecht mit dem

Kopf nach unten im Javamoos, teilweise auch an den Scheiben. Erst nach weiteren 4 Tagen sieht man, daß die Jungfische frei schwimmen. Innerhalb dieser 4 Tage sollte man einen großen Teil des Wassers absaugen und langsam mit frischem Leitungswasser (temperiert natürlich) wieder auffüllen. Hierzu verwendet man einen dünnen Luftschlauch, so daß sich das Auffüllen über fast eine Stunde hinzieht. Angefüttert wird am besten mit Rädertierchen. Nach einer Woche kann man Cyclops-Nauplien füttern. Zu bemerken ist noch, daß ich bisher kaum mehr als 150 Jungfische großziehen konnte. Wahrscheinlich sind, wie auch andere Züchter berichteten, nicht alle Larven geschlüpft.

Salmler mit Vorratsbefruchtung

Zu dieser Gruppe von Salmlern mit der außergewöhnlichen Vorratsbefruchtung gehören folgende bisher bekannte Arten:

Corynopoma riisei
GILL, 1858
Creagrutus beni
EIGENMANN, 1911
Gephyrocharax atracaudatus
(MEEK & HILDEBRAND, 1912)
Gephyrocharax valencia
EIGENMANN, 1920
Glandulocauda inaequalis
EIGENMANN, 1911

Mit der Art *Corynopoma riisei* wollen wir uns etwas näher befassen. Der Zwergdrachenflosser ist im nördlichen Südamerika und auf den Inseln davor beheimatet. Die hell graubraungefärbten Tiere werden nur ungefähr 6 cm groß und sind eigentlich nicht besonders attraktiv. Nur die großen Flossen und die Schwanzflosse mit dem Schwert fallen auf. Die Geschlechter sind bei größeren Tieren gut zu unterscheiden. Das Männchen hat ein recht großes „Unterschwert", eine großflächige After- und Rückenflosse sowie einen Kiemendeckelfortsatz mit einer löffelartigen Verdickung am Ende. Dieser Fortsatz ist genauso gefärbt wie der Körper. Bei Erregung wird er tiefdunkel bis schwarz. Beim Weibchen ist anstatt dieses Gebildes nur ein dornförmiger kurzer Anhang zu sehen. Die Weibchen sind, wie die meisten Salmler, in der Bauchgegend runder.

Haltung und Zucht dieser Salmler sind nicht schwer. Das Hälterungsbecken braucht auch nicht sehr groß zu sein und fast jedes Leitungswasser kann verwendet werden. Ein 30-Liter-Becken reicht für ein bis zwei Paare aus. Es ist angebracht, den Hintergrund des Beckens gut zu bepflanzen und dunklen Bodengrund einzubringen. Dadurch kommen die ziemlich farblosen Tiere recht gut zur Geltung. Freude bereitet es, den Männchen beim Balzen zuzuschauen. Sie umschwimmen die Weibchen mit aufgestellten Flossen, dabei werden wechselseitig oder einseitig die Kiemendeckelfortsätze weit abgespreizt. Die löffelartige Verdickung ist nun tiefdunkel, während der „Stiel" fast farblos erscheint. Unterstützt von einer leicht vibrierenden Bewegung wird der Eindruck erweckt, daß der Fortsatz ein Futtertier wäre. Das Weibchen schnappt danach, während das Männchen den Fortsatz im gleichen Augenblick wieder anlegt und sich in Paarungsposition zu bringen versucht. Gelingt das, befindet sich das Männchen dicht neben dem Weibchen und legt die mit feinen Häkchen versehene Afterflosse an die Analgegend des Weibchens an. Es hält sich mit Hilfe der feinen Häkchen am Weibchen „in Position" und überträgt nun das oder die Samenpakete in den Eileiter. Diese Paarungen finden auch im Gesellschaftsbecken immer wieder statt, so daß man eigentlich nur nach einiger Zeit die Weibchen in Zuchtbehälter zu bringen braucht.

Es genügt, wenn Zuchtbecken ungefähr 10 Liter Wasser fassen und mit einigen Wasserpflanzenstengeln bestückt sind. Am besten nimmt man *Ludwigia* oder ähnliche Wasserpflanzen. Die Weibchen legen in diesem Becken die Eier einzeln an den Pflanzen ab. Vor jeder Eiablage wird die entsprechende Stelle erst einmal mit dem Maul betupft. Das Weibchen gibt bei einer Ablaich-Periode bis zu 100 Eier ab, die sich innerhalb der folgenden 35 bis 40 Stunden zu Larven entwickeln. Vier Tage später schwimmen die Jungfische frei und müssen mit Rädertierchen angefüttert werden. Es ist angebracht, das Weibchen nach dem Laichen in ein anderes Zuchtbecken umzusetzen. Die Weibchen laichen dann immer wieder ab, ohne vorher wieder mit einem Männchen zusammengekommen zu sein. Es hat also eine echte Vorratsbefruchtung stattgefunden.

Bei Weibchen, denen die Eier abgedrückt wurden, hat man neben den Eiern etwa dreimal so große Gebilde gefunden, die, wenn man sie zerdrückte, eine weißliche Flüssigkeit enthielten. Nach Vereinigung dieser Flüssigkeit mit den abgedrückten Eiern begann sofort die Entwicklung der Eier. Der detaillierte Vorgang der Übertragung der Samenpakete ist bisher noch nicht beobachtet worden, zumal er auch sehr schnell erfolgt.

Barben

Diese Gruppe gehört ebenfalls zu den artenreichsten Zierfischen. Sie ist daher auch stark in den Aquarien vertreten, zumal in ihr viele Zierfische zu finden sind, die neben ihrer ansprechenden Form eine schöne Färbung aufweisen.

Barben gehören zur Familie *Cyprinidae,* der Karpfenfische oder Karpfenartigen, und sind in Asien, Afrika und Europa verbreitet. Dort leben sie meist im Schwarm in fast allen Gewässerformen. Mückenlarven und Anflugnahrung bilden wahrscheinlich in der Natur die Hauptnahrung der Barben. Grundsätzlich sind Barben friedliche Fische, die sich auch im Aquarium kaum um andere Fische kümmern. Eine Ausnahme ist die Sumatrabarbe, die mit ihrer Verspieltheit anderen Fischen lästig werden kann, besonders Tieren mit verlängerten Flossen. So haben zum Beispiel Skalare es gar nicht gern, wenn Sumatrabarben sich mit deren Bauchflossen beschäftigen.

Am besten pflegt man Barben in etwas größeren Aquarien im Schwarm, den man sich vor allem bei kleineren Arten erlauben kann. Die Haltung ist unproblematisch, Leitungswasser genügt, und die Temperatur sollte bei 22 °C liegen. Füttern kann man Barben mit fast jedem Lebendfutter entsprechend der Größe der einzelnen Art, Trockenfutter wird auch gern gefressen.

Im allgemeinen werden nur kleinere Barbenarten gehalten. Solch schöne Barben wie die Haibarbe oder *Barbus schwanefeldi* mit einer Größe bis zu 35 cm sind kaum für das Wohnzimmeraquarium geeignet, sondern eine Attraktion für Schauaquarien im Zoo. Die Nachzucht von Barben ist ebenfalls nicht sehr problematisch. Viele Arten lassen sich selbst in hartem Leitungswasser noch gut züchten. Entsprechend der Art und Weise des Ablaichens unterscheiden wir nach Freilaichern und Haftlaichern.

Freilaicher

Zu dieser Gruppe von Barben gehören u. a. folgende Gattungen:

Barbus	*Chela*	*Rasbora*
Barilius	*Danio*	*Rasborichthys*
Brachydanio	*Oxygaster*	*Tanichthys*

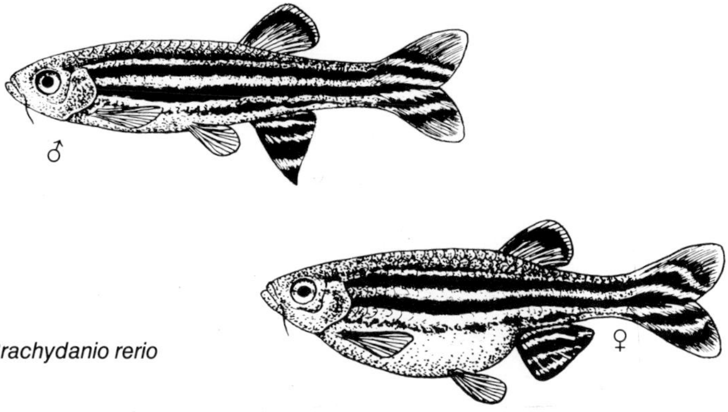

Brachydanio rerio

Zu den wohl bekanntesten und schönsten Barben, die wir im Aquarium pflegen, zählt ohne Zweifel der schlanke *Brachydanio rerio* (HAMILTON-BUCHANAN, 1822). Der Zebrabärbling kommt in Flüssen und Tümpeln des östlichen Vorderindiens vor und wird bis 5 cm groß. Das Männchen unterscheidet sich von dem in der Bauchgegend recht rundlichen Weibchen durch die schlanke Körperform und ist im allgemeinen etwas kleiner. Die Haltung dieser wirklich anspruchslosen Barbe ist sehr unproblematisch. An das Wasser werden keine besonderen Anforderungen gestellt. Die Fische vertragen Wassertemperaturen von 15 °C ebensogut wie solche um 26 °C. Man sollte sie jedoch nicht bei zu hohen Temperaturen halten. Nach meinen Beobachtungen fühlen sie sich bei 20 °C wahrscheinlich am wohlsten. Zebrabärblinge fressen fast jedes angebotene Futter. Nicht nur die Fütterung mit Trockenfutter ist möglich, sondern auch die Aufzucht der Jungfische kann sogar mit Trockenfutter erfolgen.

In einem 5- oder 10-Liter-Zuchtbecken bringt man etwa 1 cm über dem Bodengrund eine Gazeplatte als Laichrost an. Darauf befestigt man ein kleines Büschel Javamoos. Das Becken wird mit Leitungswasser gefüllt und die vorher getrennt gehaltenen Tiere eingesetzt. Wichtig ist, daß die Tiere vorher gut gefüttert wurden, weil sie dem Laich nachstellen. Schon kurze Zeit nach dem Einsetzen des Paares beginnt das Männchen, mit gespreizten Flossen vor und um das Weibchen zu balzen. Es schwimmt dabei quer vor das Weibchen und vollführt wedelnde Bewegungen. Das Männchen schwimmt auch immer wieder um das Weibchen herum, bleibt hin und wieder kurz stehen, wedelt mit gespreizten Flossen und schwimmt weiter. So

Brachydanio rerio
Schleierform

1 Männchen treibt das Weibchen.
2 Weibchen schwimmt an die Pflanzen.
3 Männchen schmiegt sich an das Weibchen und schlägt das Hinterteil über den Rücken des Weibchens.
4 Es wird abgelaicht.
5 Die Tiere trennen sich, die Eier sinken zu Boden.

1

2

3

4

5

wird das Weibchen beim Schwimmen behindert und ist gezwungen, die Werbung wahrzunehmen. Das an der starken Bauchpartie leicht zu erkennende Weibchen verhält sich anfangs teilnahmslos. Immer mehr bedrängt das Männchen die Partnerin und treibt sie oft in die Bauchgegend stupsend durchs Becken. Dieses Verhalten kann sich eine ganze Weile hinziehen. Ich setze deshalb die Tiere abends vor dem Abschalten des Lichtes über den Aquarien in das Zuchtbecken.

Am anderen Morgen kann man, sobald es hell wird, die Tiere beim Laichen beobachten. Sowie die Eireife beim Weibchen abgeschlossen ist, ist das Weibchen laichbereit und schwimmt immer häufiger zum Bodengrund an die Pflanzen (Javamoos). Das fortwährend treibende Männchen ist dann gleich zur Stelle, wenn sich das Weibchen „in Positur stellt". Es schlägt den hinteren Körperteil über den Rükken des Weibchens und bei einem heftigen, jedoch ganz kurzen Zittern werden die Geschlechtsprodukte beider Fische abgestoßen. Dieser Vorgang erfolgt so schnell, daß man ihn kaum in allen Details wahrnehmen kann.

Erst im Foto kann man die einzelnen Phasen gut erkennen. Die befruchteten Eier fallen ins Javamoos und durch die Gazeplatte auf den Boden des Beckens. Ununterbrochen laichen die Tiere ab. Dabei werden insgesamt bis zu 400 Eier abgegeben, die im Zuchtbekken bleiben, während man das Zuchtpaar aus dem Becken fängt und wieder getrennt in anderen Becken unterbringt. Man saugt nun aus dem Zuchtbecken ungefähr $^{2}/_{3}$ des Wassers ab und läßt langsam wieder Frischwasser zulaufen. Die Larven schlüpfen ungefähr nach 24 Stunden. Sie hängen dann an den Scheiben und Pflanzen. Drei Tage später schwimmen die Jungfische frei und werden mit Rädertierchen oder feinstem Trockenfutter angefüttert.

Ähnlich verläuft auch die Nachzucht des *Tanichthys albonubes* (LIN, 1932). Beim Laichen beobachten wir eine kleine Abweichung. Das Männchen des Kardinalfisches schlingt das Hinterteil um die Rükkenflosse des Weibchens. Eine etwas andere Abweichung vom Laichverhalten zeigt *Danio devario* (HAMILTON-BUCHANAN, 1822). Diese Tiere laichen an der Wasseroberfläche. Deshalb verwendet man als Ablaichpflanze am besten Schwimmfarn mit schönen großen Wurzeln. Nach dem Treiben schwimmt das Weibchen, sofern es laichbereit ist, unter diese Pflanze und stellt sich neben den Wurzeln auf. Das Männchen drängt sich an das Weibchen und schlägt das Hinterteil über den Rücken des Weibchens. Nach kurzem Zittern

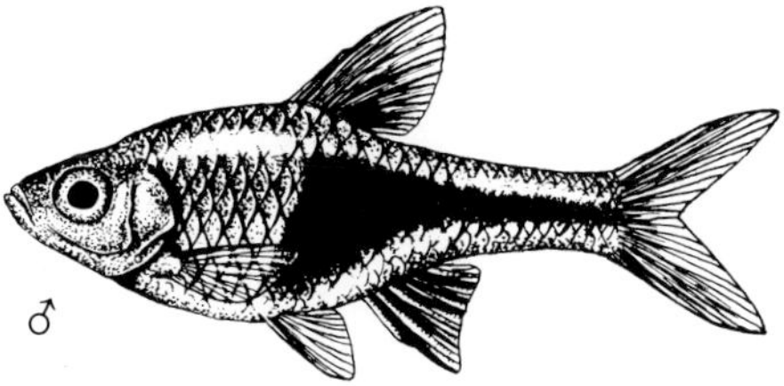

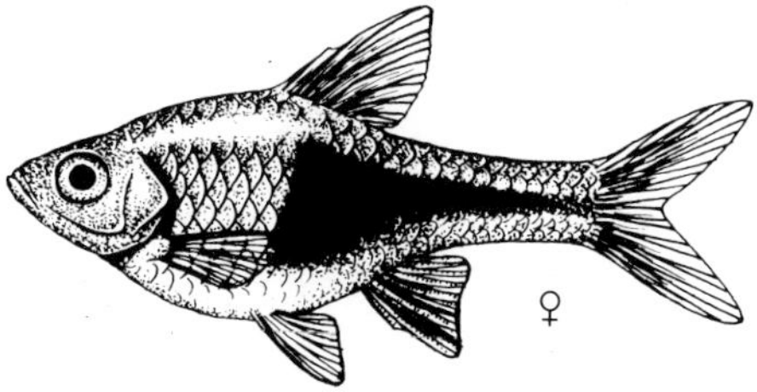

Rasbora heteromorpha

werden die Geschlechtsprodukte ausgestoßen, und die Tiere trennen sich wieder. Das Weibchen schwimmt dabei blitzschnell noch ein- bis zweimal im Kreise, so daß die Eier durcheinandergewirbelt werden.

Es hat sich bewährt, beim Zuchtansatz dieser Fische den Wasserstand über dem Laichrost nicht zu hoch zu halten, damit die Eier einen kurzen Weg bis unter den Laichrost haben. 10 cm Wasserstand über dem Laichrost reichen aus. Das Zuchtbecken muß mindestens 30 l fassen.

Haftlaicher

Die bekanntesten Haftlaicher bei den Barben sind

Barbus gelius
HAMILTON-BUCHANAN, 1822

Rasbora hengeli
MEINKEN, 1956

Rasbora heteromorpha
DUNCKER, 1904

Diese Gruppe soll hier am Beispiel *Rasbora heteromorpha* abgehandelt werden. Die Keilfleckbarbe wird nur ca. 4 cm groß und kommt hauptsächlich auf der Malaiischen Halbinsel vor. Gewässer, in denen diese Tiere leben, sind außerordentlich weich und mineralarm, und Ladiges bezeichnete ihr Wasser als „minimal verunreinigtes destilliertes Wasser".

Keilfleckbarben ernähren sich in ihren Heimatgewässern wahrscheinlich hauptsächlich von Anflugnahrung. Die Haltung dieser recht ansprechenden Fische ist unproblematisch und kann auch mit Leitungswasser erfolgen. Am besten wirken die Fische in einem sogenannten „Rennbecken", das sehr lang und nicht so hoch ist. Besonders schön ist ein Aquarium, in dem der Hintergrund mit Javamoos bewachsen ist. Im vorderen Teil des Beckens sollten vereinzelt einige Cryptocorynen stehen.

Die Nachzucht dieser kleinen Barbe galt lange Zeit als sehr problematisch. Dabei war nicht allein das Wasser der entscheidende Faktor. Zuerst wurde die Keilfleckbarbe zwar in einer Gegend nachgezogen, in der entsprechend weiches, mineralarmes Wasser zur Verfügung stand, aber der entscheidende Faktor war doch, den Tieren das richtige Laichsubstrat zu bieten. Durch Zufall sah man die Tiere an einem Wasserpflanzenblatt laichen und gab ihnen dann im Zuchtbecken die Möglichkeit dazu. Nun endlich gelang die Nachzucht.

Zur Zucht ist kein großes Zuchtbecken erforderlich. Ein 10-Liter-Becken reicht völlig aus. Wir bringen einen Laichrost in das Becken, zumal die Eier nicht immer haften bleiben und dann zu Boden sinken. Statt des sonst immer verwendeten Büschel Javamoos nehmen wir am besten ein aus Plastikfolie (0,5 mm) ausgeschnittenes „Blatt", das schräg über dem Laichrost befestigt wird. Angebracht ist es, möglichst grüne Plastikfolie zu verwenden.

Unser Zuchtwasser sollte so weich und mineralarm wie möglich sein. Man kann destilliertes oder vollentsalztes Wasser eingießen, das kurze Zeit (3 Tage) über Torf gefiltert wurde und auf 10 Liter einen halben Liter Leitungswasser dazugeben. Die Temperatur kann um 25 °C liegen.

Am besten setzt man die Zuchttiere (1 Paar) am Abend in das Zuchtbecken. Sie sollten vorher getrennt gehalten worden sein. Es werden nur Weibchen genommen, die deutlich Laichansatz zeigen. Diese Weibchen erkennt man an der stärkeren Bauchpartie und daran, daß der Keilfleck zur Bauchflossenbasis nicht so tief hinunter-

△ *Tanichthys albonubes*

Danio devario ▽

reicht. Beim Männchen zieht er sich bis fast an die Bauchkante. Im allgemeinen sind Männchen etwas kleiner und schlanker.

In den frühen Morgenstunden beginnt das Männchen gleich zu treiben und das Weibchen immer wieder zu überschwimmen. Das geschieht meist von der Seite her. Dann schwimmt das Männchen – direkt auf dem Rücken des Weibchens aufliegend – mit der Partnerin gemeinsam ein kurzes Stück. Es gleitet immer häufiger aus dieser Position des „Reitens" seitlich neben das Weibchen, das im freien Wasser meist immer ruckartig wegschwimmt. Hin und wieder stupst das Männchen in die Seite des Weibchens.

Ist das Weibchen laichbereit, schwimmt es immer häufiger zu dem „Blatt" und gleitet mit der Bauchseite an der Unterseite dieses Blattes entlang, während das Männchen sich daneben aufhält. Es schwimmt erst wieder über das Weibchen und von dort an die Seite der Partnerin, wenn sie an dem Blatt verharrt. Dann schiebt es sich soweit vor, daß beide Fische Kopf an Kopf stehen. Jetzt schlägt das Männchen den Schwanzstiel über den Rücken des Weibchens um die Rückenflosse. So umschlungen, legt das Weibchen bis zu 20 Eier auf einmal an die Blattunterseite. Sie werden gleichzeitig vom Männchen befruchtet. Dies geschieht innerhalb einer sehr kurzen Zeitspanne. Die Tiere trennen sich nach dem Laichakt ruckartig voneinander. Es folgt Laichakt auf Laichakt, bei denen insgesamt bis 300 Eier abgegeben werden.

Nach dem Ablaichen fängt man die Elterntiere aus dem Zuchtbekken und bringt sie wieder getrennt unter. Die Larven schlüpfen ungefähr nach 24 Stunden. Man sollte nach dem Laichen möglichst viel Wasser absaugen und es nach dem Schlüpfen der Larven durch frisches Leitungswasser ersetzen. Ohne diese Maßnahme würde das Futter für die nach weiteren 4 Tagen freischwimmenden Jungfische absterben. Angefüttert werden Jungfische mit Rädertierchen oder feinsten Nauplien. Bei der Fütterung mit Nauplien sollte man nur geringe Mengen geben, zumal Nauplien in dem warmen Wasser schnell wachsen und zur Gefahr für die Jungfische werden können.

Zuchttiere können 14 Tage nach dem Ansatz wieder zum Laichen angesetzt werden. Es soll nicht unerwähnt bleiben, daß die Zucht der Keilfleckbarbe auch in einem Wasser bis zu 5° dH möglich ist. Das Zuchtergebnis wird dann nicht ganz so gut wie bei dem empfohlenen Zuchtwasser.

Welse

Auf allen Kontinenten finden wir Welse. Sie haben das größte Verbreitungsgebiet. Mit ungefähr 2000 bekannten Arten (über 1000 in Südamerika) haben wir es mit der größten Gruppe von Süßwasserfischen zu tun, bei der es Exemplare von nur 4 cm bis 3 m Länge gibt.

Vielfältig sind die Körperformen der Welse. Auch die Lebensbedingungen in der Heimat der verschiedenen Welse sind sehr unterschiedlich, so daß man keine umfassende Beschreibung dazu geben kann. In diesem Buch sollen nur südamerikanische Welse behandelt werden, die bereits zum festen Bestandteil der Aquaristik geworden und gut zu halten sind. In diesem Zusammenhang sei darauf verwiesen, daß bei den Gattungen *Corydoras* und *Loricaria* wissenschaftliche Bezeichnungen verwendet wurden, die den neuesten Revisionen auf diesem Gebiet entsprechen. 1979 veröffentlichten H. NIJSSEN und I. J. H. ISBRUECKER im Bulletin Zoologisch Museum der Universität von Amsterdam die Ergebnisse einer durchgeführten Revision der Gattung *Corydoras.* In Revue francaise d'aquariologie herpetologie Nr. 4/1978 veröffentlichte I. J. H. ISBRUECKER eine Revision der Gattung *Loricaria.*
Falls es notwendig ist, wird die bisher übliche hinter der neuen Bezeichnung in Klammern noch mit aufgeführt. Das Register wird die Synonyme entsprechend der Überarbeitung enthalten mit dem Hinweis auf die richtige Bezeichnung.

Panzerwelse der Gattung *Corydoras*

Panzerwelse gehören zu den Fischen, die man gern neben anderen oft farbenprächtigen Fischen im Becken hält. Es handelt sich um verhältnismäßig kleine lebhafte Fische, die sich hauptsächlich am Bodengrund aufhalten, den sie nach etwas Freßbarem absuchen. In der Revision von NIJSSEN und ISBRUECKER sind 103 Arten und Unterarten aufgeführt, die als echt bezeichnet werden. Die bekanntesten Arten sind:

Corydoras aeneus
– *arcuatus*
– *elegans*
– *haraldschultzi*
– *hastatus*
– *julii*

Corydoras melanistius
– *metae*
– *paleatus*
– *pygmaeus*
– *rabauti*
– *reticulatus*

Corydoras paleatus

1 Männchen umschwimmen balzend das Weibchen.

2 Weibchen „betrillert“ das Männchen in der Bauchgegend.

3 Männchen hat die Barteln des Weibchens mit der Bauchflosse eingeklemmt.

4 Weibchen heftet die Eier an die Scheibe.

3

4

Der wohl am meisten nachgezogene Panzerwels ist der *Corydoras paleatus* (JENYNS, 1842). Er stammt aus dem südöstlichen Brasilien und Uruguay, dort bewohnt er langsamfließende Gewässer. Man findet sie freilebend oft in kleinen Trupps, wenn sie am Boden gründeln. Wie alle anderen Arten, hat der Punktierte Panzerwels auch eine Zusatzatmung. Die Luft wird mit dem Maul aufgenommen, dringt durch den Darm und wird im Enddarm verwertet. Man sieht die Corydoras im Aquarium oft zur Wasseroberfläche schwimmen, um Luft zu holen.

Die Haltung von Panzerwelsen ist recht unproblematisch. Sie können in jedem Gesellschaftsbecken gepflegt werden. Man braucht sie nicht gesondert zu füttern, weil sie das gleiche Futter wie andere Fische im Becken fressen. Zur Zucht verwendet man am besten einen kleinen Schwarm von 3 Weibchen und 5 Männchen. Sie werden in einem möglichst großen Becken untergebracht, das ohne Einrichtung sein sollte. Am besten eignet sich ein sogenanntes „Rennbekken" mit ungefähr folgenden Abmaßen: 100 X 25 X 30 cm.

Leitungswasser kann man verwenden, wenn es nicht überaus hart ist. Jedes Wasser bis zu 10° dH ist geeignet; mit härterem Wasser hat man zwar auch Zuchterfolge, die Ergebnisse sind aber nicht ganz so gut. Ein größerer Schaumstoffilter sollte in diesem Becken nicht fehlen. Er muß wöchentlich mindestens einmal gut gereinigt werden. Die Wassertemperatur kann um 25 °C betragen. Unsere Zuchttiere erhalten reichlich Tubifex und Trockenfutter.

An der rundlich gewordenen Bauchpartie der Weibchen erkennt man, daß sie Laich angesetzt haben. Dann ist es angebracht, die Wassertemperatur um einige Grad zu senken. Danach beginnen die Männchen im allgemeinen, die Weibchen zu umschwimmen und mit gespreizten Flossen zu balzen. Die Weibchen werden nun auch immer lebhafter und schwimmen an den Scheiben hoch und 'runter. An verschiedenen Stellen putzen die Weibchen die Scheiben. Sind in dem Becken breitblättrige Wasserpflanzen, werden die Blätter ebenfalls geputzt.

Die kleineren Männchen umschwimmen sehr oft die Weibchen und „streicheln" sie mit ihren Barteln „in Stimmung". Zwischendurch stellen sie sich mit aufgestellter Rückenflosse quer vor das Weibchen, dabei zittern sie aufgeregt. Ist das Weibchen laichbereit, schwimmt es etwas auf das Männchen zu und berührt mit den Bar-

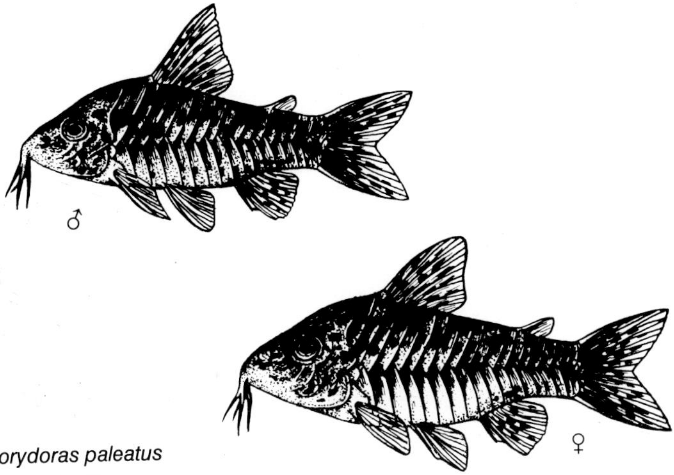

Corydoras paleatus

teln den Bauch des Männchens, das alle Flossen gespreizt hat. Ausgelöst durch diese Berührung wird jetzt vom Männchen die Brustflosse an den Körper gelegt. Dabei klemmt es die Barteln des Weibchens zwischen Körper und Brustflosse ein. Eine kurze Zeit verharren die Tiere in dieser Stellung. Dann versucht das Weibchen, sich mit ruckartigen, schlängelnden Bewegungen vom Männchen zu lösen. Dies scheint der auslösende Faktor für die Samenabgabe zu sein, bei der sich das Männchen S-förmig unter sichtbarem Zittern krümmt. Durch die Bewegungen der Flossen und Kiemen des Weibchens wird das Sperma in die Genitalgegend des Weibchens gewedelt. Nun löst das Männchen die Brustflosse, und das Weibchen bekommt die Barteln wieder frei. Es schwimmt etwas zurück und verharrt in dieser Stellung. Jetzt kann man beobachten, wie ein Ei nach dem anderen langsam in die durch Zusammenlegen der Bauchflossen entstandene Tasche gleitet. Auf dem Weg in diese „Tasche“ müssen nach bisherigen Erkenntnissen die Eier von den im Wasser befindlichen Spermatozoen befruchtet werden. Die „Tasche“ nimmt bei jedem Laichakt ungefähr 6 Eier auf; es können manchmal weniger oder mehr sein.

Das Weibchen wird nun unruhig und schwimmt an die Scheibe. Dort sucht es einen Augenblick nach einem geeigneten Platz für die Eiablage. Hat es eine saubere Stelle gefunden, drückt es sich mit der Bauchseite an die Scheibe und öffnet die Bauchflossen. Auf diese Weise preßt es die Eier an die Unterlage, an der sie kleben bleiben.

Während dieser Zeit steht das Männchen in der Nähe bzw. umschwimmt das Weibchen. Sowie sich das Weibchen von der Unterlage entfernt und wegschwimmt, beginnt das Männchen erneut mit der stürmischen Umwerbung. Es folgt Laichakt auf Laichakt und am Ende können bis zu 300 Eier überall an den Scheiben verteilt sein. Im allgemeinen bevorzugt das Weibchen eine bestimmte Stelle an der Scheibe. Im Durchschnitt werden um 150 ca. 1,5 mm große Eier abgesetzt, die eine weißliche Färbung haben. Bei einem Ansatz im Schwarm laichen fast alle Weibchen beinahe zur gleichen Zeit.

Nach dem Laichen sollte man die Zuchttiere aus dem Becken nehmen oder den Laich mit einer fabrikneuen Rasierklinge von der Scheibe lösen und absaugen. Wenn sie an der Rasierklinge haften, muß man sie in dem Aufzuchtbecken abschütteln. Entfernt man die Zuchttiere aus dem Zuchtbecken, ist es angebracht, das ganze Wasser auszuwechseln. Je nach Wassertemperatur entwickeln sich die Larven im Ei im Zeitraum von 6–14 Tagen. Bereits einen Tag nach dem Schlüpfen kann man die Jungfische anfüttern. Dies erfolgt am besten mit Mikro-Würmchen. Daneben kann man auch feingeriebenes Trockenfutter (möglichst mit pflanzlichen Bestandteilen) geben. Wichtig ist ein teilweiser Wasserwechsel täglich, vor allem bei einem kleinen Aufzuchtbecken. Das Becken sollte gut belüftet werden. Wenn man die Anregungen beherzigt, verliert man nur wenige Fischchen.

Bereits nach einer Woche kann man Nauplien füttern. Nach meinen Erfahrungen ist es günstig, weiterhin Trockenfutter beizufüttern. Mikro- und Grindalwürmchen sollten auch immer mit verfüttert werden.

Panzerwelse und die meisten anderen südamerikanischen Welse sollte man nicht mit einem grobmaschigen, sondern mit einem feinmaschigen Netz herausfangen. Nachdem die Tiere aus dem Wasser gehoben sind, spreizen sie sofort alle Flossen. Mit den Hartstrahlen hängen die Fische dann leicht im Netz fest. Oft mußte das Netz zerschnitten werden, um sie zu befreien. Dem beugt man durch Verwenden eines feinmaschigen Netzes vor.

Panzerwelse der Gattung *Hoplosternum*

Obwohl *Hoplosternum thoracatum* (CUVIER & VALENCIENNES, 1840), bis zu 18 cm groß wird, ist der Getüpfelte Schwielenwels zu-

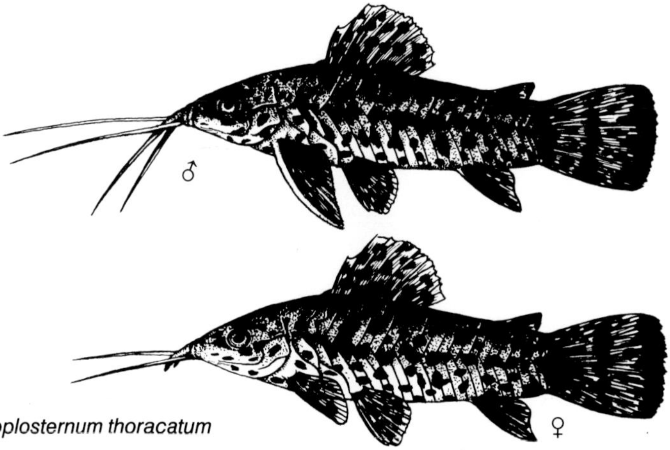

Hoplosternum thoracatum

mindest als Jungfisch recht oft in Liebhaberaquarien zu finden. Wahrscheinlich vor allem wegen seines urwüchsigen Aussehens. Die Tiere kommen in Südamerika von Panama bis Paraguay vor und erreichen im Aquarium durchschnittlich eine Länge von 15 cm. Sie können mit jedem üblichen Lebend- und Trockenfutter ernährt werden. Ihre Haltung im Aquarium ist unproblematisch. Das gilt vor allem, wenn man bei der Wahl des Hälterungsbeckens die Größe der Tiere mit berücksichtigt. Becken, die weniger als 100 l fassen, sind für die Haltung nicht sonderlich geeignet.

An die Wasserqualität in bezug auf Wasserhärte werden keine besonderen Anforderungen gestellt. Gefüttert wird am besten mit Wurmfutter; größere Tiere fressen auch Regenwürmer gern. Neben Tubifex und Enchyträen kann man jedes andere übliche Futter geben. Die Wassertemperatur kann um 24 °C liegen.

Zur Zucht verwendet man ebenfalls ein möglichst großes Becken, aber ohne jede Einrichtung. Es scheint günstiger zu sein, bei der Nachzucht ein etwas weicheres Wasser zu nehmen. Wasser mit einer Gesamthärte um 10° dH dürfte am geeignetsten sein. Die Wassertemperatur braucht nicht höher als die Haltungstemperatur zu sein, also ungefähr 24 °C.

Die Geschlechter kann man recht gut unterscheiden. Meist sind Männchen größer, auf jeden Fall schlanker; der erste Strahl der

Brustflossen ist bei ihnen sehr stark ausgebildet sowie rötlich gefärbt und die Brustflosse großflächiger. Weibchen sind in der Bauchgegend oft etwas stärker und haben nur verhältnismäßig kleine Brustflossen ohne den so auffälligen ersten Flossenstrahl. Dieser Flossenstrahl ist zwar vorhanden, aber in normaler Größe.

Bevor man ein Zuchtpaar ins Zuchtbecken bringt (feinmaschiges Netz verwenden), sollte das Weibchen Laichansatz zeigen und in der Bauchgegend richtig prall sein.

Im Zuchtbecken kann man die Tiere mit Tubifex und Enchyträen weiterhin füttern. Einige Zeit nach dem Einsetzen der Tiere wird man beobachten können, daß das Weibchen vom Männchen mit gespreizten Flossen umschwommen und getrieben wird. Man setzt nun in das Becken noch eine Schaumpolystyrolplatte mit ungefähr folgenden Maßen: 20 X 20 X 0,5 cm. Da sie leichter als Wasser ist, schwimmt sie an der Wasseroberfläche. Das Männchen beginnt, unter dieser Schaumpolystyrolplatte mit verhältnismäßig großen Schaumperlen ein Schaumnest zu bauen. Freilebend werden die Tiere das Schaumnest wahrscheinlich unter Schwimmpflanzenblättern anlegen. Das Schaumnest wird unter der gesamten Platte gebaut.
Immer wieder umschwimmen sich nun die Tiere in den mittleren Wasserschichten, und das Männchen stellt sich zitternd vor dem Weibchen quer. Wie bei den Panzerwelsen der Gattung *Corydoras* schwimmt das Weibchen mit dem Maul dann an das Männchen heran und „betrillert" es mit den Barteln. Daraufhin klappt das Männchen die Brustflossen zum Körper und klemmt auf diese Weise die Barteln des Weibchens ein. Das Weibchen verharrt einen Augenblick in dieser Stellung und versucht, durch Wedeln mit dem Körper vom Männchen loszukommen. Während das Männchen sich dabei in normaler Schwimmlage befindet, ist der Körper des Weibchens leicht geneigt; es hängt regelrecht am Männchen. Vom Männchen wird jetzt das Sperma ausgestoßen, das wahrscheinlich durch die Bewegungen der Bauchflossen und Kiemen in die Genitalgegend des Weibchens befördert wird. Auch bei diesen Welsen bildet das Weibchen nun mit den Bauchflossen eine „Tasche", in die die Eier gleiten. Nachdem das Weibchen in der Zwischenzeit wieder frei ist, schwimmt es zum Schaumnest. Dort wedelt es leicht mit dem Körper, dadurch wird eine Stelle von Schaumperlen frei. An diesen Platz der Schaumpolystyrolplatte heftet das Weibchen die stark kle-

benden Eier. Es hängt dabei durchgebogen unter der Platte, d. h., das Hinterteil hängt nach unten durch, das Vorderteil ebenfalls, jedoch nicht so stark. Nur die Bauchflossen sind an die Platte gepreßt. Nachdem das Weibchen wieder weggeschwommen ist, schwimmt das Männchen unter das Nest und bringt neue Schaumperlen dort an. Kurze Zeit später beginnt das gleiche Spiel, bis der Laichvorrat des Weibchens aufgebraucht ist und alle Eier sich an der Platte befinden. Bei großen Paaren können das bis zu 1000 Stück sein.

Das Weibchen sollte man jetzt aus dem Becken entfernen und wieder in das Hälterungsbecken setzen. Das Männchen bewacht das Gelege und greift alles an, was sich dem Nest nähert. Am besten ist es, das Männchen nach zwei Tagen ebenfalls aus dem Becken zu nehmen. Nach 5 Tagen schlüpfen die Larven. Sie haben meist noch einen kleinen Dottersack, der aber oft am nächsten Tag nicht mehr zu erkennen ist. Angefüttert werden die Jungfische dann am besten mit Mikro und feingehacktem Tubifex (nicht zuviel ins Becken geben; das Wasser verdirbt sonst schnell). Auch feingeriebenes Trokkenfutter kann man gleich mitfüttern. Wenn man einige Schnecken mit in das Aufzuchtbecken setzt, fressen sie viel von dem überschüssigen Futter. Wichtig ist es, nun möglichst oft das Wasser zu wechseln. Unter solchen Bedingungen wachsen die Jungfische rasch heran.

Harnischwelse der Gattung *Dasyloricaria (Loricaria)*

Eine große Verbreitung durch regelmäßige Nachzucht hat bisher eigentlich nur *Dasyloricaria filamentosa,* STEINDACHNER, 1878, gefunden. Während die Stammform grau ist, gibt es auch gelbliche und schwarze Mutationen.

Das Vorkommen der Gattung *Dasyloricaria* – auch Hexenwelse genannt – beschränkt sich auf das mittlere bis nördliche Südamerika. Dort leben sie meistens in schnellfließenden Gewässern, also Bächen und kleinen Flüssen. Die Geschlechter lassen sich bei diesen Fischen am besten unterscheiden, wenn sie nebeneinander an der Scheibe hängen bzw. sich dort festgesaugt haben. Ein Blick von oben auf die Tiere genügt auch. Männchen haben einen plumpen, breiten Kopf, bei Weibchen ist er schlanker und etwas spitzer. Die Seitenpartien des Kopfes alter Männchen zeigen viele „Barthaare" oder Borsten.

Auch die Pflege dieser Welse ist nicht problematisch. Sie können in fast jedem Gesellschaftsbecken gehalten werden, doch fühlen sie sich in Aquarien mit ständigem Wasserwechsel am wohlsten. Da man dies selbstverständlich nicht überall bewerkstelligen kann, sollte man zumindest häufig das Wasser wechseln. Die Wassertemperatur kann zwischen 20 und 24 °C liegen. Harnischwelse vertragen auch höhere Temperaturen, sie fühlen sich aber im kühleren Wasser wohler. Jedes Futter, das wir den anderen Fischen anbieten, wird gefressen; doch ist es angebracht, hin und wieder ein überbrühtes Salatblatt mit ins Becken zu geben. Es wird sehr gern gefressen. Ebenso bereitwillig werden überbrühte Spinatblätter oder Trockenfutter mit viel pflanzlichen Anteilen angenommen.

Zur Zucht benötigen wir nicht unbedingt ein gesondertes Becken. Das gilt vor allem, wenn wir den Tieren einen häufigen Wasserwechsel bieten. Auch das Gesellschaftsbecken kann Zuchtbecken sein. Man legt eine PVC-Röhre mit einem Durchmesser von ungefähr 5 cm und einer Länge von 15 cm so ins Becken, daß man gut hineinschauen kann. Ein Bambusrohr läßt sich genauso gut verwenden. Ausgewachsene *Dasyloricaria filamentosa* können im Aquarium eine Länge von 15 cm erreichen. Bei guter Haltung und Fütterung sieht man, wie die Weibchen fülliger werden. Die Bauchpartie schwillt stark an. Sowie ein Weibchen laichbereit ist, schwimmt es neben das Männchen und parallel liegend balzen sie sich gegenseitig mit gespreizten Flossen an. Das Männchen sucht nun eifrig nach einem geeigneten Ablaichplatz. In den meisten Fällen nimmt das Männchen die PVC-Röhre als Ablaichplatz an. Manchmal kann es das Blatt einer breitblättrigen Wasserpflanze sein, das vom Männchen gewählt wird. Nach der Wahl wird jeder Ablaichplatz vom Männchen intensiv geputzt. Das Weibchen hält sich in der Zwischenzeit in der Nähe auf. Später begibt sich auch das Weibchen in die Röhre oder neben das Männchen und hilft dem Männchen beim Putzen.

Erst am späten Abend oder in der Nacht beginnt das Weibchen, die fast 2 mm großen Eier auf die Unterlage zu heften. Meist befruchtet das Männchen die angehefteten Eier gleich, dabei gleitet es zitternd über die Eier, das Hinterteil nach oben gestellt. Zur Spermaabgabe wird das Männchen wahrscheinlich durch das Weibchen stimuliert. Anscheinend saugt sich das Weibchen dabei kurz an der Bauchseite des Männchens fest. Auf diese Weise werden bis zu 150 Eier abgelegt und befruchtet. Das Weibchen verschwindet nun aus der Nähe des Geleges, das vom Männchen aufopferungsvoll gepflegt wird. Den Eiern wird ständig Frischwasser zugefächelt, in dem das Männchen die Brustflossen wie ein Vogel die Flügel bewegt.

Man kann jetzt die Röhre oder das Blatt zusammen mit dem Männchen in ein anderes Becken überführen, das ohne Einrichtung ist. Eine Belüftung sollte jedoch nicht fehlen. Um die Entwicklung des Laiches gut beobachten zu können, habe ich die Röhre geteilt und mit Silikongummis wieder zusammengehalten. Wenn das Männchen den Laich pflegt, kann man die Gummis abnehmen und das zusammengelegte Rohr mit einem Stein beschwert in das Becken legen. Will man nachschauen, wie weit die Eientwicklung fortgeschritten ist, braucht man nur den ,,Deckel'' mit dem Stein hochzuheben und nachzusehen. Von Tag zu Tag werden die Eier dunkler und nach 7–11 Tagen je nach Wassertemperatur schlüpfen die Jungfische. Sie besitzen noch einen kleinen Dottersack, der am nächsten Tag verschwunden ist. Bis zum Schlüpfen des letzten Jungfisches pflegt das Männchen. Danach zeigt es kein Interesse mehr an den Jungfischen und beginnt nun, auch wieder zu fressen. Jetzt setzt man das Männchen in das Gesellschaftsbecken zurück.

Jungfische werden mit Mikro und durch ein Sieb gedrücktes Trokkenfutter mit hohem Pflanzenanteil angefüttert. Es hat sich bei mir bewährt, das Aufzuchtbecken nun noch mit einem Schaumstoff-Filter (z. B. Tetra-Brillant-Filter) zu bestücken. In den folgenden Tagen sollte man neben Mikro und Rädertierchen auch ein überbrühtes Salatblatt in das Becken legen. Auf diesem Blatt sieht man oft einen großen Teil der Jungfische sitzen. Besonders günstig hat sich das Füttern mit Rädertierchen erwiesen, die sich an Scheiben setzen. Hat man diese Rädertierchen in einem der zugänglichen Futterteiche, ist die Aufzucht der Jungfische kaum noch ein Problem. Auch in diesem Aufzuchtbecken sollte man auf Schnecken nicht verzichten. Wiederholter Wasserwechsel ist Voraussetzung für ein schnelles Wachstum der Jungfische.

Harnischwelse der Gattung *Ancistrus*

Auch bei der Gattung sind es zur Zeit nur zwei Arten, von denen eine bisher noch nicht bestimmt werden konnte, die in den letzten Jahren im Aquarium vielfach gehalten und nachgezogen wurden. Es handelt sich dabei um *Ancistrus dolichopterus,* KNER, 1854 und *A. spec.*, der von FRANKE/GERA als Algenfressender Antennenwels bezeichnet wurde. Die Ancistrus-Arten leben im nördlichen Südamerika, speziell im Amazonas-Stromgebiet. Eines ihrer Merkmale ist, daß ältere Männchen eine mit langen teils gegabelten Tentakeln versehene Schnauze haben.

Die Haltung dieser Tiere ist im Gesellschaftsbecken ohne weiteres möglich. Man sollte beachten, daß sie klares, sauerstoffreiches Wasser lieben. Deshalb ist eine Filterung (Filter oft auswaschen) und häufiger Wasserwechsel angebracht. Pflanzliche Kost benötigen Antennenwelse unbedingt. Moorkienholz wird von ihnen im Laufe der Zeit immer dünner geraspelt. Ich halte die Tiere daher immer in Becken, in denen Moorkienholz vorhanden ist.

Wie die Exemplare der Gattung *Dasyloricaria* können Tiere von *Ancistrus* auch im Gesellschaftsbecken laichen. Besser ist es, sie in ein Zuchtbecken zu setzen, das mindestens 60 l fassen sollte. In dieses Becken stellen wir nur eine Moorkienwurzel, ein PVC-Rohr (ca. 6 cm Durchmesser) und einen Schaumstoffilter (Tetra-Brillant-Filter). Die Wasserhärte spielt keine Rolle. Wichtig ist nur der regelmäßige Wasserwechsel. Wir füttern die Tiere mit Tubifex, Enchyträen, Daphnien, Cyclops, Mückenlarven, Weizenkeimen, Haferflocken, Trockenfutter und besonders mit pflanzlicher Kost, für die sich überbrühte Salatblätter sehr gut eignen. Da sie viel fressen, genügt die Wasserbeschaffenheit sehr schnell nicht mehr den Ansprüchen dieser Welse. Ein ständiger Wasserdurchlauf oder ein Wechsel von zwei Drittel des Wassers im mindestens zweitägigen Abstand ist notwendig.

Wie schon erwähnt, erkennt man das Männchen an den Tentakeln auf der Schnauze. Das Weibchen hat kurze aufrichtbare und dünne Borsten in mehreren Reihen am Maulrand. Außerdem sieht man den Laichansatz an dem stärker werdenden Bauch, der nun etwas heller ist. Man setzt in das Zuchtbecken ein Paar, bei dem das Weibchen schon Laichansatz zeigt. Das Männchen wird bald beginnen, vor dem Weibchen mit aufgestellter Rückenflosse zu balzen und es durch das Becken zu jagen. Beide Tiere suchen erst die Röhre auf, wenn das Weibchen Laichbereitschaft anzeigt. Die Röhre wird von beiden Fischen gemeinsam geputzt. Danach legt das Weibchen die orangegelben Eier auf einmal ab. Der Eierklumpen wird dann vom Männchen besamt. Die Eier haben einen Durchmesser von ungefähr

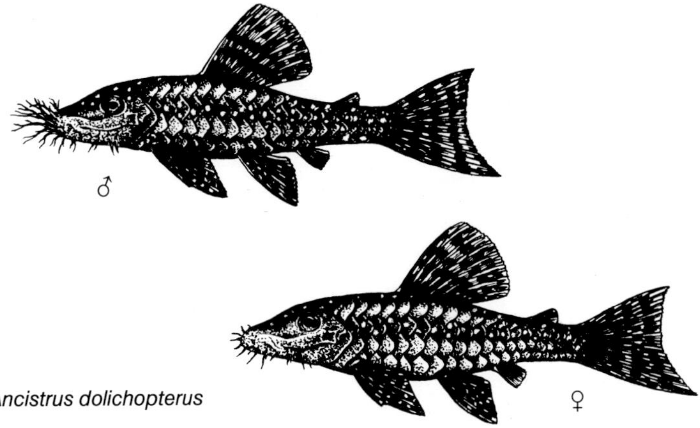

Ancistrus dolichopterus

2,5 mm. Die Farbe der Eier kann bei den verschiedenen Ancistrus-Arten unterschiedlich sein.

Nachdem das Weibchen die Eier abgesetzt hat, verläßt es die Röhre. Das Männchen pflegt die Eier allein. Wie bei der Gattung *Dasyloricaria* befächelt es die Eier mit den Brustflossen. Bei einer Wassertemperatur von durchschnittlich 24 °C schlüpfen die Larven nach 5 Tagen. Sie tragen einen verhältnismäßig großen Dottersack, sind ungefähr 6 mm groß und bleiben noch 8–10 Tage in der Röhre beieinander. Diese Traube von Jungfischen wird weiter vom Männchen betreut. Einzeln verlassen sie die Röhre und begeben sich auf Futtersuche. Es kommt vor, daß einige bereits nach dem Schlüpfen die Höhle (Röhre) verlassen! Auch sie entwickeln sich normal weiter.

Bei einem Laichakt können bis 200 Eier abgelegt werden. Einige Eier sind wahrscheinlich immer nicht befruchtet und werden weiß. Wenn man 150 Jungfische aufziehen kann, ist das ein sehr gutes Ergebnis. Die Aufzucht selbst ist wie bei der Gattung Dasyloricaria nicht problematisch. Nachdem die Jungfische die Röhre verlassen haben und der Dottersack aufgebraucht ist, setzt man sie in ein spezielles Aufzuchtbecken, das auch möglichst groß sein sollte. Das Umsetzen erfolgt am besten mit einem Schlauch, durch den man die Jungfische abzieht. In dem Aufzuchtbecken sollte neben dem Schaumstoffilter (Tetra-Brillant-Filter) eine Moorkienwurzel vorhanden sein. Gefüttert wird anfangs möglichst mit Rädertierchen, die sich an die Scheiben heften, Mikro und fein zerriebenem Trockenfutter. Das überbrühte Salatblatt sollte selbstverständlich nicht fehlen. Ebenso wichtig: Wasserwechsel so oft wie möglich!

Schmetterlingsfisch *Pantodon buchholzi*

Ein Oberflächenfisch ist der *Pantodon buchholzi,* PETERS, 1876 mit einem recht eigentümlichen Aussehen. Da die Nachzucht dieser Tiere nicht allzuoft gelingt, sind Schmetterlingsfische sehr selten in Aquarien anzutreffen. Es handelt sich um einen Bewohner der Gewässer im westlichen Afrika. Sein Vorkommen ist im allgemeinen auf größere verkrautete Gewässer beschränkt. Freilebend ernähren sich die Fische hauptsächlich von Insekten, die sie auf oder auch über der Wasseroberfläche erbeuten. Im Aquarium erreichen sie eine Größe von 12 cm. Das Männchen unterscheidet sich vom Weibchen vor allem durch die Einkerbung im hinteren Rand der Afterflosse. Beim Weibchen ist dieser Rand gerade. Außerdem zeigen sie besonders bei Laichansatz eine stärkere Bauchpartie.

Die Haltung der Schmetterlingsfische sollte in möglichst großen Aquarien erfolgen. Besondere Ansprüche an die Wasserqualität werden nicht gestellt. Die Wassertemperatur kann um 25 °C liegen. Sie stehen gern unter Schwimmpflanzenblättern. Eine Schwimmpflanze sollte man deshalb nicht vergessen. Bei der Fütterung muß man etwas auf ihre speziellen Ansprüche eingehen. Zwar fressen sie auch jedes übliche Lebend- und sogar Trockenfutter, Mehlwürmer, Schaben, Fliegen und andere Insekten dürfen aber bei der Fütterung nicht fehlen. Das gilt vor allem, wenn man die Tiere nachziehen möchte.

Zur Nachzucht verwendet man ein gesondertes Becken. Ich brachte die Tiere in einem Becken mit 130 X 30 X 30 cm zur Zucht. Das eingegebene Wasser hatte eine Gesamthärte von 20° dH, Karbonathärte von 7 °, einen neutralen pH-Wert und eine Temperatur von 27 °C. In dem Becken befanden sich nur einige Schwimmpflanzen und das Zuchtpaar. Die Tiere wurden in dieser Zeit mit großen Fliegen, Mehlwürmern, schwarzen Mückenlarven und *Drosophila* gefüttert.

Hat das Weibchen Laich angesetzt, erkennt man es deutlich an der starken Bauchpartie. Das Männchen schwimmt nun immer öfter mit gespreizten Flossen um das Weibchen herum und treibt es sehr stark. Deshalb sucht das Weibchen immer wieder Deckung unter den Schwimmpflanzen. Kurz vor dem Laichen wird die Partnerin vom Männchen fortwährend überschwommen. Auf diese Weise wird das Weibchen in die tieferen Zonen des Aquariums dirigiert. Anfangs entfernt sich das Weibchen durch blitzschnelles Weg-

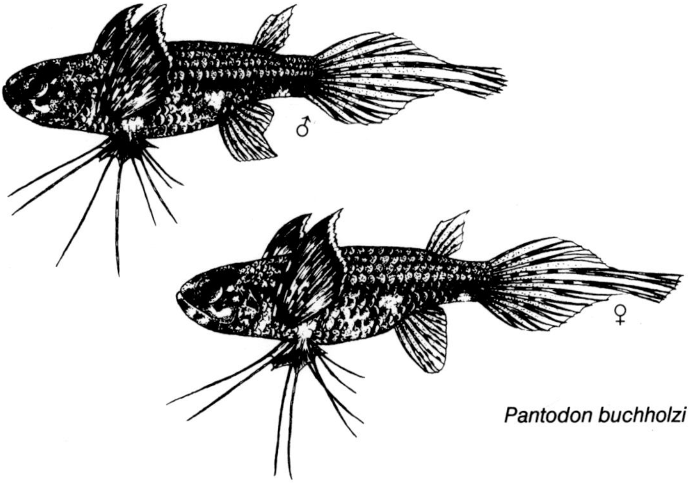

Pantodon buchholzi

schwimmen stets vom Männchen. Es kommt dann immer häufiger zu Umkreisungen seitens beider Tiere. Das Laichen erfolgt fast immer in der Nacht. JOCHER beobachtete, daß dabei das Weibchen aus den Umkreisungen heraus stehenbleibt und sich seitlich etwas neigt. Das Männchen schwimmt nun schnell heran und drückt sich gegen die Bauchseite des Weibchens. In dieser Stellung sollen die Tiere einen Augenblick verharren und dann beim Auseinandergehen die Geschlechtsprodukte abgegeben werden. Bis zu 30 Eier sollen pro Laichakt ausgestoßen werden. Insgesamt konnte Jocher 168 Eier ablesen. Ich habe am Morgen nach dem Laichen nur 47 Eier von der Wasseroberfläche abgelesen.

Die Eier schwammen an den Scheiben sowie Wasserpflanzenblättern und waren mit ca. 3 mm sehr groß. Sie hatten eine helle Färbung, die im Laufe der folgenden Stunden immer dunkler wurde. Nach knapp zwei Tagen konnte man deutlich die Augen durch die Eischale erkennen. Die ersten Larven begannen, nun schon zu schlüpfen; die letzten schlüpften erst am Abend des gleichen Tages. Man schöpft am besten die Eier am Morgen nach dem Laichen ab und bringt sie in ein 10-Liter-Becken, in das man Wasser aus dem Zuchtbecken füllt. Wie die Eier schwimmen die Larven direkt an der Wasseroberfläche. Meist stehen sie auch an den Scheiben. Sie sehen recht eigentümlich aus und man würde sie auf den ersten Blick kaum für Fische halten. Ihre Gesamtfärbung ist dunkelgrau mit dunkelbraunen großen Flecken.

Nachdem alle Jungfische geschlüpft waren, setzte ich eine kleinere Schwimmpflanze in das Becken. Am nächsten Tag gab ich ganz feine Cyclops-Nauplien ins Becken. Jeden Tag wurden zwei Drittel des Wassers abgesaugt und durch Frischwasser ersetzt. Dabei werden jeweils auch gleich Futterreste und Kot mit vom Boden abgesaugt. Außerdem kann man in das Becken noch zwei oder drei junge Apfelschnecken setzen, die die Scheibe und den Boden zusätzlich reinigen. Ihr Kot ist dann auch leichter abzusaugen. Die nach dem Schlüpfen 11,5 mm großen Jungfische wuchsen in den folgenden 8 Tagen zu Jungfischen mit einer Größe von 15 mm heran. Es wurde weiter mit Cyclops-Nauplien gefüttert.

Nach vielen Berichten soll die Aufzucht der Jungfische dieser Art problematisch sein. Ich hatte keinerlei Schwierigkeiten und auch keine Verluste. Aus 47 Eiern wurden gesunde Jungfische, die alle aufgezogen werden konnten. Als sie 20 mm groß waren, fütterte ich Cyclops. Zusätzlich erhielten sie in der weiteren Zeit *Drosophila* und Daphnien; vor allem solche, die an der Oberfläche schwimmen, wenn man sie ins Becken gibt. Nach einem Jahr waren die Jungfische bereits ausgewachsen, geschlechtsreif und laichten wieder.

Jungfische wie erwachsene Tiere schwimmen meist langsam auf die Futtertiere zu und schnappen sie oft von der Seite. Man kann dies gut beobachten, wenn man ein Insekt auf die Wasseroberfläche legt. Sofort kommt das in der Nähe befindliche Tier heran und schwimmt mit dem Kopf neben das Futtertier. Dann schnappt es seitlich zu.

Cichliden

Buntbarsche sind wegen ihres interessanten Verhaltens bei den meisten Aquarianern sehr beliebt. Viele Cichliden-Liebhaber schrecken sogar vor den großen Vertretern der Buntbarsche nicht zurück.

Diese Fische sind in Mittel- und Südamerika sowie Afrika beheimatet. Eine Gattung findet man auch in Indien. Hauptsächlich leben sie in fließenden Gewässern, obwohl in den afrikanischen Seen verhältnismäßig viele Cichliden vorkommen. Fast 1000 Arten findet man in Mittel- und Südamerika, ungefähr 700 Arten in Afrika und 3 Arten (bisher sicher) in Asien. Manche Buntbarsche werden nur 5 cm groß, andere erreichen 80 cm. Auch die Färbung ist sehr unterschiedlich, die Palette reicht von unscheinbaren bis stark leuchtenden Farben. Der Formenreichtum läßt ebenfalls nichts zu wünschen übrig.

In diesem Buch ist nach der Größe der Cichliden unterteilt worden, obwohl das vom Standpunkt der Systematik nicht zu vertreten ist. Züchterische Gesichtspunkte sollen jedoch den Vorrang haben. Selbstverständlich ist die Unterteilung nach Zwerg- und Großcichliden nur eine grobe Trennung. Innerhalb beider Gruppen werden Buntbarsche mit unterschiedlichem Brutpflege- bzw. Laichverhalten behandelt.

Zwergcichliden

Wie schon erwähnt, gibt es in der Systematik keine Unterteilung der Cichliden nach der Größe und damit auch den Begriff Zwergcichliden nicht. Diese Bezeichnung hat sich im Laufe der Zeit für Cichliden durchgesetzt, die 10 cm Größe nicht wesentlich überschreiten. Für aquaristische Belange sollte dies zulässig sein. Innerhalb dieser Gruppe finden wir Arten mit unterschiedlichem Laich- und Brutpflege-Verhalten. Es erfolgt daher eine weitere Untergliederung nach Höhlen-, Offen- und Maulbrütern.

Höhlenbrüter

Zu den bekanntesten Gattungen dieser Gruppe gehören:

Apistogramma
Apistogrammoides
Julidochromis
Lamprologus (teilweise)
Nanochromis
Pelvicachromis
Taeniacara
Telmatochromis

Sehr beliebt sind die Vertreter der Gattung *Apistogramma.* Am Beispiel *Apistogramma trifasciatum* (EIGENMANN & KENNEDY, 1903) soll die Nachzucht der südamerikanischen Höhlenbrüter behandelt werden. Für die Art werden drei Unterarten angegeben:

Apistogramma-trifasciatum
EIGENMANN & KENNEDY, 1903
A. t. maciliense
HASEMAN, 1911
A. t. haraldschultzi
MEINKEN, 1960

Apistogramma trifasciatum

1 Männchen.
2 Männchen balzt vor dem Weibchen.
3 Weibchen putzt die Höhlenwandung.
4 Weibchen beginnt mit der Laichabgabe.
5 Männchen schwimmt schräg an das Gelege heran und befruchtet es.
6 Weibchen bewacht das Gelege.

3

4

5

6

Die Unterarten kommen im Stromgebiet des Rio Paraguay *(A. t. trifasciatum),* Rio Guaporé *(A. t. haraldschultzi)* und des mittleren Amazonas *(A. t. maciliense)* vor. Sie sind meist in langsam- bis schnellfließenden Gewässern mit einem verhältnismäßig mineralarmen und weichen Wasser zu finden. Trotzdem ist eine Haltung der Tiere im mittelharten bis harten Wasser ohne weiteres möglich. Man kann die kleinen Tiere – Männchen knapp 5 cm groß, Weibchen bleiben 1,5 cm kleiner – auch in einem Gesellschaftsbecken halten, wenn man nicht andere größere Cichliden mit in dem Aquarium hat. Besser ist es jedoch, diesen Fischen ein eigenes Becken einzurichten, das 20-30 l faßt. Als Bodengrund nimmt man feinkörnigen Kies. Der Hintergrund wird gut bepflanzt. Im Vordergrund kann man eine oder mehrere halbierte Kokosnüsse plazieren, die von den Tieren als Laichplatz gewählt werden.

Da wir ein solches Becken als Zuchtbecken verwenden können, müssen wir etwas auf die notwendige Wasserqualität achten. Weiches, möglichst mineralarmes Wasser ist erforderlich, will man gute Ergebnisse erzielen. Am besten verwendet man ein Wasser mit einer Wasserhärte bis 8 °dH. Die Wassertemperatur kann bei 25 °C liegen. Für das Wohlbefinden der Tiere ist es notwendig, hin und wieder, möglichst regelmäßig das Wasser teilweise zu wechseln. Die Laichwilligkeit der Tiere steigt damit. Gefüttert werden Cyclops, kleine Daphnien, kleine Tubifex und Enchyträen.

Wie bei allen Apistogramma-Arten, können wir auch bei *Apistogramma trifasciatum* vom Geschlechtsdimorphismus sprechen. Männchen sind größer und viel auffälliger gefärbt als Weibchen, die nur eine graugelbe Grundfarbe zeigen. In ein Becken setzt man zwei Männchen und drei Weibchen. Selbstverständlich kann man die Tiere auch paarweise oder nur ein Männchen auf zwei Weibchen ansetzen.

Haben wir laichreife Tiere, wird bei guter Fütterung bald an der stärkeren Bauchpartie des Weibchens zu erkennen sein, daß es Laich angesetzt hat. Das Männchen balzt jetzt immer öfter mit gespreizten Flossen vor dem Weibchen. Sehr schön sind jetzt beim Männchen die hellblauen Rückenflossen mit den roten Spitzen. Typisch ist bei dieser Art, daß beim Balzen vom Männchen nur die vorderen Hartstrahlen der Rückenflosse steil aufgestellt werden. Das Weibchen hat sich meist bereits eine Kokosschale als Domizil ausgewählt. Dort ist es etwas geschützt und hält sich daher auch meistens darin auf.

Immer häufiger „schaut das Männchen vorbei" und balzt etwas vor der Partnerin. Das Weibchen beginnt einige Stunden vor dem Laichen mit dem Putzen der späteren Laichstelle, während das Männchen die Umgebung im Auge behält und jeden eventuellen Störenfried verjagt. Ist das Weibchen laichbereit, hält es immer wieder Ausschau nach dem Männchen. Es sieht bei genauer Beobachtung wirklich so aus, als würde das Weibchen sagen: „Na, wo bleibt er denn nun."

Hat das Weibchen das Männchen erspäht, schwimmt es zum Partner und balzt nun vor ihm. Mit wedelndem Körper schwimmt es langsam zum Laichplatz. Meistens folgt das Männchen und putzt anstandshalber auch noch etwas mit an der Laichstelle. In diesem Stadium gleitet das Weibchen häufig über die geputzte Stelle und putzt weiter. Nach einiger Zeit endet ein Gleiten über die Laichstelle damit, daß die ersten Eier an der Wandung angeheftet sind. Das in der Zwischenzeit danebenstehende Männchen schwimmt nun ein Stück an die Wandung heran und gibt Sperma ab, das durch Wedeln mit den Flossen in Richtung Eier bewegt wird. Dann folgt in Abständen jeweils ein weiteres Anheften von Eiern durch das Weibchen und Besamen. Es dauert fast eine Stunde, bis alle Eier angeheftet sind. Die Eier sind meist rötlich, ca. 2 mm lang und haben einen Durchmesser von 1 mm. Es können bis 120 Eier abgelegt werden.

Nach dem Laichen wird das Männchen aus der näheren Umgebung des Laichplatzes verjagt. Wenn das Aquarium groß genug ist, bleibt das Männchen in der Nähe des Geleges und bewacht die weitere Umgebung. In zu kleinen Aquarien kommt es oft zu Streitereien zwischen Männchen und Weibchen; dabei zieht das Männchen meist den kürzeren. Deshalb entfernt man nach dem Laichen die Männchen aus kleinen Becken.

Das Weibchen bewacht und putzt das Gelege nun aufopferungsvoll. Immer wieder werden die Eier „abgelutscht" und damit von eventuellen Verunreinigungen befreit. Außerdem stellt sich das Weibchen schräg vor dem Gelege auf und befächelt es mit frischem Wasser. Die Larven werden vom Weibchen ungefähr 4 Tage nach dem Laichen „aus dem Ei gepellt" und in vorher angelegte Gruben gebracht. Es werden immer wieder neue Gruben angelegt und die Larven umgebettet. Der große Dottersack der Larven bildet sich in den nächsten 5 Tagen stetig zurück, so daß die Jungfische frei schwimmen können. Jetzt müssen sie angefüttert werden. Hierzu verwendet

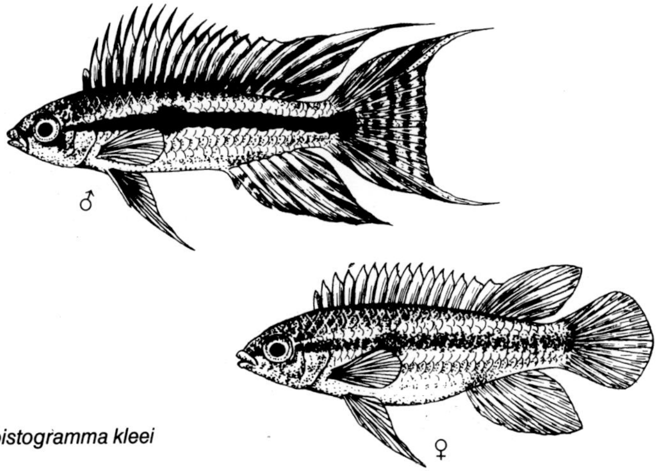

Apistogramma kleei

man Artemia- oder Cyclops-Nauplien. Den ganzen Tag führt das Weibchen die Jungfische auf der Suche nach Futter durchs Becken. Wenn es eine Gefahr für die Jungfische erkennt, gibt es durch bestimmte Flossenbewegungen ein Signal, und alle Jungfische lassen sich sofort zu Boden sinken. Durch die gute Tarnfärbung sind die Jungfische am Bodengrund nicht mehr auszumachen.

Die weitere Aufzucht der Jungfische ist nicht mehr so problematisch. Es kommt jedoch oft vor, daß ein Weibchen aus irgendeinem Grunde das ganze Gelege verspeist. Daher sollte man, wenn man Jungfische von den Tieren haben möchte, das Gelege schon einige Stunden nach dem Laichen in ein anderes Becken überführen. In diesem Becken sollte das gleiche Wasser wie in dem Zuchtbecken sein. Am besten bringt man noch einen Tetra-Brillant-Filter in das Becken und läßt das Wasser aus dem Filterrohr unter der Wasseroberfläche über das Gelege strömen. Da das eine oder andere Ei nicht befruchtet und dann weiß wird, sollte man die weißen Eier unbedingt sofort mit einer Pinzette entfernen, wenn man es merkt. Tut man das nicht, verpilzen diese Eier und der Pilz breitet sich über die anderen Eier aus. Dann wäre das ganze Gelege nicht mehr zu retten. Das Absammeln der weißgewordenen Eier ist besser als eine Zugabe irgendwelcher Medikamente bzw. chemischer Mittel.

Wenn man merkt, daß Larven zu schlüpfen beginnen, ist es angebracht, ihnen mit schnellem Schwenken der Schale im Wasser beim

Schlüpfen zu helfen. Sind alle Larven geschlüpft, entfernt man die Schale. Meist kommen alle geschlüpften Tiere zum Freischwimmen und sind dann aus dem Gröbsten heraus. Die weitere Aufzucht ist ebenso problemlos wie bei vom Weibchen betreuten Jungfischen.

Vorsichtig muß man allerdings besonders bei der Fütterung sein. Wachsen Cyclops-Nauplien im Aufzuchtbecken heran, kann es vorkommen, daß sie sich an die Jungfische setzen und durch Stiche stark belästigen. Jeder hat wahrscheinlich schon einmal beobachtet, wie ein Jungfisch plötzlich im Becken mit ungewöhnlichen Bewegungen umherschießt. Ist ein die Jungfische führendes Weibchen vorhanden, wird es den Jungfisch mit dem Maul schnappen und regelrecht „durchkauen". Danach wird der Jungfisch wieder ausgespuckt, und er schwimmt ganz normal weiter, weil er von dem anhaftenden Cyclops befreit wurde.

In der Gattung *Apistogramma* haben wir Vertreter, die ohne weiteres in fast jedem Leitungswasser zur Nachzucht zu bringen sind. Dazu gehören *Apistogramma reitzigi* AHL, 1939 und *Apistogramma borellii.* (REGAN, 1906). Demgegenüber ist zum Beispiel *Apistogramma kleei* MEINKEN, 1964 nur bei einem wirklich mineralarmen und weichen Wasser (bis 3° dH und Leitwert bis 150 µS) erfolgreich nachzuziehen. Bewährt hat es sich, dieser Art statt der Kokosnußschale eine relativ dünne PVC-Röhre ins Becken zu geben. Die Röhre sollte im Durchmesser nicht größer als 25 mm sein. Dadurch ist das Männchen gezwungen, im geringen Abstand über das Gelege zu schwimmen, um es zu befruchten. Man kann diese Methode selbstverständlich auch bei anderen Apistogramma-Arten anwenden, wenn immer wieder viele Eier verpilzen bzw. weiß werden.

Von den afrikanischen höhlenbrütenden Zwergcichliden sind die Pelvicachromis-Arten allen Aquarianern wohlbekannt. Sie zeigen nur geringe Abweichungen vom Paarungsverhalten der Apistogramma-Arten. Verschiedene Arten der Gattung *Pelmatochromis,* speziell die Höhlenbrüter, wurden 1968 der Gattung *Pelvicachromis* zugeordnet. Danach sind heute folgende Arten bekannt:

P. humilis (BOULENGER, 1916) aus Sierra Leone und Südost-Guinea,
P. pulcher (BOULENGER, 1901) aus Südnigeria,
P. roloffi (THYS, 1968) aus Ost-Guinea, Liberia und Sierra Leone,
P. spec. affin. pulcher aus Südnigeria,

P. subocellatus (GUENTHER, 1871) aus Gabun und Zaire,
P. taeniatus (BOULENGER, 1901) aus Kamerun.

Von fast allen Arten sind verschiedene Farbvarianten bekannt. Wie bei den Apistogramma-Arten kann man auch bei ihnen die Geschlechter gut auseinanderhalten. Männchen sind fast immer größer als Weibchen und haben großflächigere, spitzausgezogene Rücken- und Afterflossen. Manchmal sind sie jedoch nicht ganz so schön wie Weibchen *(P. subocellatus).*

Stellvertretend für alle Pelvicachromis-Arten wird die Nachzucht von *Pelvicachromis taeniatus* behandelt. Der Kamerun-Prachtbarsch ist auch der verbreitetste Vertreter dieser Gattung. Von ihm sind die Kienké-, Lobé-, Nigeria-Moliwe- und Muyuka-Form bisher bekannt. Die ersten beiden Formen wurden in einem äußerst mineralarmen Wasser (6-20 µS) mit einem pH-Wert zwischen 5,5 und 6,5 gefangen, die letzten beiden in einem etwas mineralreicheren (130-190 µS) und leicht alkalischen Wasser (pH-Wert zwischen 7,7 und 7,9). In allen Fällen lag die Temperatur des Wassers bei 24 °C.

Für die Haltung aller Arten spielt die Wasserhärte keine besondere Rolle. Man kann fast jedes Leitungswasser verwenden. Am besten bieten wir diesen, bis 9 cm großwerdenden Fischen ein etwas größeres Becken mit mindestens 80 X 30 X 30 cm. Den Hintergrund des Beckens bepflanzt man gut und stellt in den freien Schwimmraum im Vordergrund eine ganze Kokosnuß-Schale mit einem Loch an der Seite und einem an der Decke. Beide sollten jedoch nur so groß sein, daß die Tiere bequem hindurchgelangen. Die Wassertemperatur kann zwischen 22 und 25 °C liegen. Wir füttern die Tiere mit jedem üblichen Lebendfutter. Trockenfutter wird zwar zur Not auch angenommen, sollte aber nur sehr sparsam gefüttert werden.

Man setzt am besten nur ein Paar in das Becken. Es hat sich bisher immer günstig auf das Brutpflegeverhalten der Tiere ausgewirkt, wenn noch ein paar (höchstens 4) andere kleinere Fische mit im Becken schwimmen. Ein Pärchen einer Procatopus-Art könnte es zum Beispiel sein. Das schlanke Männchen unterscheidet sich gut von dem gedrungen wirkenden Weibchen.

Beide Tiere halten kurze Zeit nach dem Einsetzen in das Becken Ausschau nach einem geeigneten Unterschlupf. Bald sind dann auch beide Fische in der Kokosnuß verschwunden und stecken nur hin und wieder den Kopf heraus. Eigentlich brauchen wir jetzt bloß zu warten, bis das Weibchen in der Bauchgegend immer fülliger wird. Da wir die Tiere nachzüchten wollen, müssen wir der Tatsache Rechnung tragen, daß dies in einem mineralarmen, weichen Wasser am besten möglich ist. Wir verwenden ein Drittel enthärtetes Wasser und zwei Drittel vollentsalztes Wasser. Das Wasser im Becken wird nun so weit abgelassen, daß die Fische gerade noch schwimmen können. Das beschriebene Wasser läßt man dann langsam durch einen dünnen Schlauch zulaufen. Bewährt hat sich, einen kleinen Innenfilter (1/2 Liter) im Becken zu installieren, der mit Fasertorf gefüllt wird. Wöchentlich wechselt man ein Drittel des Wassers aus. Frischwasser ist ein gutes Stimulans für das Laichen.

Das laichbereite Weibchen balzt jetzt immer häufiger vor dem Männchen. Dabei hat sich die Bauchgegend des Weibchens je nach Farbvariante rot bis violett gefärbt. Das Weibchen schwimmt mit bogenförmig gekrümmtem Körper stark zitternd in seitlicher Richtung auf das Männchen zu. Während sich das Männchen anfangs um dieses Verhalten des Weibchens kaum kümmert, erwidert es später die „Liebesbezeugungen" mit schnellem Kopfschütteln. Dann umkreist das Männchen kopfschüttelnd immer wieder das Weibchen. Es schwimmt dabei in leichter Schräglage.

Obwohl man annimmt, daß das Laichen kurz bevorsteht, dauert es meist ein bis zwei Tage oder noch etwas länger, bis das geschieht. In der Zwischenzeit wird vom Weibchen in der Höhle (Kokosnuß-Schale) eine Stelle an der Wand oder Decke geputzt. Kurz vor dem Ablaichen schwimmt auch das Männchen in die Höhle. Das Weibchen putzt nochmals eilig an der vorgesehenen Laichstelle und gleitet dann mit der Legeröhre darüber. Die Eier werden abgelegt. Sind die ersten Eier angeheftet, schwimmt das Weibchen beiseite, und das Männchen besamt die Eier, indem es ebenfalls über die Eier gleitet. Manchmal ist zu beobachten, daß sich das Männchen nur neben die abgesetzten Eier stellt und wahrscheinlich das Sperma mit den Brustflossen an die Eier wedelt. Es werden bis zu 200 Eier angeheftet und befruchtet. Danach schwimmt das Männchen aus der Höhle und bewacht ab jetzt die Umgebung der Höhle.

Das Weibchen betreut das Gelege. Dabei werden die Eier durch Wedeln mit den Brustflossen mit frischem Wasser versorgt. Zwischendurch werden die Eier auch „abgelutscht". Vier Tage nach dem Laichen schlüpfen die Larven und werden an eine Stelle in der Höhle zusammengetragen. Nach weiteren vier bis fünf Tagen schwimmen die Jungfische frei. Sie werden mit Cyclops-Nauplien angefüttert. Nun führt das Weibchen die Jungfische erstmals aus der Höhle und das Männchen beteiligt sich jetzt an der direkten Brutpflege. Am Abend werden die Jungfische in eine Grube oder in die Höhle gebracht.

Man kann nun wieder beginnen, das Zuchtwasser langsam gegen Leitungswasser auszutauschen. Häufiger Wasserwechsel ist jetzt angebracht. Die Jungfische lassen sich nach ein bis zwei Wochen mit dem Schlauch abziehen und in ein Aufzuchtbecken überführen. Darin sollte kein Bodengrund, aber auf alle Fälle ein Ausströmer sein.

Eine andere Methode: Die Eier werden nach spätestens zwei Tagen aus dem Becken genommen und in ein anderes Becken gebracht. Dort erzeugt man mit einem Ausströmer eine Wasserzirkulation an den Eiern vorbei. Dazu wird der Ausströmer dicht neben das Gelege gestellt. Eine Kokosnuß-Schale ist dann aber nicht sehr geeignet. Man gibt in diesem Fall dem Zuchtpaar einen Blumentopf ohne Boden ins Becken und deckt ihn oben mit einer Schieferplatte oder einem flachen Stein ab. Unten schafft man eine Öffnung, damit die Tiere auch hineinschwimmen können. Später bringt man den Blumentopf oder die Abdeckplatte in das Aufzuchtbecken, je nachdem, woran die Tiere gelaicht haben. Das Aufzuchtbecken sollte beim Umsetzen des Geleges das Wasser aus dem Zuchtbecken enthalten. Erst nach dem Schlüpfen der Larven wechselt man es langsam gegen Leitungswasser aus. Diese Zuchtmethode wendet man nur an, wenn der Laich immer wieder gefressen wird.

Bei *Pelvicachromis pulcher* ist die Verwendung eines oben beschriebenen Zuchtwassers nicht erforderlich. Diese Art kann man in fast jedem Leitungswasser nachzüchten.

Mehr zu beachten hat man bei den Fischen der Gattung *Nanochromis.* Obwohl es einige sehr schöne Arten dieser Gattung gibt, sind sie kaum im Angebot. Das ist u. a. darauf zurückzuführen, daß die Nachzucht nicht ganz einfach ist. Es ist deshalb anzustreben, besonders diese Fische in genügender Menge nachzuzüchten. Die folgenden Hinweise sollen dazu beitragen und gelten für fast alle Arten.

Nanochromis-Arten kommen in Westafrika vor. Die bekanntesten sind *Nanochromis dimidiatus* (PELLEGRIN, 1900) und *Nanochromis nudiceps* (BOULENGER, 1899). Wichtig ist es, die Zuchttiere (Männchen größer und mit spitzauslaufenden Rücken- und Afterflossen) in möglichst großen Becken zu pflegen, die gut bepflanzt sind und einige Höhlen (Kokosnuß-Schalen oder Blumentöpfe) haben. Das Wasser sollte auf alle Fälle weich und mineralarm sein. Mehr als 6° dH sind zur Zucht dieser Fische nicht angebracht. Auf häufigen Wasserwechsel sollte man besonders hier nicht verzichten. Die Kokosnuß-Schalen oder Blumentöpfe gräbt man in den Bodengrund ein, so daß die Tiere ihrem Drang zum eigenen Ausbau der Höhle nachgeben können.

In zu kleinen Zuchtbecken wird oft durch Streitigkeiten oder andere Umstände das Gelege innerhalb kurzer Zeit ohne ersichtlichen Grund aufgefressen.

Die Eier werden von *Nanochromis nudiceps* und *N. dimidiatus* nicht direkt an die Höhlenwand geheftet, sondern hängen mit kleinen Fäden an der Wand. Beim Befächeln seitens des Weibchens werden die Eier hin und her bewegt.

Nach meinen Erfahrungen ist es auf alle Fälle besser, den Tieren ungefähr einen Tag nach dem Laichen die Eier wegzunehmen. Selbstverständlich möchte man das Bild der pflegenden Eltern mit ihren Jungfischen nicht missen, um aber möglichst viel Nachzucht zu erzielen, wendet man zuerst die künstliche Aufzucht an. Ich habe mir zum Erbrüten der Eier und zur Aufzucht der Larven eine längliche, durchsichtige Plastikschale (30 X 15 X 10 cm) präpariert. Eine der kleinen Seitenwände wurde ausgeschnitten (mit einem heißen Messer) und Gaze davorgeklebt. Diese Plastikdose wird so in das Becken gehängt und befestigt, daß sie noch knapp über die Wasseroberfläche hinausreicht. In diese Dose wird an einer Seite das Wasser aus dem Filterrohr geleitet. So entsteht in der Dose eine Wasserströmung vom Einlauf in Richtung der mit Gaze versehenen Seite. In diese Strömung wird die Unterlage mit dem Gelege gelegt, so daß die Eier fortwährend vom fließenden Wasser umspült werden. Zusätzlich wird das Becken an dieser Stelle noch abgedunkelt. Es sollte öfter kontrolliert werden, ob Eier weiß geworden sind. Diese Eier werden mit einer Pinzette entfernt.

Nach dem Schlüpfen der Larven – durch Wedeln der Unterlage im Wasser hilft man ihnen dabei – wird die Unterlage herausgenommen. Auch nach dem Schlüpfen kontrollieren wir weiter und entfernen abgestorbene Larven. Schwimmen nach 5 Tagen die Jungfische

△ *Nanochromis nudiceps* ♂ *Nanochromis nudiceps* ♀ – betreut den Laich ▽

frei, bringt man sie in ein kleines Aufzuchtbecken, das halb mit dem Wasser aus dem Zuchtbecken gefüllt wird. Langsam füllt man mit frischem Leitungswasser (temperiert) auf. Die Jungfische werden nun mit Artemia- oder Cyclops-Nauplien oder Mikro angefüttert.

Neben den westafrikanischen höhlenbrütenden Zwergcichliden sind für die Aquaristik im zunehmenden Maße Zwergcichliden aus den Seen des ostafrikanischen Grabensystems interessant geworden. Es spielen vor allem die Buntbarsche aus dem Tanganjika-See eine dominierende Rolle. Diese Zwergcichliden sind besonders hübsch gefärbt und leicht zu pflegen. Auch die Zucht bereitet im allgemeinen keine besonderen Schwierigkeiten. Speziell die Arten der Gattungen *Julidochromis* und *Lamprologus* (teilweise) haben sich einen Platz in den Aquarien erobert.

Etwas genauer soll *Lamprologus leleupi* POLL, 1956 beleuchtet werden. Inwieweit die Aufgliederung dieser Art in zwei Unterarten *Lamprologus leleupi leleupi* POLL, 1956 und L. l. *melas* MATTHES, 1959 gerechtfertigt ist, soll nicht diskutiert werden. *Lamprologus leleupi* soll in Tiefen bis 20 m vorkommen. Das mag der Grund dafür sein, daß diese fast völlig gelben Fische erst so spät entdeckt wurden.

Es sei nochmals auf einige Wasserwerte hingewiesen, weil oft falsche Vorstellungen darüber bestehen. Nach GEISSLER (1964) hatte das im Frühjahr 1959 gemessene Wasser eine Gesamthärte von 5,1° dH, Karbonathärte von 3,5° dH, einen pH-Wert von 7,5 und einen Leitwert von 238 µS bei 20° C.

Die Art *Lamprologus leleupi* zu halten, bringt also keine Probleme, wenn das Wasser weich ist. Sie kann aber auch im härteren Wasser gehalten und nachgezogen werden. Männchen werden ungefähr 10 cm und Weibchen ca. 8 cm lang. Die Flossen der Männchen sind etwas großflächiger und spitzer ausgezogen als bei den Weibchen. Bei jüngeren Exemplaren ist eine Unterscheidung recht schwer.

Zur Haltung verwendet man etwas größere Becken, ein 50-Liter-Becken reicht für ein Paar. Ein größeres Becken ist jedoch aufgrund der Unverträglichkeit der Tiere besser. Als Bodengrund verwendet man Kies mit einer Körnung von ungefähr 3 mm. Der Hintergrund wird gut bepflanzt. Im Vordergund baut man den Tieren aus drei Steinen eine Höhle. Dabei ist zu beachten, daß sie ruhig etwas grö-

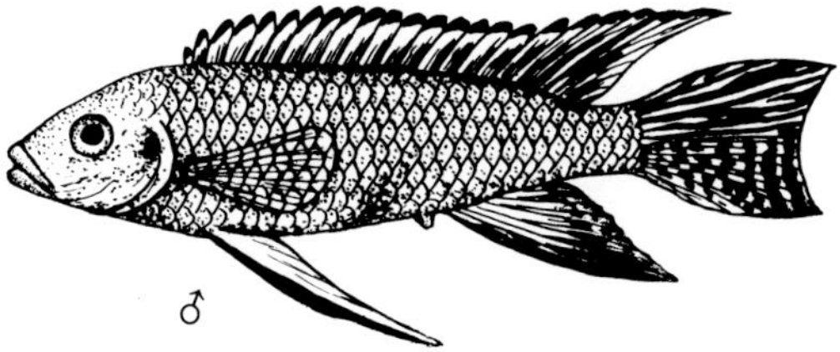

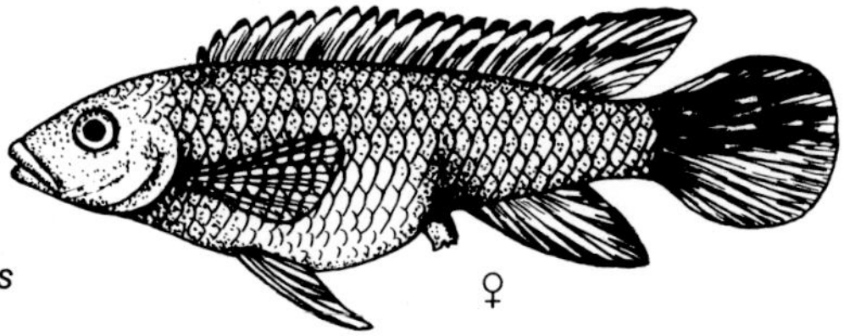

Nanochromis nudiceps

ßer sein kann und die Seitensteine auf dem Boden des Beckens aufliegen müssen. Nach dem Aufbau wird die Höhle wieder halb mit Kies bedeckt. Die Fische buddeln sich ihre Höhle schon selbst aus. Man gießt Leitungswasser ein, selbst wenn man die Tiere in diesem Becken nachziehen möchte. Der pH-Wert sollte nicht zu tief unter 7 fallen, die Wassertemperatur kann bei 24 °C liegen.

Hat man ein Paar eingesetzt, suchen die Tiere einige Stunden nach einem geeigneten Versteck, einer Höhle. Die Fische benutzen in der ersten Zeit nicht die künstlich geschaffene Höhle, wenn sie nicht deutlich als solche für sie erkennbar ist. Man füttert die Tiere gut mit Cyclops, Daphnien und Enchyträen. Vielfach halten die Fische sich in den ersten Tagen noch versteckt, bald beginnen sie aber mit dem Ausbau der im Kies verborgenen Höhle.

Das Weibchen zeigt mit der stärker und hell gewordenen Bauchgegend an, daß es Laich angesetzt hat. Das „Buddeln" an der Höhle wird immer intensiver. Die einmal belegte Höhle und deren Umgebung verläßt das Weibchen jetzt nur noch selten. Das Männchen schwimmt dagegen im ganzen Becken umher, wo es immer bestimmte versteckte Stellen aufsucht, wenn vermeintliche Gefahr droht. Kommt das Männchen in die Nähe der Höhle der Partnerin, schwimmt ihm das Weibchen meist entgegen und umschwimmt das Männchen mit zitternden Bewegungen. Es stellt sich auch quer vor das Männchen und zittert dabei am ganzen Körper.

Nach einiger Zeit hält sich das Männchen immer häufiger in der Nähe der Höhle auf. Kurz vor dem Laichen putzt das Weibchen die seitliche Wand der Höhle und schwimmt, wenn das Männchen auch anwesend ist, ruckartig und am ganzen Körper zitternd an der späteren Laichstelle hoch und runter. Das Männchen gerät nun ebenfalls in Erregung. Dabei reißt es das Maul weit auf, klappt außerdem den Oberkiefer um ca. 45° nach vorn und wedelt gleichzeitig mit dem Körper. Neben der Höhle buddeln beide Elterntiere meist in der Nacht noch einige Gruben.

In immer kürzeren Abständen streicht nun das Weibchen über die geputzte Stelle an der Höhlenwand, während sich das Männchen in unmittelbarer Nähe aufhält. Dann beginnt das Weibchen mit dem Ablegen der weißlichen Eier, die ungefähr 1,5 mm groß und leicht oval sind. Die Eier werden nicht nur nebeneinander, sondern auch übereinandergelegt, so daß im Laufe des Ablaichens eine Traube von Eiern entsteht. Das Männchen schwimmt, nachdem die ersten Eier auf den Boden der Höhle gegeben oder an die Höhlenwand bzw. Decke geheftet sind, neben das Weibchen und nähert sich mit der Genitalgegend den abgelegten Eiern. Dabei wird das Sperma abgegeben. Vom Weibchen werden ca. 200 Eier abgegeben.

Nach dem Laichen schwimmt das Männchen aus der näheren Umgebung des Geleges und bewacht das weitere umliegende Gelände. Das Weibchen bekommt jetzt einen schwärzlichen Überzug. Es befächelt und „belutscht" das Gelege. Nach 3 Tagen werden die Larven aus der Eihülle gesaugt und in eine der vorbereiteten Gruben gebracht. Auch jetzt werden die Larven weiter vom Weibchen befächelt. Die Larven sind ungefähr 5,5 mm groß und besitzen noch einen großen, etwas gelblichen Dottersack. Sie werden hin und wieder in eine andere Grube oder geschützte Stelle umgesetzt. Knapp 6 Tage nach dem Schlüpfen der Larven schwimmen die Jungfische frei. Es ist anfangs mehr ein Hüpfen der ca. 7 mm großen Jungfische. Sie werden nun mit Cyclops- oder Artemia-Nauplien angefüttert.

Die Elterntiere kümmern sich nur noch recht flüchtig um die Jungfische, sie können aber im Becken verbleiben. Es dauert bei guter Fütterung und regelmäßigem Wasserwechsel gar nicht so lange und die Elterntiere laichen wieder. Bei den vielen Jungfischen wäre die Aufzucht in dem nun doch etwas kleinen Becken nicht sinnvoll. Man saugt deshalb die Jungfische mit einem Schlauch kurz vor dem Freischwimmen ab und zieht sie in einem gesonderten Becken auf.

△ *Lamprologus leleupi*   *Lamprologus leleupi,* frischgeschlüpfte Larven ▽

Jungfische der Julidochromis-Arten werden nach dem Freischwimmen nicht von den Eltern geführt. Bereits die geschlüpften Larven werden oft so gut versteckt (zwischen Steine gespuckt), daß sie selbst für die Elterntiere nicht mehr erreichbar sind. Sie stellen ihnen bzw. den Jungfischen aber auch nicht nach. Es können deshalb mehrere Generationen in einem Becken schwimmen, wenn man nicht alle Jungfische abgesaugt hat.

Gewarnt werden muß noch davor, mehrere größere Tiere in zu kleine Aquarien zu setzen, weil es dann immer wieder zu ernsten Auseinandersetzungen kommt. Je größer die Becken, um so mehr lassen diese Auseinandersetzungen nach. Das gilt vor allem, wenn genügend Versteckmöglichkeiten vorhanden sind. Bei den *Julidochromis*-Arten ist das genauso ausgeprägt zu beobachten. Sogar bei einem „eingespielten" Paar kommt es in kleineren Becken zu groben Streitereien, wenn man zum Beispiel Wasser wechselt oder in dem Becken etwas verändert. Anschließend beginnt das Männchen sofort auf das Weibchen einzubeißen. Die Partnerin versucht dann zwar, durch Demutsbezeugungen (Schütteln mit dem ganzen Körper) das Männchen zu beruhigen, aber das hat meist keinen Erfolg. Das Weibchen wird dann so gejagt und gebissen, daß es sich irgendwo in eine Ecke klemmt und sich möglichst ruhig verhält. Bei der geringsten Bewegung ist das Männchen wieder zur Stelle und drangsaliert das Weibchen. Dieses Verhalten flaut von Tag zu Tag immer mehr ab. Bevor eine Woche vergangen ist, darf das Weibchen sich aber nicht wieder in die Nähe des Männchens wagen. Dann scheint alles vergessen zu sein. Man geht dem durch Verwenden eines größeren Beckens mit vielen Versteckmöglichkeiten aus dem Weg.

Offenbrüter

Zu den bekanntesten Gattungen der Offenbrüter unter den Zwergcichliden gehören:

Aequidens (teilweise)	*Nannacara*
Crenicara	*Papiliochromis*

Weite Verbreitung hat aufgrund der geringen Größe und recht ansprechenden Färbung *Papiliochromis ramirezi* (MYERS u. HARRY, 1948) gefunden. Unter dem Namen Schmetterlingsbuntbarsch ist

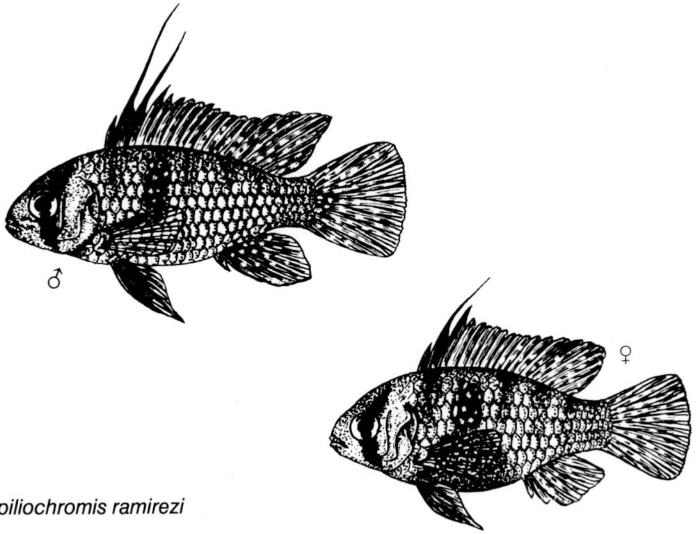

Papiliochromis ramirezi

dieser Fisch den meisten Aquarianern gut bekannt. Er stammt aus dem Orinoco-Flußgebiet, wurde aber auch in Bolivien gefunden und soll 7 cm groß werden. Es muß leider gesagt werden, daß die im Handel angebotenen Tiere diese Länge meist nicht aufweisen. Von mir unter optimalen Bedingungen aufgezogene Tiere erreichten 63 mm Totallänge.

Die Art *Papiliochromis ramirezi* ist heute längst nicht mehr als problematisch oder heikel anzusehen, weil allgemein bekannt ist, daß diese Fische klares, chemisch wenig verunreinigtes Wasser brauchen. Früher wurde oft das Problem der Wasserhärte in den Vordergrund geschoben. Es ist sicherlich inzwischen ausgeräumt, denn die Tiere werden heute auch im Wasser mit einer Härte von 40° dH und mehr erfolgreich gehalten und nachgezogen.

Am besten hält man den Schmetterlingsbuntbarsch wie andere Zwergcichliden im Artenbecken. Dazu verwendet man ein ungefähr 60 X 30 X 25 cm großes Becken. Eine dunkle Rückwand aus PVC läßt die Fische erst so richtig zur Geltung kommen. Als Bodengrund nimmt man feinen Kies. Einige Moorkien-Wurzeln und eine dichte Bepflanzung im hinteren Teil bilden einen dekorativen Hintergrund für die Schmetterlingsbuntbarsche. In den Vordergrund kann, weil wir dieses Becken auch als Zuchtbecken benutzen wollen, ein flacher, möglichst glatter Stein gelegt werden. Es hat sich gezeigt, daß helle und hellbraune Steine bevorzugt werden. Sehr gut haben sich Deckel für Marmeladengläser aus rotbraunem Bakelit bewährt. Sie sehen zwar im Becken nicht so gut wie ein schöner Stein aus, wenn aber solch ein „Stein" im Becken ist, laichen die Fische fast immer dort hinein. Oft ist nämlich festzustellen, daß in den Sand abgelaicht wird. Dies ist vor allem beim rationellen Züchten unerwünscht.

Wie schon erwähnt, sollte das Wasser immer recht frisch sein, die Wasserhärte spielt keine Rolle. Deshalb ist es auch kein Problem, das Wasser so oft wie möglich zu wechseln. Da die Tiere eine leichte Wasserströmung lieben, ist es angebracht, einen Tetra-Brillant-Filter mit im Becken zu haben. Er ist aber mindestens wöchentlich einmal auszuspülen. Die Wassertemperatur darf ruhig etwas schwanken und um 25 °C liegen.

Das Weibchen ist im allgemeinen bis zu 1 cm kleiner als das Männchen. Während der Laichzeit zeigen die Weibchen eine kirschrote Bauchpartie, die Männchen sind dann meist gelblich. Beim Weibchen ist der schwarze Schulterfleck fast immer deutlich vorhanden und geht nie bis unter die Körpermitte. Der 2. und 3. Rückenflossenstrahl des Männchens ist stark, beim Weibchen nur wenig verlängert. Nach diesen Merkmalen suchen wir ein Pärchen, und bringen es in das eingerichtete Becken. Wir füttern die Tiere gut mit Cyclops und Enchyträen.

Nach einer kurzen Eingewöhnungszeit werden wir die Tiere in ihrer wunderschönen Färbung bewundern können, die sich noch steigert, wenn sie in Laichstimmung kommen, Das Weibchen zeigt dann eine fülligere Bauchpartie, die kirschrot leuchtet. An verschiedenen Stellen im Becken beginnen die Fische, Gruben auszuheben und den Stein zu putzen. Es dauert meist nicht mehr lange, und das Weibchen legt mit der Legeröhre, die deutlich zu erkennen ist, über den geputzten Stein gleitend die ersten Eier ab. Anfangs steht das Männchen neben dem Weibchen und wartet, bis die Partnerin zur Seite schwimmt. Dann schwimmt es über die abgelegten Eier und befruchtet sie. Auch beim Männchen sehen wir nun die Genitalpapille, die jedoch kleiner und spitzer ist. Die Tiere wechseln sich immer wieder ab, bis der Laichvorrat des Weibchens aufgebraucht ist und alle Eier auf dem Stein abgelegt sind. In der Endphase gleiten beide Tiere gleichzeitig über den Stein bzw. das Gelege. Während das

Weibchen weitere Eier ablegt, befruchtet das Männchen bereits die vorher abgelegten Eier.

Gepflegt wird der Laich von beiden Partnern, das Weibchen ist der aktivere Teil. Immer wieder werden vor allem vom Weibchen die Eier „abgelutscht" und durch Wedeln mit den Brustflossen wird frisches Wasser an die Eier gefächelt. In der Zwischenzeit gräbt das Männchen eine Grube nach der anderen. Teilweise werden die Gruben auch durch Drehen des Körpers auf dem Bodengrund und durch Schieben mit dem Maul angefertigt.

Im Verlauf der nächsten Stunden färben sich die Eier etwas dunkler. Recht interessant ist, daß das Weibchen Kies auf das Gelege spuckt. Bei 25 °C schlüpfen die Larven ungefähr nach 55 Stunden. Beträgt die Temperatur um 30 °C, schlüpfen sie bereits ungefähr nach 36 Stunden. Das Weibchen unterstützt die Larven beim Schlüpfen, indem es sie aus den Eierschalen saugt. Die Larven werden dann sofort in eine der Gruben gebracht und hier von einem Elternteil bewacht. Oft geschieht es aber auch, daß beide Elterntiere die Larven aus den Schalen saugen und sie in die Grube bringen. Die Fische wechseln sich dabei ab. Sind alle Larven in der Grube, dauert es selten lange bis zum Umsetzen der Larven in eine andere Grube. Das Umsetzen erfolgt ziemlich oft.

Betreut werden die Larven hauptsächlich vom Weibchen, während das Männchen vor allem die Umgebung bewacht. Die Jungfische schwimmen ungefähr nach 5 Tagen frei und müssen mit Cyclops- oder Artemia-Nauplien angefüttert werden. Sie werden von den Elterntieren durchs Becken geführt. Es ist ein sehr schöner Anblick, wenn man die Elterntiere mit den Jungfischen durchs Becken schwimmen sieht. Beim Füttern führen die Elterntiere die Jungfische in die „Futterwolke". An den prallen Bäuchen kann man sehen, daß sich die Jungfische vollgefressen haben.

Am Abend werden Jungfische „in die Grube gebracht". Einzelne, etwas abseits vom Schwarm schwimmende Jungfische werden ebenfalls eingesammelt und in die Grube gebracht. Eine Brut kann je nach Größe und Zustand der Elterntiere bis zu 450 Jungfische betragen.

Da es auch oft vorkommt, daß die Elterntiere den Laich fressen, bringt man den Stein mit dem Gelege in ein kleines Aufzuchtbecken ohne Bodengrund und legt ihn so, daß der Auslauf eines Filters auf das Gelege trifft. Wenn man merkt, daß die ersten Jungfische geschlüpft sind, wedelt man den Stein im Wasser hin und her und unterstützt damit den Schlupf der Larven.

Bei den Schmetterlingsbuntbarschen gibt es eine goldgelbe Variante. Weiterhin existiert auch eine Mutante, die ebenfalls sehr schön aussieht, aber leider selten im Handel ist. Während die goldgelbe Variante einen goldgelben Vorderkörper besitzt, aber auch alle anderen Farben zeigt, ist die xantoristische Form am ganzen Körper hellgelb und hat eine rötliche Kopffärbung. Wenn die Tiere noch rot wirkende Augen hätten, könnte man sie als albinotische Form bezeichnen. Beide sind in Haltung und Zucht ebenso zu behandeln, wie schon beschrieben.

Auf dem afrikanischen Kontinent finden wir einen Zwergcichliden, der dem Schmetterlingsbuntbarsch etwas ähnelt und das Gelege auch auf flachen Steinen ablegt. Es handelt sich um *Pelmatochromis thomasi* (BOULENGER, 1915). Er kann eine Größe von 10 cm erreichen. Inwieweit der Name *Pelmatochromis* angebracht ist, soll nicht diskutiert werden. In Haltung und Zucht gibt es keine Unterschiede zur davor erwähnten Art.

Etwas abweichend in der Brutpflege verhält sich eine Art, die nicht ganz so leicht zu züchten ist. *Crenicara filamentosa* LADIGES, 1959 ist ein wunderschöner Zwergcichlide, der aus dem Flußgebiet des Rio Negro mit extremen Wasserverhältnissen stammt. Das Wasser hat bei einem Leitwert um 10 Mikro-Siemens eine nicht nennenswerte Gesamthärte um 0,1° dH und einen pH-Wert um 5.

Zur Haltung des Schachbrettcichliden kann fast jedes Leitungswasser verwendet werden. Wenn man nachzüchten will, muß man schon mineralarmes, weiches Wasser verwenden. Angebracht ist es, ein recht großes Becken zu wählen, damit man nicht so oft einen Wasserwechsel vornehmen muß. Trotzdem sollte man das Wasser so oft wie möglich wechseln. Das Wasser im Zuchtbecken sollte eine Gesamthärte unter 8° dH, einen Leitwert unter 500 µS, pH-Wert um 6 und eine Temperatur von ungefähr 26 °C haben. In den Bodengrund aus feinkörnigem Kies pflanzt man verschiedene Echinodorus-Arten. Bewährt hat es sich, das Wasser mit einer Kreisel-Pumpe umzuwälzen, so daß ein leichtfließendes „Gewässer" entsteht.

In das vorbereitete Becken setzt man möglichst nur ein Pärchen, das Weibchen sollte schon Laichansatz zeigen. Die Unterscheidung der

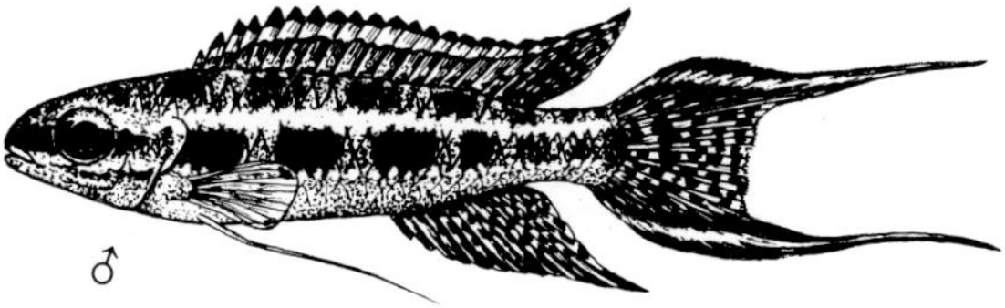

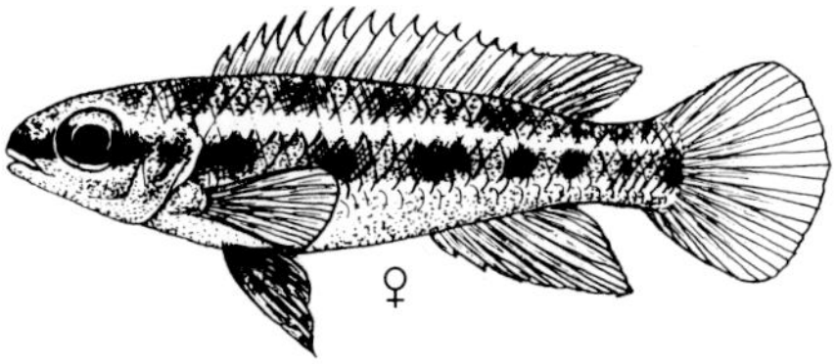

Crenicara filamentosa

Geschlechter ist bei dieser Art einfach. Das bis zu 9 cm großwerdende Männchen ist im allgemeinen ungefähr 3 cm länger als ein Weibchen und hübscher gefärbt. Diese Färbung erinnert an ein Schachbrett. Außerdem sind die Flossen beim Männchen großflächiger und spitz ausgezogen. Die Schwanzflosse ist beim Männchen gabelförmig, beim Weibchen abgerundet. An den Bauchflossen des Weibchens läßt sich erkennen, ob man ein jungfräuliches Weibchen oder ein Weibchen vor sich hat, das bereits ablaichte. Letzteres zeigt rote Bauchflossen, während jungfräuliche Weibchen helle Bauchflossen besitzen. Wenn ein Weibchen das erste Mal Laich ansetzt, färben sich diese Flossen langsam rötlich.

Falls beide Tiere in Laichstimmung sind, verliert sich beim Männchen die Schachbrettzeichnung und macht einer dunkleren Grundfärbung und einem durchgehenden schwarzen Längsstreifen Platz. Das Männchen schwimmt nun, sich mit dem Kopf nach unten schrägstellend, fortwährend um das Weibchen herum und lockt es zu einem möglichst horizontal stehenden Echinodorus-Blatt. Über dieses Blatt gleitet das Männchen mit angelegten Flossen taumelnd. Das sieht so aus, als würde der Fisch verenden. Nähert sich jetzt das Weibchen, spreizt das Männchen alle Flossen und umschwimmt es ruckartig. Dies wiederholt sich im Laufe der nächsten Stunden immer häufiger, bis das Weibchen den zukünftigen Laichplatz gewählt hat. Meist ist es die Oberseite eines Echinodorus-Blattes *(Echinodorus horizontalis).*

Der Laichplatz wird vom Weibchen geputzt, jedoch nicht so intensiv, wie wir es bei anderen Zwergcichliden beobachten können. Das

Männchen hält sich in dieser Zeit immer in der Nähe auf und erhält hin und wieder Besuch vom Weibchen, das das Putzen unterbricht, mit gespreizten Flossen auf den Partner zuschwimmt und ihn mit dem Maul in die Seite stupst. Beim Weibchen ist nun die kurze Legeröhre zu erkennen. Gemeinsam schwimmen die Tiere zur Laichstelle, und vom Weibchen werden die ersten Eier abgesetzt. Nachdem das Weibchen beiseite geschwommen ist, streicht das Männchen mit angelegten Flossen über die abgelegten Eier und gibt das Sperma darüber ab. Das Laichen dauert ungefähr 30 Minuten.

Nach dem Laichen wird das Männchen vom Weibchen verjagt. Da bei mir der Laich immer wieder vom Weibchen gefressen wurde, habe ich das Blatt mit dem Laich in eine Schale gelegt und mit einem Stein am Stiel beschwert, damit es durch die Strömung nicht umhergewirbelt wird. Die Schale hatte an einer Seite Gaze und so strömte das aus der Filterpumpe kommende Wasser mit verhältnismäßig hoher Geschwindigkeit über das Gelege. Man sollte den Laich erst ungefähr 35 Stunden nach dem Laichen in diese Schale überführen.

Ein Gelege besteht aus ungefähr 100 Eiern. Es können jedoch auch bis 150 Eier sein. Wenn man erkennt, daß einige Eier weiß werden, sind diese sofort mit einer Pinzette zu entfernen, damit nicht die umliegenden Eier ebenfalls verpilzen. Die Larven schlüpfen ca. 60 Stunden nach dem Laichen. Das Schlüpfen sollte man durch heftiges Wedeln der Unterlage im Wasser unterstützen. Man kann die Larven auch mit einer Pipette aus den Eierschalen saugen, doch dazu gehört etwas Fingerspitzengefühl. Jetzt wird die Fließgeschwindigkeit des Wassers in der Schale etwas verringert, indem man weniger Wasser durchfließen läßt.

Ungefähr 4½ Tage nach dem Schlüpfen der Larven beginnen die Jungfische freizuschwimmen. Jetzt ist es an der Zeit, sie in ein kleines Aufzuchtbecken zu bringen. Man nimmt die Schale mit den Jungfischen sowie etwas Wasser aus dem Zuchtbecken und schüttet dieses Wasser mit den Jungfischen in das Aufzuchtbecken. Über einen dünnen Schlauch (5 mm Durchmesser) läßt man langsam Frischwasser zulaufen. Gleichzeitig sollte ein Ausströmer im Bekken sein. Nachdem man aufgefüllt hat, sollten die Jungfische mit Artemia- oder Cyclops-Nauplien angefüttert werden. Auch Mikro kann man verwenden.

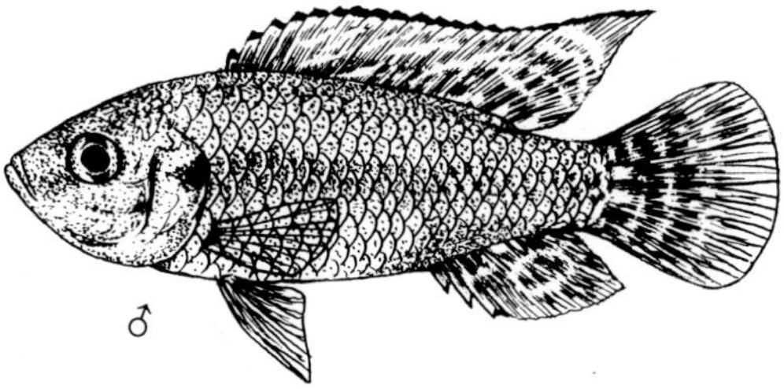

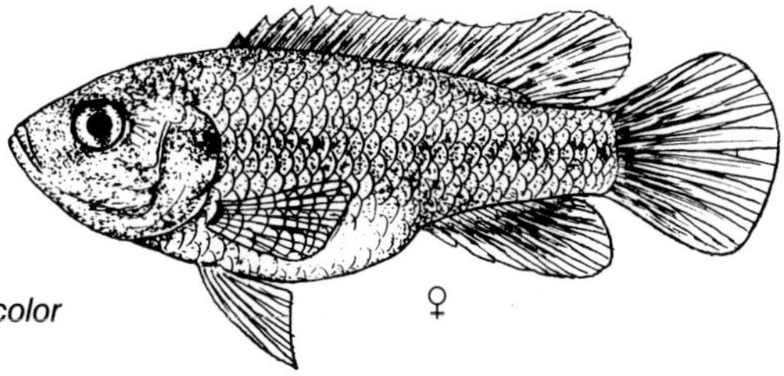

Pseudocrenilabrus multicolor

Das Ergebnis aus einem Gelege wird nach meinen Erfahrungen immer besser, je mineralarmer und weicher das Wasser im Zuchtbekken ist. Filtern über Torf verhilft ebenfalls zu guten Erfolgen.

Maulbrüter

Maulbrüter unter den Zwergcichliden finden wir u. a. bei der Gattung *Pseudocrenilabrus.* Der bekannteste Vertreter dieser Gattung ist wohl der *Pseudocrenilabrus multicolor* (HILGENDORF, 1903). Seit der Einfuhr aus dem Stromgebiet des oberen Nils und den Seen dieser Region des afrikanischen Grabensystems ist der „Kleine Maulbrüter" nicht wieder aus den Becken der Liebhaber und Züchter verschwunden. In den letzten Jahren trifft man ihn jedoch aufgrund der großen Anzahl anderer, oft viel farbigerer Maulbrüter aus dem Malawi-See, nicht mehr so oft an.

Dieser anspruchslose Pflegling mit einer Gesamtlänge von ungefähr 8 cm, Männchen bleiben oft bis zu einem Zentimeter kleiner, ist in fast jedem Gesellschaftsbecken zu halten. Will man die Fische etwas genauer beobachten, pflegt man sie allein in einem Becken mit ungefähr 50 l. Dieses Becken muß nicht unbedingt bepflanzt sein, obwohl Wasserpflanzen das Becken selbstverständlich attraktiver machen. Wichtig ist jedoch, daß man im Vordergrund des Beckens

1

2

Pseudocrenilabrus philander dispersus

1 Männchen.

2 Männchen bei der Fegebalz.

3 Während das Weibchen die Eier ablegt, berührt es die Afterflosse des Männchens.

4 Weibchen mit Eiern im Kehlsack.

freien Raum läßt und dort eventuell einen größeren flachen Stein hinlegt. Günstig ist es, wenn er eine kleine Mulde hat. Als Bodengrund verwendet man feinkörnigen Kies.

In das Zuchtbecken setzt man am besten nur ein Paar ein. Die Geschlechter lassen sich gut unterscheiden. Das Männchen ist etwas bunter gefärbt, kleiner und schlanker gebaut als das plump wirkende Weibchen. Gefüttert wird mit jedem üblichen Lebendfutter. Die Wassertemperatur sollte bei 24 °C liegen.

Wenn das Weibchen laichreif ist und Laich angesetzt hat, was man unschwer an der starken Bauchpartie erkennt, beginnt das Männchen, in den schönsten Farben strahlend zu balzen. Alle Flossen werden dabei gespreizt und mit dem Körper wedelnde Bewegungen ausgeführt. Anfangs erfolgt dies direkt vor dem Weibchen, indem es sich quer vor ihm aufstellt, später dann an dem ausgewählten Laichplatz. Das Männchen versucht nun, das Weibchen zu dem vorgesehenen Laichplatz zu locken. Dies geschieht, indem das Männchen von dort immer wieder zum sich langsam nähernden Weibchen schwimmt und kurz die Flossen spreizt, dann aber gleich wieder zum Laichplatz zurückschwimmt. Das wiederholt sich solange, bis das Weibchen an der vorgesehenen Stelle ist. Man nennt dieses Verhalten Führungsschwimmen.

Am Laichplatz beginnt das Männchen mit einer weiteren Form der Balz, der sogenannten Fegebalz. Dabei hat das Männchen den Hinterkörper an den Boden gedrückt und gleitet zitternd darüber. Da dies teilweise unter kreisenden Bewegungen erfolgt, entsteht im Laufe der Zeit eine Grube, wenn im Kies gelaicht werden soll. Das Weibchen trägt ebenfalls dazu bei, wenn es dem Werben des Männchens nachgibt, zu ihm in die Grube schwimmt und sich beide Tiere dort umkreisen.

Will das Männchen auf dem flachen Stein laichen, meist ist das der Fall, wenn er eine kleine Mulde hat, wird der Stein in der Mulde vor dem Anlocken der Partnerin eifrig geputzt. Bleibt das Weibchen auf dem Stein, putzt es mit. Sobald das Weibchen laichbereit ist, preßt es den Hinterkörper auf den Stein. Das Männchen stellt sich dann sofort quer zum Weibchen und bestupst fortwährend die Genitalgegend des Weibchens. Ruckartig dreht sich das Weibchen kurz darauf um und berührt mit dem Maul die Analgegend des Männchens. Dies wiederholt sich in der nächsten halben Stunde immer wieder.

Auf einmal stößt das Weibchen bis zu 15 gelbliche Eier aus, die knapp 2 mm groß sind. Es dreht sich daraufhin sofort um und beginnt, sie schnell einzusammeln. In der Zwischenzeit hat sich das Männchen mit der Genitalgegend den Eiern genähert, und es scheint, daß sie bei leichter Schräglage des Männchens befruchtet werden. Das Weibchen berührt beim Aufnehmen der Eier auch die Genitalgegend des Männchens. Inwieweit dies zum Ausstoßen weiteren Spermas beiträgt, ist bisher nicht eindeutig geklärt. Fest steht, daß das Männchen bereits beim Überschwimmen der Eier zittert. Das ist eigentlich ein Zeichen dafür, daß Sperma abgegeben wird, ehe das Weibchen die Genitalgegend des Männchens berührt.

Es folgt eine Eiablage und Befruchtung nach der anderen. Insgesamt werden so bis zu 100 Eier abgegeben. Der etwas durchsichtige Kehlsack des Weibchens ist dann prall gefüllt mit den Eiern, die durch Kaubewegungen immer wieder umgeschichtet werden. Das Weibchen wird nun aber vom Männchen weiter bedrängt, vor allem in zu kleinen Becken mit wenig Versteckmöglichkeiten. Man sollte daher nach Abschluß des Laichens das Männchen aus dem Becken entfernen oder auf jeden Fall mit einer Trennscheibe (eventuell aus Kunstglas) vom Weibchen trennen.

Das Weibchen atmet jetzt schwer und schichtet die Eier in bestimmten Abständen durch Kaubewegungen immer wieder um. Ungefähr 10 Tage nach dem Laichen entläßt es die Jungfische erstmals aus dem Maul. Sie sind ca. 6 mm groß und werden mit Artemia- oder Cyclops-Nauplien angefüttert. Dem Weibchen wird nun auch wieder Futter gegeben, und zwar nicht zu viele Daphnien.

Besser ist es, das Weibchen ungefähr 8 Tage nach dem Laichen in ein Aufzuchtbecken umzusetzen. Man kann dort den Mulm gut absaugen und auch Mikro füttern, das für die Jungfische sichtbar bleibt und nicht im Kies verschwindet. Bei Gefahr strömen auf ein Flossenzeichen des Weibchens die Jungfische sofort in das geöffnete Maul. Ungefähr 6 Tage nimmt das Weibchen die Jungfische noch ins Maul. In der Zwischenzeit sind sie so gewachsen, daß sie danach nicht mehr alle in den Kehlsack hineinpassen. Das Weibchen sollte nun bei passender Gelegenheit herausgefangen werden. Bei häufigem Wasserwechsel und ausreichender Fütterung, teilweise schon mit kleineren Cyclops, wachsen die Jungfische schnell heran und lassen sich bereits nach ungefähr 10 Wochen verkaufen.

Aus dem Malawi-See kommen zwei maulbrütende Zwergcichliden, die erst in den letzten Jahren beschrieben wurden. Es handelt sich dabei um *Melanochromis exasperatus* BURGESS, 1976 und *Melanochromis johannii* (ECCLES, 1973). Beide Arten werden nur 8 bis 10 cm groß und sind damit geeignet für ein mittelgroßes Aquarium, das aber mindestens einen Meter lang sein und möglichst viele Steinaufbauten aufweisen sollte. Diese Aufbauten werden bei der Einrichtung des Beckens immer zuerst aufgebaut, damit sie beim Buddeln der Tiere nicht einstürzen können. Wasserpflanzen sind nicht unbedingt erforderlich, doch kann man der besseren dekorativen Wirkung wegen einige Büschel *Bolbitis heudelotii* ins Becken bringen.

Haltung und Zucht dieser Fische können in einem Becken erfolgen. Man verwendet Leitungswasser, das fast immer geeignet ist. Eine Anhebung des pH-Wertes auf bis zu 8, wie es hin und wieder geschrieben wird, ist nicht erforderlich. Wichtig ist auch hier nur, daß so oft wie möglich ein Wasserwechsel erfolgt. Trotzdem hat es sich als günstig erwiesen, einen mechanischen Filter, d. h. einen Filter mit Perlonwatte mit ins Becken zu bringen. Er muß jedoch wenigstens wöchentlich ausgewaschen werden. Damit klären wir das Wasser und schaffen gleichzeitig eine geringe Wasserbewegung im Becken. Die Wassertemperatur sollte bei 25 °C liegen. Wie bei fast allen Melanochromis-Arten sind bei den beiden genannten Arten die Männchen anders gefärbt als die Weibchen. Männchen von *Melanochromis exasperatus* sind kräftig blau, Weibchen blaugrün. Bei *Melanochromis johannii* ist die Grundfärbung der Männchen blauschwarz und die der Weibchen goldgelb.

Gefüttert werden die Tiere mit allem üblichen Lebendfutter. Die Fütterung mit Enchyträen und Mückenlarven fördert die Laichbildung beim Weibchen. Laichvolle Weibchen erkennen wir an dem starken Bauchumfang.

Das Laichverhalten der Melanochromis-Arten ist dem der Pseudocrenilabrus-Arten sehr ähnlich. Das Männchen balzt vor dem Weibchen, indem es vor ihm ruckartig mit gespreizten Flossen hin und her schwimmt. Außerdem wird mit recht kräftigen Flossenschlägen ein Wasserschwall erzeugt, der das Weibchen hin und her reißt. Ab und zu stellt sich das Männchen mit gekrümmtem Körper vor dem Weibchen auf und beginnt, am ganzen Körper zu zittern. Nach einiger Zeit folgt das Führungsschwimmen. Ist ein Weibchen nicht laichbereit, reagiert es auf die Balz des Männchens nicht. Dies ist jedoch Anlaß für das Männchen, es mit Rammstößen zu verjagen.

Laichbereite Tiere umkreisen sich. Dabei wird meist in feinkörnigem Kies eine Grube hergestellt. Nach einiger Zeit preßt das Weibchen während der Umkreisung die Bauchgegend auf den Bodengrund und legt die ersten Eier ab. Sogleich überschwimmt das Männchen die Eier und befruchtet sie. Obwohl verschiedentlich Fotodokumente veröffentlicht wurden, die diesen Ablauf genau zeigen (Männchen über den Eiern, bevor das Weibchen sie einsammelt), wird immer wieder davon gesprochen, daß die Besamung der Eier erst im Maul erfolge. Daß dies dort auch noch geschehen kann, möchte ich nicht bestreiten. Es erfolgt dort aber nicht ausschließlich.

Die Eiflecken in der Afterflosse vieler Männchen (auch verschiedener Weibchen) scheinen auf alle Fälle noch eine bestimmte Rolle beim Laichverhalten zu spielen, ein eindeutiger Beweis dafür liegt aber nicht vor. Nachdem das Männchen die Eier überschwommen und besamt hat, nimmt das Weibchen sie sofort mit dem Maul auf. Dies wiederholt sich solange, bis alle Eier abgegeben, besamt und sich im Maul des Weibchens befinden. Es können bis zu 50 Eier sein. Im allgemeinen sind es zwischen 20 und 30 Eier. Die Jungfische entläßt das Weibchen erst nach mindestens 18 Tagen aus dem Maul. Sie sind bereits ungefähr einen Zentimeter groß und fressen gleich kleine Cyclops.

Am besten ist es, wenn man das Weibchen ungefähr 2 Tage, nachdem es abgelaicht hat, in ein anderes Becken überführt, in dem es allein ist. Auf keinen Fall sollte man dazu ein Netz verwenden, denn oft kommt es vor, daß die Weibchen die Eier darin ausspucken. Man nimmt daher für das Umsetzen eine durchsichtige Plastikdose.

Großcichliden

In dieser Gruppe faßt man gewöhnlich alle Cichliden zusammen, die größer als 10 cm werden. Zu den größten in Aquarien gepflegten Exemplaren gehört *Astronotus ocellatus* mit einer Länge bis zu 30 cm. Sie sind daher nur für sehr große Aquarien geeignet. Wie bei den Zwergcichliden kann auch hier wieder nach Höhlen-, Offen- und

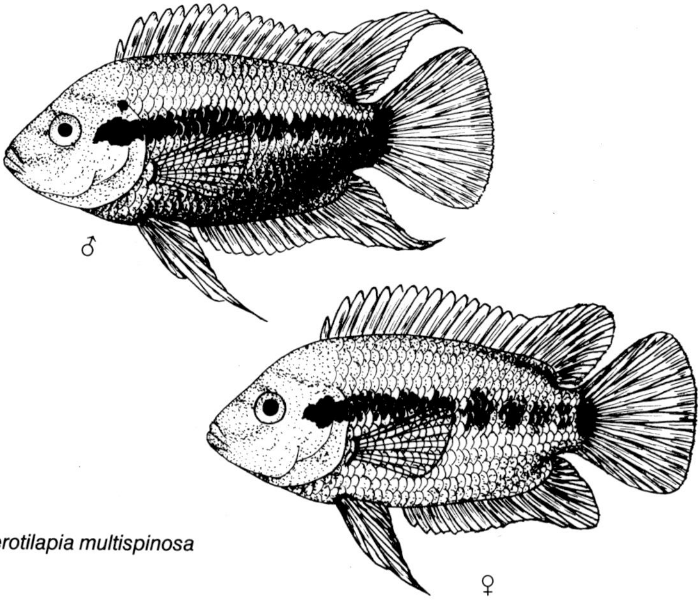

Herotilapia multispinosa

Maulbrütern unterschieden werden. Mit dem Überschreiten der Größe von ca. 10 cm nimmt die Anzahl der Höhlenbrüter ab und die der Maulbrüter zu.

Höhlenbrüter

Bei den Großcichliden finden wir Höhlenbrüter hauptsächlich in Afrika. zu ihnen gehören u. a. die Arten der Gattungen

Crenicichla (Südamerika)
Steatocranus
Teleogramma

Besonders bekannt ist *Steatocranus casuarius* POLL, 1939 geworden. Dieser „Buckelkopfcichlide" fällt durch den großen Buckel auf der Stirn vor allem älterer Männchen auf.

Er wird bis zu 15 cm groß und stammt aus dem Gebiet der Stromschnellen des unteren Kongo, wo die Fische in Ufernähe an ruhigeren Stellen zu finden sind. Diesem Biotop haben sie sich ganz angepaßt und leben fast ausschließlich auf dem Bodengrund. Frei schwimmen sie äußerst selten und nur, wenn sie dazu gezwungen sind. Entsprechend der Größe und dem doch etwas größeren Sauerstoffbedarf sollte man für die Haltung und Zucht dieser Tiere nicht zu kleine Becken verwenden. Obwohl sie auch in Gesellschaftsbecken gepflegt werden können, ist ein Artenbecken doch angebrachter. Wenn man die Fische im Gesellschaftsbecken hält, sollte man auf jeden Fall darauf achten, daß keine kleineren Fische, zum Beispiel Salmler, mit im Becken schwimmen. Sie könnten leicht als Futter betrachtet werden. Aber auch gegen andere Fische können sie sich aggressiv verhalten, besonders wenn sie gelaicht haben.

Die Haltung ist unproblematisch. Das Aquarium sollte ungefähr 1 m lang sein und braucht dafür lediglich 25 cm hoch und ebenso tief zu sein. Als Bodengrund verwendet man Kies mittlerer Körnung. Der Hintergrund wird mit verschiedenen Echinodorus-Arten bepflanzt. Im Vordergrund kann man aus flachen Steinen eine Höhle errichten oder einen Blumentopf umgekehrt hinstellen, der nicht so klein sein darf. Vorher muß man aus dem Boden ein Loch von ca. 4 cm Durchmesser und am oberen Rand ebenfalls ein größeres Stück herausbrechen, damit die Tiere ungehindert hinein- und herauskommen können. Recht possierlich sieht es aus, wenn ein altes Männchen mit großem Buckel aus dem Blumentopf herausschaut.

Eine Nachzucht erfolgt im Hälterungsbecken. Fast jedes Leitungswasser eignet sich zur Zucht. Gefüttert wird mit Daphnien, Mückenlarven, Tubifex und Enchyträen. Die Fische sollen auch Trockenfutter fressen.

Die Unterscheidung der Geschlechter ist oft nur bei älteren Exemplaren gut möglich. Bei jüngeren Tieren ist es schwerer, sie auseinanderzuhalten. Wie schon erwähnt, haben ältere Männchen einen ausgeprägten Buckel auf der Stirn, der bei den meist um einige Zentimeter kleineren Weibchen nur andeutungsweise vorhanden ist. Besonders in der Zeit, wenn es Laich angesetzt hat, ist das Weibchen auch an der gewölbten Bauchpartie gut zu erkennen. Es wirkt etwas gedrungen. Männchen sind insgesamt schlanker.

Dem Laichen der Tiere geht fast immer ein emsiges Buddeln beider Tiere im Kies voraus. Dabei wird hauptsächlich das Höhleninnere völlig vom Kies befreit. Jetzt ist das Weibchen fast nur noch in der Höhle und putzt die spätere Laichstelle an der Höhlendecke oder

Wandung. Danach werden die Eier meist spät am Abend oder in der Nacht an dieser Stelle angeheftet und vom Männchen befruchtet.

Nach dem Laichen verläßt das Männchen die Höhle und bewacht die nähere Umgebung. Das Weibchen befächelt in der Höhle die Eier, aus denen verhältnismäßig früh, nach knapp 30 Stunden, bereits die Larven schlüpfen. Die gelblichen Eier sind mit ca. 2,7 mm sehr groß. Die Larven tragen nach dem Schlüpfen einen großen Dottersack, der erst innerhalb der folgenden 14 Tage abgebaut wird.

Wenn die Jungfische frei schwimmen, brauchte man eigentlich für die Jungfische kein Extrafutter ins Becken zu geben. Die Elterntiere nehmen größeres Futter, vor allem gern Tubifex, und zerkauen es, um es dann vor die Jungfische zu spucken. Es hat sich jedoch gezeigt, daß Jungfische, falls sie mit den allen Aquarianern bekannten Cyclops- oder Artemia-Nauplien gefüttert werden, besser wachsen.

Es wäre besser, die Jungfische abzusaugen und in einem Aufzuchtbecken ohne Elterntiere aufzuziehen. Das ist aber sehr schwer, weil die Elterntiere es immer wieder verhindern. Man schafft es schon, doch ist der Zeitaufwand zu groß. Die Jungfische bleiben bei den Eltern, bis sie etwas größer sind und sich mit dem Netz leichter herausfangen lassen.

Öfterer Wasserwechsel ist in einem eingerichteten Becken mit Jungfischen (es sind bei dieser Art zwar nur bis 100 Stück) unbedingt erforderlich. Um soviel wie möglich von dem Mulm mit absaugen zu können, wende ich folgende Methode an: Ich schließe, nachdem ein Drittel des Wassers abgesaugt ist, einen Schlauch an die Wasserleitung (über einen Boiler selbstverständlich) und lasse wieder Wasser zu. Dabei halte ich den Schlauch immer wieder an einer anderen Stelle in den Bodengrund. Der Mulm wird aufgewirbelt und beim gleich darauffolgenden Absaugen mit entfernt.

Offenbrüter

Zu dieser Gruppe zählen u. a. folgende Gattungen:

Acarichthys	*Astronotus*
Acaronia	*Aulonocara*
Aequidens	*Biotodoma*

Cichlasoma
Etroplus
Hemichromis
Herotilapia
Neetroplus
Paretroplus
Pterophyllum
Ptychochromoides
Symphysodon
Tilapia
Uaru

Die größte Artenzahl hat die Gattung *Cichlasoma.* Daher sollen die Offenbrüter unter den Großcichliden an einem Vertreter dieser Gattung beschrieben werden. *Cichlasoma meeki* (BRIND, 1918) ist einer der bekanntesten Großcichliden, der wegen seiner ansprechenden Färbung auch heute noch oft in den Aquarien anzutreffen ist. Unterkiefer und Brust dieser Fische, besonders der Männchen sind rot. Bläht das Männchen bei der Brutpflege den Boden des Maules und die Kiemendeckel, haben wir – von vorn gesehen – eine Maske mit viel Rot vor uns, die auf jeden Gegner abschreckend wirken muß. Diese rote Färbung der unteren Maulpartie gab den Fischen den Namen Feuermaulbuntbarsch.

Hauptsächlich kommen diese Fische in Mittelamerika vor. Mit 15 cm können sie eine ganz beachtliche Größe erreichen, im Aquarium bleiben sie oft kleiner. Trotzdem sind zu kleine Aquarien für diese Tiere nicht das Richtige. Wie bei den meisten großen Cichliden ist eine paarweise Haltung auch bei ihnen angebracht. Eigentlich sollte man bei diesen „Raufbolden", wie man die Großcichliden gern nennt, von einer Bepflanzung absehen. Wenn man aber robuste Pflanzen verwendet und sie gut mit Steinen umgibt, werden sie auch von einem großen Cichliden kaum ausgebuddelt. Ausnahmen bestätigen die Regel – *Cichlasoma meeki* gehört nicht dazu. Nach meinen Beobachtungen kümmern sie sich kaum um Pflanzen, vorausgesetzt, daß man den Fischen im Vordergrund des Beckens genügend Schwimmraum und möglichst eine geeignete Versteckmöglichkeit schafft.

An die Wasserhärte stellen die Feuermaulbuntbarsche keine besonderen Forderungen. Fast jedes Leitungswasser ist zu verwenden. Die Wassertemperatur kann zwischen 23 und 26 °C liegen. Sie vertragen auch Temperaturen außerhalb dieser Grenzen, doch hat sich eine Haltung unter den angegebenen Temperaturen bewährt. Gefüttert werden die Tiere mit jedem üblichen Lebendfutter. Größere Brocken werden bevorzugt. Daphnien, Mückenlarven und Tubifex sollten auf jeden Fall dazugehören.

Als Laichsubstrat legen wir am besten einen größeren flachen Stein ins Becken. Damit man die Tiere beim Laichen gut beobachten kann, wird er im Vordergrund des Beckens postiert. Vorteilhaft ist es, hinter dem liegenden Stein noch einen Stein stehend aufzustellen – selbstverständlich so fest eingebaut, daß er durch eventuelles Buddeln nicht umfallen kann. Die Tiere fühlen sich durch diese „Schutzwand" etwas sicherer und laichen teilweise sogar daran ab.

Geschlechtsunterschiede sind gut zu erkennen. Die im allgemeinen größeren Männchen haben großflächigere sowie spitzausgezogene Flossen und sind insgesamt schlanker gebaut. Weibchen mit Laichansatz erkennt man an der stärkeren Bauchpartie. Das Männchen sieht man nun öfter mit gespreizten Flossen und etwas geblähter Kehle vor dem Weibchen balzen. Dabei vollführt es mit dem ganzen Körper wedelnde Bewegungen. Anfangs putzt das Weibchen nur hin und wieder, später intensiver die künftige Laichstelle. Deutlich tritt nun die Legeröhre heraus. Nach einigen Probegleiten an der Laichstelle werden die ersten Eier abgelegt. Schwimmt das Weibchen beiseite, nähert sich das Männchen den abgelegten Eiern und befruchtet sie. Die Tiere wechseln sich immer wieder ab, bis das Gelege vollständig ist. Das Männchen gleitet noch einige Male über den Laich und verschwindet dann aus der näheren Umgebung des Geleges. Es bewacht die weitere Umgebung, während das Weibchen eifrig das Gelege befächelt.

Bei einem Ansatz legt das Weibchen ungefähr 300 bis 500 Eier. Die Larven schlüpfen nach ca. 4 Tagen und werden von den Eltern in vorbereitete Gruben gebracht. Das Weibchen betreut die Larven mit dem großen Dottersack weitere 5-6 Tage. In dieser Zeit wird der Dottersack langsam abgebaut, und die Jungfische schwimmen dann frei. Sie werden von beiden Elterntiere aufopferungsvoll betreut. Jeder Eindringling in das Revier wird energisch verjagt.

Jungfische werden mit Cyclops- oder Artemia-Nauplien angefüttert. Um das Zuchtbecken durch die Fütterung der Jungfische nicht zu sehr zu verschmutzen, ist es besser, die Jungfische mit einem Schlauch abzusaugen. Das ist einfach, wenn die Jungfische vom Weibchen abends in die Grube gebracht worden sind. Dort lassen sie sich auch dann mühelos absaugen, wenn die Elterntiere den Schlauch attackieren. Im gesonderten Aufzuchtbecken, das anfangs nicht so groß zu sein braucht, lassen sich Jungfische besser aufziehen.

Cichlasoma meeki – Männchen mit Warnmaske

Nicht unerwähnt sollen bei den Offenbrütern zwei Gattungen bleiben, deren Vertreter ihr Gelege an Wasserpflanzenblättern oder schrägstehenden Wurzeln ablegen. Es handelt sich um die Gattungen *Pterophyllum* und *Symphysodon.*

Es gibt sehr wenige Aquarianer, die nicht schon einmal *Pterophyllum scalare* (LICHTENSTEIN, 1823) gehalten haben. Im Laufe der letzten 20 Jahre hat man vom Skalar oder Segelflosser eine Vielzahl von Mutanten und Farbvarianten aufziehen können, so daß fast für jeden Geschmack etwas dabei ist. Besonders auffallend sind immer wieder die Schleierformen, die die Wildform fast vollständig verdrängt haben.

Der Skalar stammt aus dem Amazonas-Stromgebiet und ist hier im verhältnismäßig mineralarmen und weichen Wasser anzutreffen. Die Haltung im Aquarium ist jedoch wie die vieler anderer Zierfische unproblematisch. Wichtig ist nur, daß wir ihm ein entsprechendes Becken anbieten. Wegen der großen Höhe dieser Fische, die mit 20 cm noch nicht einmal das Maximum darstellt, muß das Aquarium eine Höhe von mindestens 40 cm haben. Bei guter Bepflanzung im Hintergrund muß auch ein genügend großer freier Schwimmraum im Vordergrund vorhanden sein. An die Wasserbeschaffenheit in bezug auf Härte wird keine besondere Anforderung gestellt. Die Wassertemperatur kann zwischen 25 und 28 °C liegen. Die Tiere können im Gesellschaftsbecken gehalten werden.

Wenn man sie nachziehen will, sollten jedoch nicht zu viele andere Fische mit in diesem Becken sein. Skalare laichen gern an großen Echinodorus-Blättern ab. Sie werden vor dem Laichen oft so geputzt, daß das Blatt fast zerstört wird. Daher liegt man am besten einen ca. 5 cm breiten und 30 cm langen grünen PVC-Streifen schräg ins Becken. Auf diesem Streifen werden die Skalare bestimmt ablaichen.

Geschlechtsunterschiede sind bei Skalaren sehr schwierig zu erkennen. Völlige Klarheit darüber, ob man Männchen oder Weibchen vor sich hat, erlangt man eigentlich erst, wenn die Tiere ablaichen. Dann kann man natürlich sehen, wer die Eier ablegt und wer befruchtet. Beim genauen Betrachten findet man jetzt sicher bestimmte Merkmale, so daß man sie auseinanderhalten kann. Bei älteren Männchen ist oft ein deutlicher Buckel auf der Stirn wahrnehmbar. Damit wirken sie bullig.

Falls man in einem großen Becken 6 und mehr Tiere selbst großgezogen hat, wird man, sobald die Fische laichreif sind, bemerken, daß sich ein Paar oder mehrere Paare etwas abseits halten und überall gemeinsam hinschwimmen. Paare, die sich auf diese Weise gefunden haben, bieten oft die Gewähr dafür, daß sie später das Gelege und die Jungfische gut pflegen. Es ist besser, nicht mehr als zwei Paare in einem Becken zu belassen, selbst wenn es recht groß ist. Sonst kommt es oft zu Streitereien unter den Fischen.

Ein laichwilliges Paar sucht im ganzen Becken nach einem geeigneten Laichplatz. Dazu werden alle eventuell in Frage kommenden Blätter „angeputzt". Man kann immer wieder nur staunen, mit welcher Sicherheit zuletzt doch das falsche Blatt aus PVC als Laichplatz gewählt wird. Hier wird nun unablässig geputzt. Mal putzt das Weibchen, mal das Männchen und zuletzt, kurz vor dem Laichen, putzen beide meist gemeinsam. Bei beiden Tieren treten nun Legeröhre und Genitalpapille deutlich hervor. Wir bemerken wieder einen Geschlechtsunterschied, der sonst nicht zu erkennen ist. Die Legeröhre des Weibchens ist stärker und verjüngt sich zum Ende zu nur unwesentlich, während die Genitalpapille des Männchens etwas dünner ist und zum Ende hin konisch (kegelförmig) verläuft.

Während der Endphase des Putzens streicht das Weibchen in immer kürzer werdenden Abständen mit der Legeröhre über die geputzte Stelle. Andere Fische werden ganz energisch aus der Umgebung des Laichreviers ferngehalten, hauptsächlich vom Männchen. Nach meinen Erfahrungen bringen andere Fische im Becken die Gefahr mit sich, daß das Männchen sich auch während des Laichens mehr mit den neugierigen anderen Fischen als mit dem Laich beschäftigt. Dadurch kommt es unter solchen Umständen oft dazu, daß ein Teil des Laiches nicht befruchtet wird. Aus diesem Grunde verwende ich eine ca. 2 mm starke PVC-Platte, in die ich eine größere Anzahl Löcher mit einem Durchmesser von 3-5 mm gebohrt habe (Wasserumwälzung über eine Kreisel-Filterpumpe), als Trennscheibe. So werden die anderen Fische nicht mehr visuell vom Männchen wahrgenommen, und es kann sich besser auf das Befruchten der abgelegten Eier konzentrieren.

Das Weibchen heftet die fast durchsichtigen, oft bernsteinfarbenen Eier in Schnüren auf das Blatt. Im Anschluß daran streicht das Männchen mit der Genitalpapille über die Eier und befruchtet sie. Das Ablaichen zieht sich ungefähr eineinhalb Stunden hin. 1000 Eier

Aequidens portalegrensis

1 Tiere putzen den Laichplatz.
2 Weibchen legt die Eier auf dem geputzten Stein ab.
3 Männchen befruchtet die Eier.
4 Gelege in Großaufnahme.
5 Das Paar führt die Jungfische.

1

2

3

4

5

können von einem großen Paar ohne weiteres abgegeben werden. Im allgemeinen sind es jedoch um 500 Eier. Nach ungefähr zweieinhalb Tagen schlüpfen die Larven, besser gesagt, sie werden aus den Eiern „gepellt" und an einem anderen Blatt oder neben dem Gelege angeheftet. Die Larven tragen nämlich am Kopf einen Schleimfaden, mit dem sie an der Unterlage haftenbleiben.

Wie eine Traube hängen nach dem Schlüpfen die Larven, die jetzt noch einen großen Dottersack besitzen, an dem Blatt. Beide Elterntiere befächeln nun abwechselnd die Larven. Fallen sie einmal vom Blatt, werden sie von den Elterntieren aufgelesen und wieder angeheftet. Ungefähr 5 Tage nach dem Schlüpfen der Larven haben sie den Dottersack aufgezehrt und sind zu schwimmfähigen Jungfischen geworden. Von den Eltern werden sie nun im Becken herumgeführt. Mit Cyclops- oder Artemia-Nauplien füttert man sie an.

Auch bei Skalaren kommt es oft dazu, daß ein Gelege aufgefressen wird. Wer also unbedingt Jungfische haben möchte, stellt ein 10-Liter-Becken mit entsprechend temperiertem Leitungswasser bereit, wenn die Elterntiere Laichvorbereitungen treffen. In dem Becken sollte sich nur ein feinperliger Ausströmer befinden, der so eingestellt werden muß, daß er in dem Becken eine gute Wasserströmung erzeugt. Ungefähr 24 Stunden nach dem Laichen überführt man das PVC-Blatt mit dem Gelege in dieses Becken. Bewährt hat es sich, das Becken abzudunkeln, eventuell mit Zeitungspapier.

Beginnen die Jungfische zu schlüpfen, unterstützt man das Schlüpfen durch wiederholtes kräftiges Wedeln des „Blattes" im Wasser. Wenn während der Entwicklung von der Larve zum Jungfisch einige Larven weiß werden, sind sie abgestorben; man entfernt sie sofort. Die weitere Aufzucht erfolgt, wie es bereits beschrieben wurde.

So einfach wie die Zucht der Skalare ist die Zucht der etwas großen und sehr ansprechenden Diskusfische nicht. Inwieweit die Aufstellung der beiden Arten *Symphysodon aequifasciata* und *S. discus* HECKEL, 1840 gerechtfertigt ist, soll hier nicht behandelt werden. Meiner Auffassung nach gibt es nur eine Art, nämlich *S. discus.* Alle anderen Tiere sind eventuell Unterarten, oder Farbvarianten dieser einen Art.

Die Haltung aller Formen ist unproblematisch, wenn unbelastetes Wasser verwendet wird; d. h. soviel Wasserwechsel wie möglich.

Vor allem bei diesen Fischen wäre ein Wasserdurchlauf das Gegebene. Das sollte man sich vor Anschaffung von Diskus-Fischen immer vor Augen halten.

Auch bei der Einrichtung eines Diskus-Beckens sollte man einige Dinge etwas mehr beachten. Wir gehen davon aus, daß wir den Tieren viel Wurmfutter geben. Daher wird nur eine ganz dünne Sandschicht (sehr feinkörniger Kies) von höchstens 1 cm als Bodengrund eingebracht. Die Tiere können die Würmer gut mit ihrem arttypischen „Sandblasen" freilegen und verspeisen. Außerdem wird dabei eventuell vorhandener Mulm aufgewirbelt und durch einen starken Filter abgesaugt, der ebenfalls vorhanden sein sollte (sehr oft reinigen!!!).

Wasserpflanzen, am besten größere Echinodorus, werden in Blumentöpfen oder entsprechenden Schalen ins Becken gebracht. Mit größeren flachen Steinen kann man die Töpfe verdecken. Dann sieht ein Diskus-Becken doch noch recht dekorativ aus. Da die Fische mit 20 cm recht groß werden, ist vor allem eine Überbesetzung des Bekkens nicht ratsam. Wenn Wasser durchläuft, ist das nicht so schlimm.

Falls man eines Tages züchten will, sollte man sich mindestens 6 Jungtiere kaufen. Die Geschlechter zu erkennen, ist kaum möglich. Man muß bei diesen Fischen warten, bis sich zwei Tiere gefunden haben und sich von den anderen etwas absondern. Dies tun sie auf jeden Fall, wie wir es bei Skalaren auch beobachten können.

Zur Zucht müssen wir den Fischen ein mineralarmes und weiches Wasser bieten. In einem Wasser mit einem Leitwert von höchstens 200 Mikro-Siemens (µS), einer Gesamthärte von ungefähr 4° dH und einem pH-Wert um 6 können wir unbedingt damit rechnen, daß die Tiere laichen und ein fast vollständig befruchtetes Gelege auf die Unterlage heften.

Da wir bei Zuchtversuchen noch mehr als bei der Haltung auf möglichst frisches Wasser Wert legen müssen, ist ein kleineres Zuchtbecken (wegen des Wasserverbrauchs) angebracht. Am besten eignet sich ein geklebtes Becken mit etwa 80 X 40 X 40 cm. Auf einen Bodengrund verzichten wir ebenso wie auf Wasserpflanzen. Die Wassertemperatur sollte um 28 °C liegen. Als Laichsubstrat hat sich eine kegelförmige Grabvase bewährt, die man mit der Spitze nach oben in das Becken stellt.

Gefüttert wird jetzt reichlich und abwechslungsreich. Gut gewässerte Tubifex, Enchyträen, vor allem schwarze Mückenlarven und kleine Garnelen, die tiefgefroren hin und wieder angeboten werden.

Vor dem Laichen wird vom Weibchen und vom Männchen die spätere Laichstelle intensiv geputzt. Die Legeröhre des Weibchens und die Genitalpapille des Männchens treten nun heraus. Wie schon bei den Skalaren beschrieben, sehen wir deutlich die Unterschiede. Beim Weibchen die breite längliche Legeröhre und beim Männchen die kegelförmige Genitalpapille. Jetzt wisssen wir es und merken uns einige andere markante Kennzeichen, um die Tiere später ebenfalls unterscheiden zu können. Die Fische werden nun etwas dunkler. Gegenseitig balzen sie sich durch „Körperrütteln" an. Immer intensiver wird geputzt und das Weibchen gleitet häufiger über die geputzte Stelle. Auf einmal, meist in den Abendstunden, werden die ersten Eier in einer Schnur auf der geputzten Stelle abgelegt. Das Weibchen schwimmt nun etwas beiseite und das Männchen schwimmt auf den Laich zu. Interessant ist, daß das Männchen immer zuerst mit dem Maul an die Eier stößt, dann langsam über die Kehle abgleitet, nach oben über die Eier gleitet und sie befruchtet.

Im Verlauf der kommenden Stunde werden bis zu 400 Eier abgelegt (im allgemeinen sind 200 Eier ein gutes Ergebnis). Anschließend wechseln sich die Partner beim Pflegen des Geleges ab. Mit den Brustflossen wird fortwährend Frischwasser an das Gelege gewedelt. Hin und wieder werden einige Eier „abgelutscht" und auf diese Weise von sich anhaftenden Mikroorganismen befreit.

Oft wird darüber geklagt, daß Elterntiere oder nur ein Partner die Eier auffressen. Obwohl sich mit reichlicher Fütterung die „Freßlust" mindern ließe, bin ich der Meinung, daß die Wasserbeschaffenheit wohl doch der entscheidende Faktor ist. Nach meinen Beobachtungen wurden nämlich meist dann Gelege gefressen, wenn viele Eier weiß wurden und sich die Eier beim „Lutschen" leicht von der Unterlage lösten. Beides nimmt mit zunehmender Verringerung des Mineralgehaltes und der Härte des Wassers ab. Auch der fast ständige Wasseraustausch in dieser Zeit bringt bessere Ergebnisse.

Wasser sollte in der Brutpflegezeit, auch wenn die Tiere an Störungen gewöhnt sind, möglichst ohne große Störung der Tiere gewechselt werden. Dazu bringt man auf der einen Seite des Beckens ein 10-Millimeter-Überlaufrohr mit Saugkorb an, das im Becken bis dicht über den Beckenboden reichen und außerhalb des Beckens einen Ablaufschlauch haben sollte, der etwas länger sein kann. Man braucht nun nur einmal anzusaugen und dann das Schlauchende mit einem Drahthaken über der Wasserstandshöhe des Beckens zu befestigen. Will man es besonders gut machen, hat man über dem Zuchtbecken ein größeres Vorratsbecken mit Frischwasser angebracht, das entsprechend aufbereitet und temperiert ist. Auch in diesem Becken installiert man ein Überlaufrohr mit dem Schlauch.

Wenn man nun Wasser wechseln will, legt man den Schlauch des Zuchtbeckens in einen Eimer oder gleich in den Abfluß der Badewanne und danach den Schlauch des Vorratsbehälters in das Zuchtbecken. Dabei hat es sich bewährt, in das Zuchtbecken eine Plastikdose zu hängen und zwar so, daß sich die Oberkante der Dose ungefähr 5 cm unter der Wasseroberfläche befindet. In diese Dose wird das Schlauchende mit dem austretenden Wasser gelegt. Auf diese Weise verteilt sich das Frischwasser an der Oberfläche, während das Altwasser am Boden des Beckens abgesaugt wird.

Die Larven werden von den Elterntieren nach ungefähr 60 Stunden aus den Eiern „gepellt" und an einer anderen Stelle der Tonvase angeheftet. Alle Larven haben am Kopf einen klebrigen Schleimfaden, der sie am Untergrund festhaften läßt. Dieser Schleimfaden wird von drei Paar Drüsen am Kopf der Larve erzeugt.

Drei bis vier Tage nach dem Schlüpfen der Larven beginnen die Jungfische, frei zu schwimmen. Sie steuern meist zuerst den Körper der Elterntiere an, der jetzt mit einem Sekret bedeckt ist, den die Jungfische abweiden. Das Sekret ist für die Jungfische lebensnotwendig. Verschiedenen Züchtern ist es zwar bereits gelungen, mit einem besonderen, künstlich hergestellten Futter die Jungfische ohne ihre Eltern aufzuziehen, aber aus kommerziellen Gründen veröffentlichen sie die Zusammensetzung des Futters selbstverständlich nicht. Bei dieser Art der Aufzucht ist das Fressen der Eier oder der Larven ausgeschlossen.

Jungfische nehmen ungefähr nach einer Woche neben dem Sekret der Elterntiere auch Nauplien als Zusatzfutter. Interessant ist es zu beobachten, wie sich die Elterntiere bei der Fütterung mit dem Sekret abwechseln. Ist ein Tier fast abgeweidet, schwimmt der andere Fisch parallel zum Partner. Er oder die Partnerin schwimmt dann auf einmal ruckartig davon, so daß die Jungfische während eines Augenblickes nach dem Elterntier suchen. In dieser Zeit schwimmt das andere Tier in den Schwarm, und schon hängen alle Jungfische an dem neuen Körper und weiden ihn ab.

Um nach einer Woche mit der Zusatzfütterung beginnen zu können, müssen wir das Wasser wieder etwas mineralreicher machen. Jetzt wird beim Wasserwechsel nicht das vorbereitete Zuchtwasser zugegeben, sondern Leitungswasser. Wenn wir das öfter gemacht haben, können wir problemlos Artemia- oder Cyclops-Nauplien beifüttern. Weder Elterntieren noch Jungfischen schadet die Veränderung des Wassers. Beim Wasserwechsel muß man auch etwas auf den Mulm achten und ihn öfter absaugen.

Nach drei bis vier Wochen kann man die Jungfische aus dem Zuchtbecken fangen und in einem gesonderten Becken weiter aufziehen. Beim folgenden Wasserwechsel im Zuchtbecken wird nun wieder Zuchtwasser zugegeben, und nach einigen Tagen können die Elterntiere erneut laichen.

Wer Diskusfische nachziehen möchte, sollte sich unbedingt eine Vollentsalzungsanlage zulegen, um den großen Bedarf an Zuchtwasser auch immer problemlos zur Verfügung zu haben. Selbstverständlich sind Zuchterfolge auch unter etwas ungünstigeren Bedingungen als hier beschrieben gelungen, aber es sollen – wie anfangs bemerkt – so viele der ungünstigen Faktoren wie möglich ausgeschaltet werden, um ein gutes Ergebnis zu erzielen.

Maulbrüter

Die meisten Maulbrüter sind in Afrika anzutreffen. Die südamerikanischen Arten unterscheiden sich bei der Brutpflege etwas von den in Afrika beheimateten Arten. Zu beiden Gruppen gehören u. a. folgende Gattungen:

Aulonocara
Chromidotilapia
Cyathochromis
Cynotilapia
Cyphotilapia
Geophagus
Gymnogeophagus
Haplochromis
Labeotropheus
Labidochromis
Melanochromis
Pseudotropheus
Sarotherodon
Tropheus

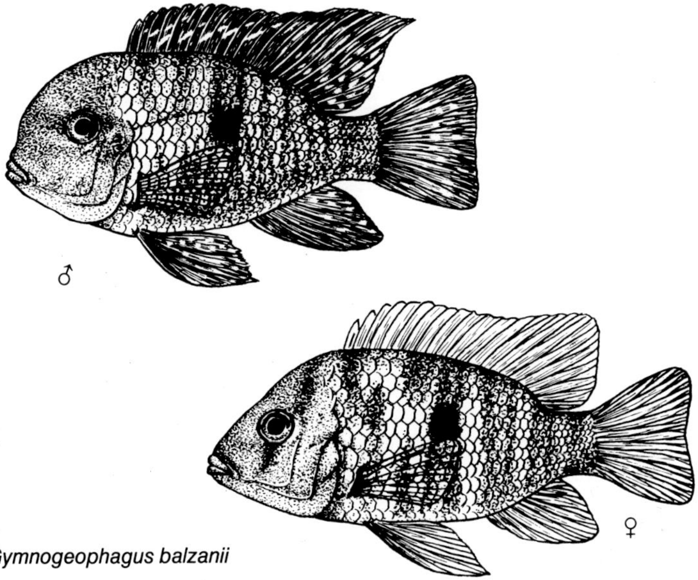

Gymnogeophagus balzanii

Für die Beschreibung der Nachzucht südamerikanischer Arten habe ich *Gymnogeophagus balzanii* (PERUGIA, 1891) ausgesucht. Diese Art stammt aus dem Flußgebiet des Rio Paraná. Sie soll bis zu 20 cm groß werden, im Aquarium erreichen die Tiere meist nicht mehr als 15 cm. Haltung und Zucht dieser Fische ist auch im Gesellschaftsbecken möglich, zumal sie gegenüber anderen Fischen recht friedlich sind. An das Wasser werden ebenfalls keine besonderen Anforderungen gestellt. Die Wassertemperatur sollte um 24 °C liegen.

Bei guter Bepflanzung des Hintergrundes ist es angebracht, im Vordergrund des Beckens viel freien Schwimmraum zu lassen und dort am Bodengrund einen größeren flachen Stein zu postieren. Darauf werden die Fische ablaichen.

Geschlechtsunterschiede sind bei dieser Art gut zu erkennen. Das Männchen mit einer bulligen Stirn ist insgesamt schöner gefärbt und hat auch großflächigere Flossen, die geringfügig spitzer auslaufen als die des unscheinbaren Weibchens. Die Kopfform des Weibchens ist spitzer als beim Männchen.

Eine besondere Eigenart dieser Fische wie auch der anderen Gymnogeophagus- und der Geophagus-Arten ist es, unablässig den

Bodengrund durchzukauen. Es ist deshalb angebracht, die eingesetzten Wasserpflanzen gut mit Steinen im Kies zu befestigen, damit sie nicht ausgebuddelt werden. Während Weibchen sich meist zwischen den Wasserpflanzen aufhalten, bevorzugen Männchen den pflanzenfreien Teil des Beckens. Füttern kann man die Fische mit allen üblichen Futterarten einschließlich Trockenfutter. Am liebsten fressen sie jedoch allem Anschein nach Tubifex.

Laichbereite Weibchen erkennt man gut an der stärkeren Bauchpartie und daran, daß sie sich nun mehr mit im Vordergrund des Bekkens aufhalten. Außerdem wird ein laichbereites Weibchen fortwährend vom Männchen angebalzt. Dabei spreizt das Männchen alle Flossen und macht mit dem ganzen Körper so stark wedelnde Bewegungen, daß die Partnerin mit ins Wanken gerät. Das Weibchen schwimmt dann gewöhnlich gemeinsam mit dem Männchen durchs Becken und sucht eine geeignete Laichstelle. Meist wird nun der im Vordergrund des Beckens liegende flache Stein ausgewählt und eifrig von beiden Tieren geputzt. Das kann bis zu zwei Tagen dauern. Dann laichen die Tiere auf dem Stein ab. Das Weibchen heftet einige Eier an und schwimmt etwas zur Seite. Sofort schwimmt nun das Männchen über die abgelegten Eier und befruchtet sie.

Insgesamt werden bis zu 300 Eier abgelegt. Sie sind fast durchsichtig und bernsteinfarben. Ihre Größe beträgt knapp 2 mm. Nach dem Laichen entfernt sich das Männchen aus der Umgebung des Geleges, das vom Weibchen weiter betreut wird. Mit den Brustflossen wedelt es frisches Wasser über das Gelege.

Nach anderthalb Tagen löst das Weibchen die Eier von der Unterlage und nimmt sie ins Maul. Durch kauende Bewegungen werden die Eier immer wieder umgeschichtet. Ungefähr 10 Tage nach dem Laichen entläßt das Weibchen die Jungfische aus dem Maul. Damit nicht so viele Jungfische von anderen Fischen gefressen werden, nimmt man das Weibchen bereits 5 Tage nach dem Laichen mit den Larven im Maul vorsichtig aus dem Becken und bringt sie in ein separates Becken, das keinen Bodengrund zu haben braucht. Angebracht ist es, einen größeren Stein in das Becken zu legen, hinter dem sich das Weibchen gern versteckt.

Werden die Jungfische aus dem Maul entlassen, füttert man sie mit Cyclops- und Artemia-Nauplien oder mit Mikro. Die kleinen Würmchen finden die Jungfische auf dem Glasboden besonders leicht, wenn man ihn von außen dunkel angestrichen hat oder das Becken auf einer dunklen Unterlage steht. Anfangs haben die Jungfische eine Größe von ungefähr 6 mm. Bei Gefahr schwimmen sie auf ein Flossenzeichen hin in das geöffnete Maul des Weibchens und werden erst wieder aus dem Maul entlassen, wenn es keine Gefahr mehr für die Brut sieht. Jungfische sollte man noch ca. eine Woche mit dem Weibchen zusammenlassen. Dann wird das Weibchen in das Zuchtbecken zurückgesetzt. Bis dahin ist das Weibchen mit Daphnien gut zu füttern, und der regelmäßige Wasserwechsel sollte nicht vergessen werden.

Das Laichverhalten der afrikanischen Maulbrüter gleicht sich fast immer. Sie sind vor allem im Seengebiet des ostafrikanischen Grabens beheimatet. Die farbenprächtigsten Arten findet man im Malawi-See, aus dem auch eine der Arten stammt, die als erste begeistert von allen Aquarianern gehalten und nachgezogen wurde. Es handelt sich um *Melanochromis auratus* (BOULENGER, 1897). Bekannter ist der Türkisgoldbuntbarsch unter dem ehemaligen Gattungsnamen *Pseudotropheus.* Die Tiere leben in den Felsenregionen des Malawi-Sees und weiden ständig die dort vorhandenen Algen ab. Mit einer Größe von ungefähr 12 cm sind sie für viele Aquarien noch gut geeignet, zumal sie durch ihre schlanke Form nicht so groß wirken.

Eine Unterscheidung der Geschlechter ist zumindest bei älteren Tieren sehr gut möglich, weil sich Männchen fast schwarz färben und eine helle Längsbinde zeigen, während Weibchen goldgelb sind und eine weiß umsäumte schwarze Längsbinde tragen.

Wer glaubt, ein Paar dieser Tiere allein in einem Becken halten zu können, wird bald eines Besseren belehrt. Die Männchen sind zumindest gegenüber Artgenossen – auch Weibchen – sehr zänkisch. Es hat sich bewährt, Malawi-Cichliden verschiedener Arten und Gattungen in einem größeren Becken zu halten und dieses Becken durch Steinaufbauten mit vielen Verstecken auszurüsten. Wasserpflanzen sind in dem Becken nicht unbedingt erforderlich.

Im allgemeinen kann man zur Haltung und Zucht dieser Tiere normales Leitungswasser benutzen, wenn es nicht zu mineralarm ist. Der oft angegebene hohe pH-Wert ist nicht erforderlich, er kann bei 7, die Wassertemperatur sollte bei 25 °C liegen.

Gefüttert wird mit jedem üblichen Lebendfutter und vor allem mit Trockenfutter, wenn es pflanzliche Bestandteile enthält. Besonders bewährt hat sich die Zufütterung mit Weizenkeimen. Da die Tiere insgesamt viel fressen, wird das Wasser stark belastet. Hier hilft wie immer nur ein häufiger Wasserwechsel, auch in verhältnismäßig großen Becken.

Unter den beschriebenen Haltungsbedingungen werden Weibchen bald Laich ansetzen und sich häufiger aus ihren Verstecken wagen. Hat ein Weibchen das Versteck verlassen, ist gewöhnlich sofort ein Männchen zur Stelle und beginnt, es mit gespreizten Flossen anzubalzen. Dies geschieht meist zuerst mit ruckartigem Hin- und Herschwimmen vor dem Weibchen. Dann folgt ein ruckartiges Wedeln, das so stark ist, daß die Partnerin regelrecht mit hin- und hergerissen wird.

Danach schwimmt das Männchen wieder vor das Weibchen und beginnt, mit dem Körper stark zu zittern. In diesem Stadium entscheidet das Weibchen meist, ob es auf das Werben eingehen will und dem Männchen zum Laichplatz folgen oder sich lieber nochmals zurückziehen soll. Letzteres erfolgt gewöhnlich dann, wenn das Weibchen noch nicht ganz laichbereit ist. Würde es dem Männchen in diesem Zustand folgen, kann es passieren, daß der erregte Partner nicht zum Laichen kommt und dann das Weibchen ziemlich unsanft behandelt, so daß es eventuell nie mehr laichen wird. In einem geräumigen Becken mit vielen Versteckmöglichkeiten geschieht das bestimmt nicht, aber aus kleinen Becken hat schon mancher Aquarianer ein totes Weibchen nehmen können.

Nach dem beschriebenen Vorspiel mit dem Männchen schwimmt das Weibchen erst zur Laichstelle, wenn es wirklich ablaichen will. Das Männchen schwimmt dabei immer voraus und auch hin und wieder zum Weibchen zurück, sobald es nicht zügig folgt. Dieses Verhalten wird als Führungsschwimmen bezeichnet. Am Laichplatz beginnen die Tiere, sich immer intensiver zu umkreisen. Aus diesem Umkreisen heraus fängt das Männchen an, mit dem Maul die Genitalgegend des Weibchens zu berühren. Das Weibchen antwortet mit dem gleichen Verhalten. Dabei drehen sich die Tiere mit angelegten Flossen immer weiter im Kreise. Dann stößt das Weibchen ein oder mehrere gelbliche Eier aus, knapp 4 mm groß. Diese Eier werden vom Weibchen aufgenommen.

Nach den meisten Autoren soll die Befruchtung der Eier erst im Maul der Weibchen erfolgen. Meine Beobachtungen und Aufnahmen zeigen jedoch, daß auch diese Eier gewöhnlich erst aufgenommen werden, wenn das Männchen darübergeglitten ist und sie wahrscheinlich befruchtet hat. Daß auch Sperma mitaufgenommen wird, ist nicht auszuschließen. Die Befruchtung erfolgt sicher schon vor der Aufnahme der Eier ins Maul des Weibchens. Völlige Klarheit könnten umfangreiche Experimente bringen.

Wenn bis zu 40 Eier abgegeben und aufgenommen wurden, schwimmt das Weibchen wieder in ein Versteck und bleibt dort gewöhnlich die nächste Zeit. Die Eier werden durch Kaubewegungen immer wieder umgeschichtet. Larven schlüpfen mit einem ungewöhnlich großen Dottersack ungefähr am 6. Tag. Sie sind jedoch erst ca. 20 Tage nach dem Laichen so weit entwickelt, daß sie aus dem Maul entlassen werden. Man sollte bereits mindestens 5 Tage vor diesem Zeitpunkt das Weibchen herausfangen und in ein anderes Becken bringen, in dem kein Bodengrund vorhanden ist. Nur eine Tonröhre legen wir dort hinein, in der sich das Weibchen gern weiterhin versteckt, obwohl es nach menschlichem Ermessen keinen Grund dafür gibt.

Entlassene Jungfische füttert man mit Nauplien oder Mikro. Für das Weibchen gibt man einige Daphnien mit in das Becken. Die weitere Aufzucht ist völlig problemlos. Das Weibchen wird nach einigen Tagen herausgefangen und in das große Becken zurückgesetzt. Jungfische sind anfangs ungefähr 12 mm groß und zeigen die gleiche Färbung wie die Weibchen. Bei guter Fütterung und häufigem Wasserwechsel wachsen sie schnell heran.

Erwähnt werden sollten noch die *Tropheus*-Arten aus dem Tanganjika-See. Sie werden im allgemeinen nur ca. 12 cm groß und sind besonders anfällig gegen mit Nitraten und Nitriten belastetes Wasser. Häufiger Wasserwechsel ist dringend anzuraten. Deutliche Zeichen dafür, daß sich diese Fische im Wasser nicht mehr wohlfühlen, sind schlängelnde Bewegungen. Dann ist es aber schon höchste Zeit zum Wasserwechsel. Zu diesem Schaukeln der Tiere sollte es gar nicht erst kommen.

Eine Besonderheit sind die meist hellorangefarbenen Eier. Sie sind mit einem Durchmesser von knapp 7 mm wohl die größten Eier von Maulbrütern. Es werden meist nur höchstens 10 Eier abgegeben und ins Maul genommen. Der Zeitraum bis zum Entlassen der Jungfische aus dem Maul ist mit ungefähr 30 Tagen sehr lang.

Nanderbarsche

Arten der Familie *Nandidae* gehören zu den Fischen, die nur selten in Aquarien anzutreffen sind. Die Futterfrage spielt wohl dabei eine große Rolle. Sie sind Raubfische und fühlen sich erst richtig wohl, wenn man dem Rechnung trägt und sie zumindest hin und wieder mit entsprechend kleinen Fischen füttert. Obwohl diese Fische in ihrer Normalfärbung nicht attraktiv sind, sind ihr Verhalten und die Brutpflege doch recht interessant.

Vertreter der Nanderbarsche finden wir in Südamerika, Afrika und Asien. Zu ihnen zählen u. a. folgende Gattungen:

Afronandus
Monocirrhus
Nandus
Polycentropsis
Polycentrus
Pristolepis

Der in Westafrika beheimatete *Polycentropsis abbreviata* BOULENGER, 1901 ist mit ungefähr 8 cm nicht besonders groß. In langsam- bis schnellfließenden Gewässern kommt der Afrikanische Vielstachler vor. Dort hält er sich hauptsächlich am Ufer zwischen Wurzeln und überhängendem Uferbewuchs auf. Als Raubfisch ernährt er sich vor allem von kleinen Fischen, an die er sich fast unmerklich langsam anschleicht bzw. treiben läßt. Kurz vor der Beute streckt er das zusammengefaltete Maul vor und zieht saugend den Fisch ein. Im Aquarium muß man die Fische entsprechend ernähren. Fische in der Größe von Guppy-Männchen werden von den Vielstachlern gern gefressen.

Um von diesen seltenen Fischen etwas zu haben, ist eine paarweise Haltung richtig. Ein 70 X 30 X 30 cm großes Becken reicht für ein Paar; doch sollte den Heimatbedingungen und dem verhältnismäßig starken Stoffwechsel der Tiere Rechnung getragen und möglichst oft das Wasser gewechselt werden. In das Becken legt man einige Wurzeln, die den Tieren ein Gefühl der Sicherheit geben, wenn sie sich dazwischen verstecken.

Die Haltung ist in fast jedem Leitungswasser möglich. Unsere Tiere laichen darin auch ab. Weicheres Wasser wirkt sich allerdings günstiger auf die Zuchtergebnisse aus. Die Wassertemperatur sollte bei 25 °C liegen. Da die Tiere gern an horizontal stehenden Blättern ablaichen, ist es angebracht, im Vordergrund des Beckens eine *Echinodorus horizontalis* zu postieren.

Auf den ersten Blick kann man die Geschlechter nicht unterscheiden. Bei genauerem Hinsehen erkennt man, daß ein Männchen etwas größer und schlanker ist, während das Weibchen etwas gedrungener und in der Bauchgegend rundlicher wirkt. Deutlich unterscheidet sich das Weibchen vom Männchen während der Laichzeit, also unmittelbar vor und während des Laichens. In dieser Zeit verfärbt es sich heller und sticht dann von dem etwas dunklerwerdenden Männchen klar ab. Das Weibchen zeigt jetzt eine deutlich stärkere Bauchpartie.

Mit gespreizten Flossen umschwimmen sich die Tiere, und das Männchen sucht nach einer geeigneten Ablaichstelle. Hat es sie gefunden, wird sie hin und wieder mit dem Maul betupft. Ein paar Luftperlen unter dem Blatt zeigen an, daß diese Stelle der spätere Laichplatz sein wird. Ein richtiges Schaumnest, wie es immer wieder erwähnt wird, habe ich nicht beobachten können.

Das Weibchen wird nun immer stärker vom Männchen bedrängt und mit dem Maul in die Bauchgegend gestupst. Ist das Weibchen laichbereit, sieht man das an der deutlich hervortretenden Legeröhre. Es folgt jetzt dem Männchen unter das Blatt. Hier balzt das Männchen mit gespreizten Flossen und mit wedelnden Bewegungen des ganzen Körpers vor dem Weibchen. Das Weibchen dreht dann die Bauchseite zur Blattunterseite und streicht einige Male über das Substrat, ohne Eier abzusetzen. Auf einmal werden die ersten Eier an die Blattunterseite geheftet. Das jetzt recht helle Weibchen schwimmt beiseite, das Männchen schwimmt schräg an den Laich heran und gibt das Sperma ab. Mit den Brustflossen wedelt das Männchen das Sperma an die abgelegten Eier. Auf diese Weise werden ungefähr 200 fast glasklare Eier abgegeben und vom Männchen befruchtet.

Nach dem Laichen befächelt das Männchen das Gelege. Einen Tag später kann man schon deutlich an den immer dunklerwerdenden Eiern erkennen, daß sie sich entwickeln. Erst drei Tage nach dem Laichen schlüpfen die Larven. Sie hängen weiterhin an dem Blatt und entwickeln sich in den nächsten 4 Tagen zu schwimmfähigen Jungfischen, die nun angefüttert werden müssen.

Am besten ist es, das Blatt mit den Larven zwei Tage nach dem Schlüpfen aus dem Zuchtbecken zu nehmen und in ein Aufzuchtbecken ohne Inneneinrichtung zu überführen. Ein feinperliger Ausströmer muß jedoch unbedingt in diesem Becken sein. Auf diese Weise ist es gewährleistet, daß die Larven immer in einem Wasserstrom stehen. In dem Aufzuchtbecken können die Jungfische später mit Nauplien und auch mit Mikro angefüttert werden. Sie sind am Vorderkörper schwarz gefärbt, das Hinterteil ist fast farblos.

Ähnlich ist die Haltung und Zucht von *Polycentrus schomburgki* MÜLLER & TROSCHEL, 1848. Bei dem ungefähr 10 cm großen Südamerikanischen Vielstachler bekommt das Männchen im zunehmenden Alter einen Buckel auf der Stirn. Besonders zu erwähnen ist noch, daß es sich fortwährend je nach Stimmung von lehmgelb bis tiefschwarz mit hellen Punkten verfärbt. Diese sehr dunkle Färbung zeigen Männchen vor allem bei der Vorbereitung und Durchführung des Laichens.

Das Laichverhalten der Tiere entspricht bis auf kleine Abweichungen dem der Afrikanischen Vielstachler. Größer ist auf jeden Fall die Anzahl der an der Blattunterseite angehefteten Eier. *Polycentrus schomburgki* legt um 600 ab. Wenn man bedenkt, wieviel Futter die Jungfische benötigen, wenn sie etwas größer geworden sind, ist die Nachzucht schon eine Überlegung wert.

Luftperlen unter dem Blatt konnte ich bei dieser Art nie beobachten. Die Tiere sind sehr laichwillig, und es ist wirklich kein Problem, fast alle geschlüpften Larven aufzuziehen.

Leichter zu verkaufen als Südamerikanische Vielstachler sind die sehr interessanten Blattfische. *Monocirrrhus polyacanthus* HEKKEL, 1840 ist ein seltener Fisch, und die Nachzucht ist meist nicht sehr erfolgreich. Auch bei diesen Fischen haben wir es mit Tieren zu tun, die ihre Färbung öfter wechseln. Aufgrund der blattähnlichen Gestalt erhielten sie den Namen Blattfisch.

Freilebend in Guayana und auch im Aquarium sind sie auf den ersten Blick wirklich nicht von einem dahinschwebenden Blatt zu unterscheiden. Sie lassen sich in langsamfließenden Bächen in Schwärme kleiner Fische hineintreiben und schnappen plötzlich zu. Dabei wird bei dieser Art das vorher zusammengefaltete Maul vorgestülpt und der Beutefisch eingesogen.

Ausgewachsene Blattfische sind ungefähr 10 cm groß. Sie können im Gesellschaftsbecken gehalten werden, fühlen sich aber nur mit Artgenossen im Becken wohler. Die Wasserbeschaffenheit ist in be-

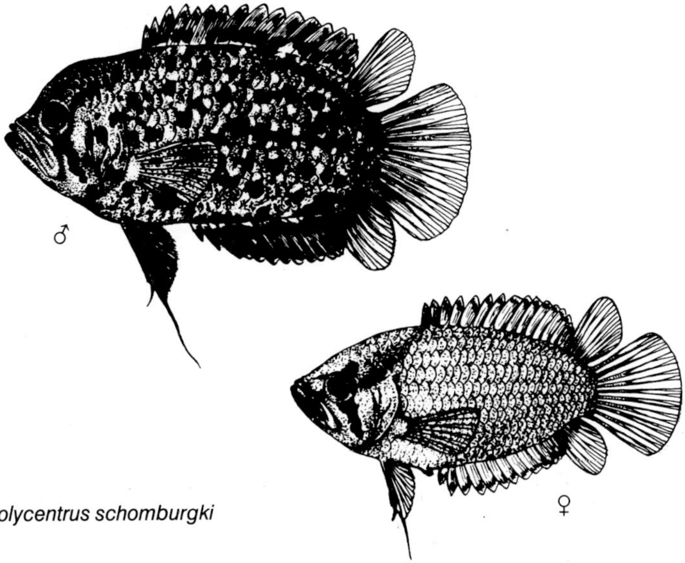

Polycentrus schomburgki

zug auf Wasserhärte von untergeordneter Bedeutung. Zwischen 25 und 28 °C kann die Wassertemperatur liegen. Angebracht ist es, das Hälterungsbecken nicht so klein zu wählen. Ein 100-Liter-Becken wäre für 4 bis 6 Tiere schon richtig. Ein gutarbeitender Saugfilter mit Kreiselpumpe wurde von mir dazu benutzt, dem Wasser in dem Bekken eine Strömung zu geben.

Gefüttert werden die Tiere mit Fischen in der Größe von ausgewachsenen Guppy-Männchen. Zur Not fressen sie auch größere Daphnien, sie sind aber keine Nahrung auf die Dauer.

Geschlechtsunterschiede kann man bei den Blattfischen kaum erkennen. Man muß schon sehr genau hinschauen, wenn man die etwas bogenförmige Bauchlinie des Weibchens von der geraden des Männchens unterscheiden will. Nur zur Laichzeit, wenn es laichvoll ist, kann man das Weibchen gut an der rundlichen Bauchpartie erkennen. Dann ist es angebracht, die Tiere in ein besonderes Zuchtbecken zu überführen.

Nicht mehr ganz so groß wie das Hälterungsbecken braucht das Zuchtbecken zu sein. Ein 50-Liter-Becken reicht völlig aus. Auf einen Bodengrund verzichten wir. Nur eine großblättrige *Echinodorus* im Blumentopf wird ins Becken gestellt. Ein Ausströmer sorgt für eine leichte Wasserbewegung. Das Zuchtwasser sollte mineralarm und weich sein. Für die genannte Beckengröße nimmt man ungefähr 40 Liter vollentsalztes Wasser, das mit bis zu 5 Liter Leitungswasser vermischt wird. Der pH-Wert kann bei 6 liegen. Die Wassertemperatur sollte jetzt um 27 °C gehalten werden.

In das Zuchtbecken wird ein Weibchen mit Laichansatz und möglichst das dazugehörige Männchen gebracht. Dieses Männchen findet man leicht heraus, weil es sich fast immer in der Nähe des laichvollen Weibchens aufhält. Nach einiger Eingewöhnungszeit werden beide Tiere wieder gemeinsam durchs Becken schwimmen und nach einem geeigneten Laichplatz Ausschau halten. Zwischendurch balzt das Männchen mit wedelnden Bewegungen vor dem Weibchen. Dies wird mit ausgesprochener „Ruhe" durchgeführt. Öfter als sonst „gähnen" die Tiere, indem sie das Maul vorstülpen.

Wenn die spätere Laichstelle ausgewählt ist, schwimmen die Fische nach Ausflügen durch das Becken immer wieder dahin zurück. Geputzt wird die Laichstelle am Blatt nicht. Die Tiere streichen nur mit dem Maul an der Blattunterseite hin und wieder vorbei. Beim Weibchen wird kurz vor dem Laichen die Legeröhre sichtbar. Dann kippt es den Körper seitlich um, so daß es mit der Bauchseite zur Blattunterseite zeigt. In dieser Haltung streicht es etliche Male, anfangs mit Wippbewegungen, über die Unterlage. Danach werden die ersten Eier abgelegt. Das Weibchen schwimmt beiseite, und das Männchen schwimmt seitlich an das Gelege heran, so daß es – parallel zum Blatt – direkt am Blatt liegt und besamt die abgesetzten Eier.

Ungefähr 75 Minuten dauert das sehr ruhigverlaufende Laichen. Es werden um 200 Eier angeheftet. Das Weibchen wird nach dem Laichen vom Männchen vertrieben. Die ca. 1,5 mm großen Eier sind glasklar und hängen an kurzen Fäden an der Blattunterseite. Das Männchen stellt sich nun wieder parallel zum Blatt und befächelt mit den Brustflossen das Gelege. Die hängenden Eier werden dabei regelrecht durcheinandergewirbelt. Fällt einmal ein Ei zu Boden, wird es nicht weiter beachtet.

Nach 72 Stunden schlüpfen die nur leicht pigmentierten Larven. Nun kann man beim Wasserwechsel wieder Leitungswasser auffüllen, damit die einige Tage später ins Becken gegebenen Futtertiere nicht so schnell absterben. Vier Tage später ist der Dottersack aufgezehrt,

Monocirrhus polyacanthus

1 Blattfisch in Normalfärbung.

2 Vor dem Laichen halten sich die Tiere oft unter dem Blatt auf und „gähnen“ hin und wieder.

3 Weibchen betupft die spätere Laichstelle, deutlich ist es jetzt an der starken Bauchpartie zu erkennen.

4 Weibchen heftet die Eier an die Blattunterseite.

5 In dieser Stellung befruchtet das Männchen die angehefteten Eier.

6 Männchen befächelt das Gelege.

7 Jungfische schlüpfen.

8 Jungfische kurz vor dem Freischwimmen.

3

4

5

6

7

8

und die Jungfische schwimmen frei. Das Männchen sollte bereits einen Tag vor dem Freischwimmen der Jungfische aus dem Becken genommen werden. Das Weibchen nimmt man am besten gleich nach dem Laichen aus dem Becken.

Die Jungfische besitzen einen schwarzen Vorderkörper und einen bis auf einen Fleck auf der Schwanzwurzel farblosen Hinterkörper. Angefüttert wird mit Artemia- oder Cyclops-Nauplien. Obwohl wir gut füttern und häufig das Wasser wechseln, wachsen alle Jungfische sehr langsam.

Elterntiere laichen, wenn sie erst einmal mit dem Laichen begonnen haben, jeweils nach 8–10 Tagen wieder ab. Mir gelang es leider immer nur, ungefähr 50 Jungfische aufzuziehen. Es ist angebracht, weißwerdende Eier und abgestorbene Larven sofort mit einer Pipette abzusaugen. Im Aufzuchtbecken muß auf jeden Fall für eine gute Wasserumwälzung gesorgt werden. Ein stark sprudelnder Ausströmer hilft dabei.

Bewährt hat es sich bei der weiteren Aufzucht der Jungfische, Schaumnester mit Labyrinthfisch-Eiern in das Aufzuchtbecken zu bringen. Die frischgeschlüpften Labyrinthfischlarven und später die Jungfische sind ein gutes Futter für die jungen Blattfische.

Glasbarsche

In Ostafrika, Südostasien und Australien findet man Glasbarsche, die diesen Namen aufgrund des durchsichtigen Körpers erhielten. Für die Aquaristik interessant sind nach heutigem Erkenntnisstand Arten der Gattungen *Chanda* und *Gymnochanda* zu finden. Die bekannteste Art ist ohne Zweifel *Chanda ranga* (HAMILTON-BUCHANAN, 1822). Der Indische Glasbarsch kommt im nördlichen Teil Vorderindiens bis Burma vor. Dort ist er in fast allen Gewässern sogar sehr häufig anzutreffen. Die in der Literatur angegebene Größe von „bis 7 cm" ist wahrscheinlich etwas übertrieben, denn Tiere von 4-5 cm Länge sind wirklich schon als Prachtexemplare zu bezeichnen und eine Seltenheit.

Man kann den Indischen Glasbarsch im Gesellschaftsbecken halten, wenn die anderen Insassen nicht viel größer und friedlich sind. Besser ist es jedoch, diese Fische für sich in einem Artenbecken zu pfle-

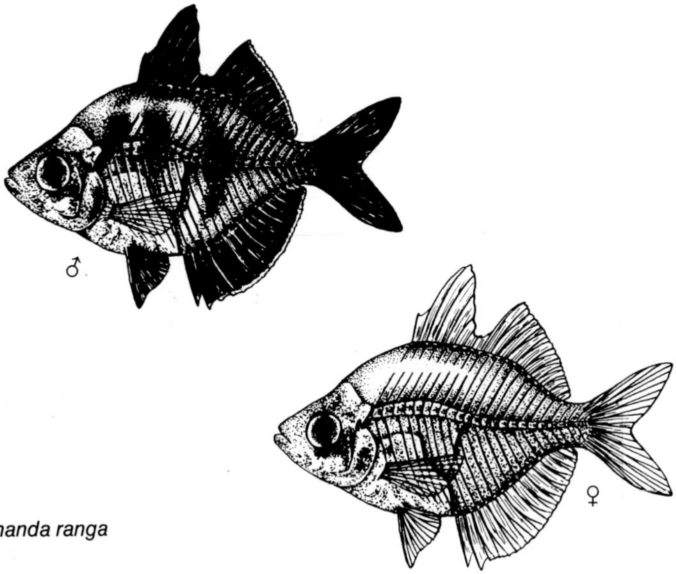

Chanda ranga

gen. Dazu verwendet man am besten ein Becken mit den Abmaßen 70 X 25 X 25 cm. Als Bodengrund nimmt man feinkörnigen Kies, und bepflanzt den Hintergrund am besten mit Cryptocorynen. Feinfiedrige Wasserpflanzen pflanzt man vereinzelt im Vorderteil des Bekkens und schafft mit einigen Moorkienwurzeln, die mit Javamoos bewachsen sein können, Reviere. Mittelhartes bis hartes Wasser eignet sich gut für die Haltung der Tiere, von denen man zwei bis drei Paare in das Becken setzt. Die Wassertemperatur kann zwischen 18 und 26 °C liegen, besser ist es, nach 18 °C zu tendieren.

In einem so eingerichteten Becken werden die Männchen schon nach kurzer Zeit Reviere abgesteckt haben und die Grenzen ihrer Reviere streng bewachen. Es ist sehr interessant zu beobachten, wie Männchen ihre Grenzstreitigkeiten ausfechten. Dabei kommt es fast nie zu richtigen Beißereien. Im allgemeinen balzen sich die Tiere nur mit gespreizten Flossen an, dabei werden wedelnde Bewegungen gemacht, während dieser Imponierkämpfe zeigen Männchen eine schöne goldgelbe Färbung, dunkle Flossen und auffallend leuchtende hellblaue Flossensäume.

Gefüttert werden Indische Glasbarsche am besten mit Cyclops, Daphnien, Mückenlarven und etwas Tubifex. Bald werden wir die

Tiere an den feinfiedrigen Wasserpflanzen laichen sehen. Es kann vorkommen, daß ein Weibchen mit mehreren Männchen ablaicht. Die Weibchen können von einem Männchenrevier zum anderen schwimmen, während ein Männchen streng darauf achtet, daß kein anderes Männchen in sein Revier eindringt.

Obwohl die Tiere immer wieder laichen, wird man in einem Gemeinschaftsbecken kaum mit nennenswerten Zuchterfolgen rechnen können. Daher setzen wir Paare einzeln in Zuchtbecken zur Zucht an. Sie brauchen nur ungefähr 15 Liter zu fassen. Als Laichsubstrat verwendet man am besten einen Stengel *Myriophyllum,* der mit einem Stein beschwert in das Becken gebracht wird. Bewährt hat sich mittelhartes bis hartes Wasser mit einer Temperatur von ungefähr 25 °C. Daß man Frischwasser verwendet, sollte selbstverständlich sein. Die zur Zucht vorgesehenen Tiere werden vor dem Laichansatz mindestens eine Woche getrennt gehalten und gut gefüttert.

Hat man die Zuchttiere in das Zuchtbecken gesetzt, dauert es meist nicht lange, bis das Männchen mit gespreizten Flossen vor dem Weibchen zu balzen beginnt. Das Männchen erkennt man gut an der etwas dunkleren Färbung und vor allem an dem leuchtendblauen Saum um Rücken- und Afterflosse. Weibchen sind meist etwas kleiner und heller gefärbt. Bei einem laichvollen Weibchen kann man deutlich den Laich erkennen. Die Durchsichtigkeit der Tiere hilft uns dabei wesentlich.

Beim Balzen färben sich die Männchen etwas dunkler und ein Rot in der Rücken- und Afterflosse läßt die Tiere noch schöner erscheinen. Unaufhörlich treibt das Männchen jetzt das Weibchen. Währenddessen wird das Weibchen immer wieder umflattert. Stupsen in die Kiemendeckelgegend des Weibchens soll es in Laichstimmung versetzen. Ist das Weibchen laichbereit, schwimmt es zum Laichsubstrat, dem Myriophyllum-Stengel. Dort sucht es, vom Männchen aufmerksam beobachtet, den Laichplatz. Ist er gefunden, drückt sich das Weibchen ruckartig an die Pflanze. Das Männchen schwimmt an dessen Seite und mit leichtgekrümmten Körpern sinken beide Tiere zu Boden. Leicht zitternd werden nun die Geschlechtsprodukte ausgestoßen. Ruckartig trennen sich daraufhin die Tiere.

Es dauert nicht lange, und die Tiere laichen wieder ab. Bis zu 200 Eier werden abgegeben, die zum größten Teil im Laichsubstrat hängenbleiben. Sie sind recht klein und glasklar.

Nach dem Laichen entfernt man am besten die Elterntiere gleich aus dem Becken. Ungefähr 24 Stunden nach dem Laichen schlüpfen die Larven, die auch glasklar und sehr winzig sind. Sie hängen weiterhin im Laichsubstrat. Erst zwei Tage später werden von den Jungfischen die ersten Schwimmversuche unternommen. Jetzt kann man bereits mit dem Anfüttern beginnen, doch nun beginnt das eigentliche Problem. Jungfische der Glasbarsche fressen fast ausschließlich Nauplien der Diaptomus-Arten *(Diaptomus coeruleus* und *D. graciloides).* Diese Cyclops-Arten erkennt man an den sehr langen „Ruderantennen". Im Gegensatz zu den anderen Cyclops, die auch Hüpferlinge genannt werden, schweben Diaptomus-Arten im Wasser. Fängt man in einem Teich Diaptomus, kann man mit dem Netz in entsprechender Maschenweite im allgemeinen auch Diaptomus-Nauplien fangen.

Will man Glasbarsche nachziehen, empfiehlt es sich, zuerst die Futterteiche abzufahren und festzustellen, ob überhaupt in einem der Teiche *Diaptomus* zu fangen sind. Hat man keine Diaptomus-Nauplien zur Hand, wenn die Jungfische freischwimmen, ist kaum mit einem großen Zuchterfolg zu rechnen. Als Notfutter eignen sich für die jungen Glasbarsche sehr große Rädertierchen *(Euchlanis dilatata).* In das Aufzuchtbecken mit den Jungfischen sollte man so viele Futtertiere geben, daß die Jungfische regelrecht im Futter stehen. Im Alter von ungefähr 10 Tagen kann man auch Artemia-Nauplien füttern. Sind die Jungfische erst einmal so weit, ist die weitere Aufzucht eigentlich kein Problem mehr. Häufiger Wasserwechsel ist jedoch eine der Voraussetzungen dafür, daß die Jungfische schnell heranwachsen.

Regenbogenfische *Melanotaeniidae*

Auf dem australisch-neuguinesischen Festlandsockel finden wir nach dem neuesten Kenntnisstand ungefähr 30 Arten der Regenbogenfische. Wir haben es mit sehr anpassungsfähigen Fischen zu tun, die in ihrer Heimat den verschiedensten Wasserverhältnissen ausgesetzt sein können. Sie werden im allgemeinen auch gut überstanden. Ihr Vorkommen ist nicht nur an eine bestimmte Gewässerart gebunden; sie kommen in fast allen Gewässertypen vor. Durch Überschwemmungen gelangen sie ebenfalls in Tümpel und Wasserlöcher, die in der Trockenzeit austrocknen können.

Glossolepis incisus

1 Männchen „gähnt“.
2 Männchen umschwimmt balzend das Weibchen.
3 Männchen schwimmt an das stehende Weibchen heran.
4 Zitternd laichen die Tiere ab.
5 Der Laich sinkt langsam zu Boden.

1

2

3

4

5

Eine Unterscheidung der Geschlechter ist bei den Regenbogenfischen fast immer einfach, zumal Männchen eine schönere Färbung und großflächigere Flossen als die teilweise sehr unscheinbaren Weibchen haben. Bei manchen Arten werden Männchen mit zunehmendem Alter sehr hochrückig, während Weibchen schlank bleiben. In der Familie finden wir u. a. folgende Gattungen:

Centratherina
Chilatherina
Glossolepis
Melanotaenia
Nematocentris

Einer der schönsten Regenbogenfische ist *Glossolepis incisus* WEBER, 1908. Der Purpur-Regenbogenfisch kann bis zu 15 cm groß werden und zeichnet sich besonders durch seine rote Färbung aus, die in verschiedensten Rottönen variieren kann. Ausgewachsene, hochrückige Männchen zeigen eine purpurrote Färbung, während etwas kleinere und schlanke Weibchen goldgelb sind. Neuguinea ist die Heimat dieser schönen Fische.

Die Tiere können ohne weiteres auch im Gesellschaftsbecken gehalten werden, doch kommen sie in einem Artenbecken besser zur Geltung. Dieses Becken muß der Größe der Fische entsprechen. Obwohl sie bereits mit 7 cm Länge schön gefärbt sein können, wachsen sie im Laufe der Zeit zu recht stattlichen Exemplaren von ungefähr doppelter Größe heran. Man muß sich nun entscheiden, wie viele Fische man pflegen möchte. Entweder hat man ein Männchen und 2 Weibchen im Becken oder pflegt gleich einen Schwarm von 4-5 Männchen und 6-10 Weibchen. Im ersten Fall kann man mit einem 60 X 30 X 30 cm großen Becken auskommen. Für einen größeren Schwarm sollte man ein Becken mit ungefähr 1 Meter Länge verwenden.

Keine große Rolle spielt die Wasserhärte. Obwohl oft behauptet wird, daß man hartes Wasser verwenden muß, sind Haltung und Nachzucht der Purpur-Regenbogenfische in fast jedem Wasser möglich. Wichtig ist, daß man das Wasser öfter wechselt. Da die Tiere sehr starke Fresser sind, muß das Wasser immer wieder erneuert werden; sie verkümmern sonst. Zur Fütterung sei angemerkt, daß die Tiere neben fast allen Arten von Lebendfutter auch Trockenfutter annehmen, vor allem bei einem hohen Anteil an pflanzlicher Substanz. Übrigens wird pflanzliche Kost gern und in größeren Mengen gefressen. Die Fische sind jedoch sehr wählerisch. Fadenalgen und

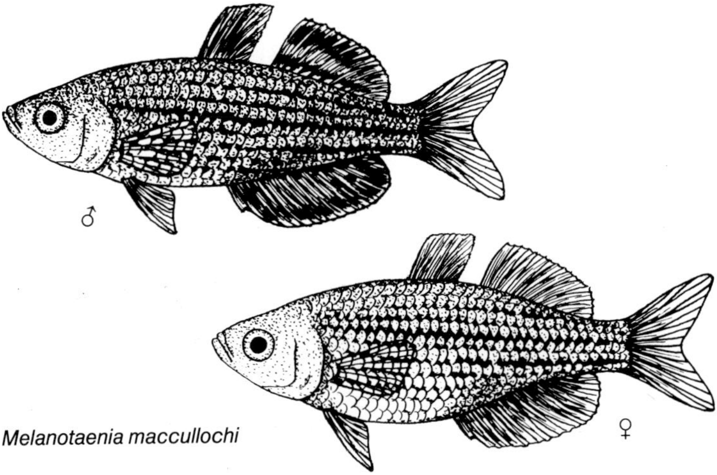

Melanotaenia maccullochi

Riccia werden in dem Becken bestimmt nicht lange verschont, dagegen werden manch andere Wasserpflanzen überhaupt nicht angerührt.

Die Einrichtung eines Aquariums für *Glossolepis incisus*, das gleichzeitig als Zuchtbecken dient, sollte praktisch und trotzdem dekorativ sein. Man bringt im Hintergrund des Beckens einige Moorkienwurzeln an. Davor kann man eventuell einige *Anubias* in möglichst feinkörnigen Bodengrund pflanzen. Im Vordergrund des Beckens wird im freien Schwimmraum ein größeres Büschel Javamoos mit Steinen am Bodengrund befestigt. Mit einer Kreiselpumpe schafft man über einen Filter eine gewisse Wasserbewegung im Becken. Die Wassertemperatur kann zwischen 24 und 28 °C liegen.

Einer guten Haltung und erfolgreichen Nachzucht dieser schönen Fische steht nichts mehr im Wege. Hat man laichreife Tiere im Becken, kann man sie mehrmals am Tage laichen sehen. Laichreife Weibchen erkennt man unschwer an der geschwollenen Bauchpartie. Um diese Weibchen balzen die Männchen in strahlendem Rot. Meist ist es aber immer nur ein Männchen, das sich besonders intensiv um die Weibchen bemüht. Die anderen Männchen werden vom stärksten Männchen immer wieder in ihre Schranken gewiesen.

Ruckartig umflattert das Männchen das erwählte Weibchen und spreizt dabei ebenfalls ruckartig hin und wieder alle Flossen. Dann schwimmt es zu dem Javamoos, über dem es stehenbleibt. Dort hält es den Kopf nach unten und krümmt kurz den Körper. Dies dauert meist nur zwei bis drei Sekunden und schon ist das Männchen wieder beim Weibchen. Andeutungsweise stupst es mit dem Maul manchmal an die Bauchseite des Weibchens. Dieses Spiel wiederholt sich so lange, bis das Weibchen mit über das Javamoos schwimmt. Dort zupft das Weibchen noch etwas an den Pflanzen herum, während das Männchen aufgeregt zitternd um das Weibchen herumschwimmt. Anfangs schwimmt das Weibchen aber meist wieder weg.

Das Weibchen bleibt über dem Javamoos erst stehen, wenn es laichbereit ist. Sobald es dort ruhig in normaler Schwimmlage steht, schwimmt das Männchen schräg von hinten heran und stellt sich genau neben das Weibchen. Es preßt sich nun an die Partnerin, und nach einigen Sekunden, währenddessen durch die Körper der Tiere ein leichtes Zittern geht, werden die Geschlechtsprodukte abgegeben. Fast im gleichen Augenblick schwimmen die Fische blitzartig auseinander. Während das Männchen nach dem Auseinanderschwimmen nur noch eine kurze Drehung macht, dreht sich das Weibchen noch einige Male blitzschnell im Kreis. Dabei werden die Eier auseinandergewirbelt und sinken langsam in das Javamoos. Beim genauen Hinsehen erkennt man, daß jedes Ei einen kurzen Faden hat, mit dem es an den Pflanzen hängenbleibt.

Einige Stunden beachten sich die Tiere nicht mehr, das ändert sich, wenn das Weibchen wieder laichbereit ist. Bei ungenügender Fütterung sind die Fische starke Laichräuber, und dann bleibt nicht viel von dem verhältnismäßig großen Eiersegen übrig. Während eines Laichaktes werden manchmal mindestens 200 Eier abgegeben, es können aber auch bedeutend weniger sein. Legt man Wert auf viele Jungfische, sollte man das Javamoos nach jedem Laichen in ein Becken ohne Bodengrund bringen, aber möglichst mit ähnlichem Wasser wie im Zuchtbecken. Dafür befestigt man ein neues Büschel Javamoos im Zuchtbecken. Die Tiere können aber nur reichlich Laich ansetzen, wenn sie gut und abwechslungsreich gefüttert werden.

Das Schlupfergebnis nach ca. 7 Tagen liegt meist zwischen 60 und 80%. Die Jungfische schwimmen gleich frei und halten sich in den oberen Wasserschichten auf und werden am besten mit Rotatorien (Rädertierchen) angefüttert. In den ersten zwei Wochen wachsen die

Jungfische recht langsam. Sie haben eine hellgraue Färbung und sehen unscheinbar aus. Mit einer Größe von knapp 5 cm sind sie schlecht beim Händler abzusetzen. Männliche Jungfische zeigen ihre rote Färbung erst bei einer Größe von ungefähr 6 cm.

Segelfische

Auf Sulawesi (Celebes) und in Irian Jaya (früher Westirian) auf der Insel Neuguinea finden wir die beiden bekanntesten Arten der Segelfische, nämlich *Telmaterina ladigesi* AHL, 1936 und *Iriatherina werneri* MEINKEN, 1974. *Telmaterina ladigesi* oder Celebes-Segelfisch lebt in kleineren, meist höher gelegenen Flüssen und Bächen.

Der sonst unscheinbare Fisch zeigt seine ganze Schönheit erst bei der Balz. Fast immer kann man in einem 30-Liter-Becken mit ungefähr 8 bis 10 Tieren balzende Männchen beobachten. Die bis zu 7 cm großwerdenden Männchen unterscheidet man von den etwas kleiner bleibenden Weibchen an Hand der Färbung, Körperform und Flossen. Männchen sind etwas dunkler gefärbt, haben eine nahezu gerade Bauchlinie und großflächige, ausgezogene Flossen. Weibchen sind etwas blasser gefärbt, zeigen eine bogenförmige Bauchlinie und nur kurze Flossen. Die angegebene Größe von 7 cm wird bei diesen Fischen im Aquarium selten erreicht, 5 cm Länge sind schon als normal anzusehen.

Für die Haltung von Segelfischen ist ein sogenanntes Rennbecken mit 70 X 25 X 25 cm am geeignetsten. Als Bodengrund verwendet man feinkörnigen Kies. Der Hintergrund wird mit Cryptocorynen bepflanzt, im Vordergund sieht eine mit Javamoos bewachsene Moorkienwurzel sehr schön aus.

Segelfische kommen besonders gut zur Geltung, wenn man an die hintere Scheibe eine schwarze PVC-Platte stellt. Wichtig ist, daß die Platte richtig an der Scheibe liegt; sonst können sich die Fische zwischen Scheibe und Platte einklemmen, wenn sie dazwischen schwimmen wollen. Das Wasser sollte öfter gewechselt werden, weil frisches sauerstoffreiches Wasser ihren Heimatbedingungen (Fließgewässer) am nächsten kommt. Auf die Wasserhärte braucht man kaum zu achten, obwohl mineralreicheres Wasser sich am besten bewährt hat. Mit etwas Meersalz oder auch Kochsalz kann das Wasser etwas mineralreicher gemacht werden. Die Wassertemperatur kann zwischen 24 und 26 °C liegen. Mit einem Ausströmer oder einer kleinen Kreiselpumpe kann man für Wasserbewegung sorgen.

Das beschriebene Hälterungsbecken ist schön eingerichtet, für eine Nachzucht der Tiere ist es aber schlecht geeignet. Bestimmt laichen die Fische in diesem Becken, doch bekommt man die Eier kaum heraus. Sie werden eher von den Fischen gefressen.

Eine rationelle Nachzucht sollte in einem kleinen Becken von 50 X 25 X 25 cm durchgeführt werden. Man verzichtet auf Bodengrund und Einrichtungsgegenstände, nur das Laichsubstrat, ein Büschel Javamoos, kommt ins Becken. Am besten setzen wir zwei Männchen und vier Weibchen in das Zuchtbecken. Diese Fische müssen nun – und das ist wichtig – gut gefüttert werden. Wir geben Mückenlarven, Enchyträen, Daphnien und Cyclops. Füttern wir nicht ausreichend, vergreifen sich die Tiere an den Eiern.

Die Exemplare von *Telmaterina ladigesi* sind Dauerlaicher; sie laichen daher kontinuierlich ab, wenn sie damit begonnen haben. Vor allem in den Morgen- und Abendstunden werden die Tiere aktiv und laichen. Meist beginnen die Männchen, die Weibchen mit gespreizten, aber auch angelegten Flossen zu umbalzen. Der stärkere Bauchumfang der Weibchen zeigt uns gut den Laichansatz. Sind Weibchen noch nicht zum Ablaichen bereit, schwimmen sie an die Wasseroberfläche, um sich dem Treiben der Männchen zu entziehen. Die Männchen geben jedoch keine Ruhe und versuchen, die Weibchen durch Überschwimmen wieder zum Javamoos zu bringen.

Ein laichwilliges Weibchen schwimmt, vom Männchen umbalzt, an das Javamoos heran und sucht eine geeignete Laichstelle. Hat sie diese gefunden, preßt sie sich an die Pflanzen. Das Männchen ist gleich an ihrer Seite und preßt sich seinerseits an das Weibchen. Unter heftigem Zittern werden die Geschlechtsprodukte abgegeben. Daraufhin schwimmen die Fische auseinander. Das Weibchen entzieht sich möglichst den Blicken des Männchens, das sofort wieder zu treiben beginnt.

Bei zwei Weibchen besteht die Ausbeute aus ungefähr 50 Eiern. Jeweils am späten Abend nimmt man das Javamoos aus dem Becken und bringt es in ein Aufzuchtbecken. In das Zuchtbecken wird ein neues Javamoos-Büschel gelegt. 10 Tage nach dem Laichen schlüpfen die ungefähr 6 mm großen Jungfische. Sie müssen gleich mit Nauplien angefüttert werden. Besser ist es, Rädertierchen ebenfalls zu füttern.

In ein Aufzuchtbecken, in dem das Wasser ungefähr dieselbe Qualität haben sollte wie im Zuchtbecken, bringt man nur fünf Tage lang das aus dem Zuchtbecken genommene Javamoos. Dann beginnt man, ein anderes Becken zu benutzen. Es wird damit erreicht, daß der Größenunterschied der Jungfische nicht zu groß ist. Man sollte lieber gleich einige Aufzuchtbecken bereithalten.

Ebenso wie *Telmaterina ladigesi* ist der wohl noch interessantere Irian-Segelfisch nachzuziehen. Die Exemplare von *Iriatherina werneri* werden ungefähr 7 cm groß, zeichnen sich besonders durch sehr stark verlängerte Rücken- und Afterflossen aus, die vor allem bei Männchen sehr groß sind. Die etwas kleineren Weibchen haben zwar ebenfalls ziemlich große Rücken- und Afterflossen, doch fehlen die strahlenförmigen Verlängerungen. Sehr attraktiv sind balzende Männchen, deren erste Rückenflosse verschieden gefärbt sein kann.

Ährenfische

Zu dieser Gruppe von Fischen gehören u. a. die folgenden bekannten Arten:
Alepidomus evermanni EIGENMANN, 1902
Austromenidia bonariensis CUVIER & VALENCIENNES, 1835
Bedotia geayi PELLEGRIN, 1907
Pseudomugil furcatus NICHOLS, 1955
Pseudomugil signifer KNER, 1864

Eine sehr oft gepflegte Art ist *Bedotia geayi.* Der Rotgeschwänzte Ährenfisch kommt auf Madagaskar vor. Die Tiere können zwar eine Größe von 15 cm erreichen, wirken aber durch ihre langgestreckte Form nicht so groß. Dieser Aquarienfisch besticht hauptsächlich durch seine schöne Färbung. Allerdings trifft das nur auf Männchen richtig zu. Sie können anhand rotgesäumter Flossen gut vom Weibchen unterschieden werden.

Die Haltung dieser Tiere ist in fast jedem Gesellschaftsbecken möglich, doch bringt ein Artenbecken die Fische besser zur Wirkung. Auf die Wasserhärte braucht man nicht besonders zu achten. Die Vertreter von *Bedotia geayi* schwimmen vorwiegend in den oberen Wasserschichten und holen sich das Futter gern von der Wasseroberfläche. In der Natur leben sie vornehmlich von Anflugfutter. Im Aquarium nehmen sie auch gern Trockenfutter von der Wasseroberfläche. Selbstverständlich sollte Lebendfutter (Daphnien, Cyclops, Mückenlarven und eventuell auch *Drosophila*) so oft wie möglich gegeben werden.

Das Artenbecken, das gleich zur Nachzucht dient, kann verhältnismäßig spartanisch eingerichtet sein. Feiner Kies als Bodengrund, eine Bepflanzung mit Cryptocorynen im Hintergrund und ein Büschel Javamoos im Vordergrund genügen, um einen praktischen Wert zu haben und gleichzeitig den Wunsch zu erfüllen, das Becken dekorativ zu gestalten. Die Wassertemperatur kann um 23 °C liegen.

Beachten sollte man bei der Auswahl der Beckengröße, daß die Tiere viel fressen und damit auch viel ausscheiden. Für ein Pärchen ist ein 70 X 30 X 30 cm großes Becken richtig. Von einem wöchentlichen Wasserwechsel entbindet uns diese Beckengröße aber nicht. Die Fische lieben frisches Wasser.

Laichvolle Weibchen erkennt man gut an der stärkeren und auch helleren Bauchpartie. Sie werden vom Männchen mit gespreizten Flossen umschwommen und angebalzt. Immer wieder schwimmt das Männchen zum Laichplatz, verharrt dort einen Augenblick und schwimmt erneut zum Weibchen zurück. Dieses Spiel, auch Führungsschwimmen genannt, wiederholt sich fortwährend, bis das Weibchen laichbereit ist und über das Javamoos schwimmt. Dort verharrt es, und das Männchen schwimmt von hinten neben das Weibchen. Nach kurzem Zittern trennen sich beide Tiere, dabei werden die Geschlechtsprodukte abgegeben.

Die Eier wirbeln durcheinander und sinken langsam zu Boden. Dort bleiben ca. 1,5 mm große Eier an rund 3 mm langen Fäden hängen. Pro Laichakt werden bis zu 60 Eier abgegeben. Die Eier sind bernsteinfarben und durchsichtig. Da die Eier von den Elterntieren nicht gefressen werden, kann man das Javamoos noch 5 Tage im Becken lassen. Als Dauerlaicher laichen die Tiere jeden Tag ab, so daß man viele Eier im Javamoos hat, wenn man es herausnimmt und in ein Aufzuchtbecken ohne Bodengrund bringt.

Man legt den Tieren ein neues Büschel Javamoos ins Becken. Das Javamoos mit den Eiern befestigt man am besten mit einem kleinen Stein am Boden des Aufzuchtbeckens und führt dem Wasser über einen Ausströmer Luft zu, so daß immer Bewegung im Wasser ist. Die ersten Jungfische werden ungefähr nach 6 Tagen schlüpfen. Sie schwimmen aber meist erst einen Tag später richtig frei. Angefüttert werden sie mit Rädertierchen. Nach einer Woche kann man neben Rädertierchen auch Artemia- und Cyclops-Nauplien füttern.

Aus Australien kommt ein anderer, wesentlich kleinerer Ährenfisch. Es handelt sich um *Pseudomugil signifer* KNER, 1864. Der Schmetterlings-Ährenfisch wird nur knapp 5 cm groß. Männchen dieser Ährenfische sind durch schönere Färbung, besonders der Flossen, von Weibchen gut zu unterscheiden, die außerdem eine stärkere und helle Bauchpartie zeigen.

Besonders balzende Männchen sind ein wunderschöner Anblick. Aus diesem Grund besetzt man ein Artenbecken mit mehreren Männchen. An die Wasserhärte stellen die Fische keine besonderen Anforderungen. Fast jedes Leitungswasser ist verwendbar. Die besten Zuchterfolge erzielt man jedoch mit mineralreichem Wasser. Man kann dem Wasser ein bis zwei Eßlöffel Salz auf 10 Liter zusetzen. Das erhöht das Wohlbefinden der Tiere.

Zur Zucht genügt ein kleineres Aquarium ohne Bodengrund. Ein Büschel Javamoos sollte die einzige Einrichtung sein. In ein 10-Liter-Becken können wir zwei Paare bringen. Die Wassertemperatur kann zwischen 20 und 25 °C liegen. Man füttert die Tiere in der Laichzeit am besten mit Enchyträen. Wir haben es bei dieser Art mit Dauerlaichern zu tun. Laichvolle Weibchen haben eine stark geschwollene Bauchpartie und werden vom Männchen sehr getrieben. Während des Treibens umflattert das Männchen das Weibchen mit aufgestellten Flossen. Daher kommt auch der Name Schmetterlings-Ährenfisch. Ist das Weibchen laichbereit, schwimmt es, gefolgt vom Männchen, zum Javamoos und sucht eine geeignete Stelle zum Ablaichen. Das Männchen versucht dabei, das Weibchen immer wieder durch Überschwimmen in das Javamoos zu drücken. Wenn der geeignete Laichplatz gefunden ist, drückt sich das Weibchen an die Pflanzen. Das Männchen folgt sofort und preßt sich an das Weibchen. Unter heftigem Zittern wird jeweils ein Ei abgegeben. Ruckartig trennen sich die Tiere voneinander.

Es dauert nicht lange und die Fische laichen an anderer Stelle wieder. Da sie Laichräuber sind, sollte man sie öfter füttern. Es ist auch besser, ein kleineres Büschel Javamoos ins Becken zu legen und es an jedem Abend herauszunehmen. Wenn es eine längere Zeit im Becken bleibt, werden zu viele Eier gefressen. Die Eier sind mit ca. 1,2 mm recht groß. Sie haben eine harte Hülle und hängen an Schleimfäden im Javamoos. Je nach Wassertemperatur schlüpfen die Jungfische nach 14 bis 18 Tagen. Sie schwimmen nach dem Schlüpfen sofort zur Wasseroberfläche und werden mit Rädertierchen angefüttert. Nach 10 Tagen können wir auch Cyclops-Nauplien füttern. Eine Zufütterung von Mikro kann jetzt ebenfalls erfolgen.

Goldringelgrundeln

Die bekanntesten drei Goldringelgrundel-Arten sind:

Brachygobius aggregatus HERRE, 1940
Brachygobius nunus (HAMILTON-BUCHANAN, 1822)
Brachygobius xanthozona (BLEEKER, 1849)

Als Zwerge im Aquarium könnte man die Fische bezeichnen, die nicht für ein Gesellschaftsbecken geeignet sind. Ihnen richtet man ein eigenes kleines Becken ein. Ein 20-Liter-Becken reicht völlig aus, wenn man nur ein Pärchen der Goldringelgrundeln halten und züchten möchte. Für einen kleinen Schwarm dieser Fische ist ein 70 X 25 X 25 cm großes Becken zu wählen. Als Bodengrund verwenden wir feinkörnigen Kies. Mit kleinen Plastikröhren werden Versteckplätze geschaffen, leere Häuser der Apfelschnecken wirken etwas dekorativer.

Das Beispiel für die Nachzucht soll *Brachygobius nunus* sein. Diese Art wird nur 4,2 cm groß und stammt aus Indien, Birma, Thailand, von der Malakka-Halbinsel sowie den Inseln Borneo und Java. Dort kommen sie sowohl in reinem Süßwasser als auch im Brackwasser vor. Bei erwachsenen Tieren kann man die Geschlechter gut an der Größe und Körperform unterscheiden. Männchen sind kleiner als die recht molligen Weibchen. Vor allem laichvolle Weibchen zeigen einen ziemlich starken Bauchumfang.

Während man zur Haltung normales Leitungswasser verwenden kann, setzt man dem Zuchtwasser drei gestrichene Eßlöffel Seesalz auf 10 Liter zu. Auch Kochsalz eignet sich dafür. Die Wassertemperatur sollte ungefähr 28 °C betragen.

Männchen bilden, hat man mehrere im Becken, um ihr Versteck ein Revier, das gegen alle männlichen Eindringlinge aus der eigenen Familie hartnäckig verteidigt wird. Weibchen können zwischen den Revieren der Männchen hin- und herwechseln. Laichvolle Weibchen werden von den Männchen mit gespreizten Flossen angebalzt. Dabei wird das Weibchen regelrecht umflattert. Eifrig putzen die Männchen dann die Höhlenwandung. Langsam verblaßt ihre schwarze Bindenzeichnung, und sie werden orangefarben.

Läßt sich das Weibchen in der näheren Umgebung der Höhle blikken, wird es ständig mit ruckartigen Bewegungen umflattert. Auch bei diesen Fischen kann man das sogenannte Führungsschwimmen beobachten. Das Weibchen folgt dem Männchen aber erst in die Höhle, wenn es laichbereit ist. Beide Tiere putzen nun die Höhlenwandung und gegen Abend laichen sie meistens. Beim Weibchen ist die Legeröhre und beim Männchen die Genitalpapille zu sehen, die spitz und dünn ist. Die Legeröhre ist breiter und länger.

Das Weibchen legt die Eier an der geputzten Stelle an der Höhlenwand ab. Sie werden sofort vom Männchen besamt. Rund 80 Eier werden im Laufe einer Stunde abgelegt. Nach dem Laichen wird das Weibchen vertrieben. Das Männchen befächelt das Gelege mit den Brustflossen.

Nach drei Tagen erkennt man bereits gut die Entwicklung im Ei. Die Larven schlüpfen nach vier bis fünf Tagen. Vom Schlupf der ersten bis zur letzten Larve können ein paar Tage vergehen. Worauf das zurückzuführen ist, konnte bisher noch nicht geklärt werden. Zwei Tage dauert es noch, bis die frisch geschlüpften Larven den Dottersack aufgezehrt haben. Die 4 mm großen Jungfische werden mit Rädertierchen und Cyclops-Nauplien gefüttert. Am besten ist es, Jungfische in dem Zuchtbecken zu belassen und die Elterntiere umzusetzen. Wenn Jungfische ungefähr 10 mm erreicht haben, fängt man sie heraus und zieht sie im Aufzuchtbecken weiter auf.

Fische züchten – kurzgefaßt

Fischarten, deren Nachzucht im mittelharten bis harten Wasser möglich ist:

Art	Größe in cm	Beckengröße in Liter für 1 Paar	Wasser-temperatur in Grad C
Lebendgebärende Zahnkarpfen			
Poecilia melanogaster Dreifarbiger Jamaikakärpfling	♂ bis 4 ♀ bis 7	ab 15	18 – 26
Poecilia nigrofasciata Schwarzbandkärpfling	♂ bis 4,5 ♀ bis 6	ab 15	20 – 26
Poecilia reticulata Guppy	♂ bis 5 ♀ bis 7	ab 15	18 – 26
Poecilia sphenops Spitzmaulkärpfling	♂ bis 8 ♀ bis 12	ab 20	21 – 26
Xiphophorus helleri Schwertträger	♂ bis 8 ♀ bis 12	ab 20	21 – 26
Xiphophorus maculatus Platy	♂ bis 5 ♀ bis 7	ab 15	21 – 26
Hochlandkärpflinge			
Xenoophorus captivus Ritterkärpfling	♂ bis 6 ♀ bis 7	ab 20	18 – 25
Xenotoca eiseni Banderolenkärpfling	♂ bis 5 ♀ bis 6	ab 20	18 – 25
Halbschnäbler			
Dermogenys pusillus Hechtköpfiger Halbschnäbler	♂ bis 6 ♀ bis 9	ab 20	22 – 28
Hemirhamphodon pogonognathus Zahnleistenhalbschnäbler	♂ bis 9 ♀ bis 8	ab 30	24 – 26
Nomorhamphus celebensis Celebeshalbschnäbler	♂ bis 8 ♀ bis 12	ab 20	22 – 26

Laichsubstrat	Zu beachten ist	Ausführliche Beschreibung auf Seite
–	♀ fressen beim Werfen oft die Jungfische. „Gebärkästen" oder kleine Becken mit viel *Myriophyllum* verwenden.	24
–	"	24
–	"	23
–	"	24/28
–	"	24
–	"	24
–	"	25
–	"	25
–	"	32
–	"	32
–	"	30–32

Art	Größe in cm	Beckengröße in Liter für 1 Paar	Wasser-temperatur in Grad C
Eierlegende Zahnkarpfen			
Jordanella floridae Floridakärpfling	♂ bis 6 ♀ bis 5	ab 40	20 – 25
Labyrinthfische			
Anabas testudineus Kletterfisch	bis 16	ab 70	22 – 28
Belontia signata Ceylon-Makropode	bis 15	ab 70	24 – 28
Betta splendens Kampffisch	♂ bis 6 ♀ bis 5	ab 20	22 – 28
Colisa chuna Honigfadenfisch	bis 4,5	ab 20	22 – 28
Colisa lalia Zwergfadenfisch	♂ bis 6 ♀ bis 5	ab 40	22 – 28
Ctenopoma fasciolatum Gebänderter Buschfisch	♂ bis 9 ♀ bis 7	ab 40	22 – 26
Helostoma temminckii Küssender Gurami	bis 15	ab 70	22 – 28
Trichogaster leeri Mosaikfadenfisch	♂ bis 12 ♀ bis 10	ab 50	24 – 28
Trichopsis schalleri Schallers Gurami	bis 6	ab 20	24 – 28
Trichopsis vittatus Knurrender Gurami	bis 8	ab 20	24 – 28

Laichsubstrat	Zu beachten ist	Ausführliche Beschreibung auf Seite
Javamoos	Pflanzliche Kost muß gegeben werden. Männchen pflegt den Laich. Zuchttiere zwei Tage nach dem Laichen aus dem Becken nehmen, Weibchen schon nach dem Laichen.	40
–	Eier von der Wasseroberfläche abschöpfen und in Aufzuchtbecken überführen. Gelaicht wird in den frühen Morgenstunden.	69
Schaumnest	Schaumnest nach dem Schlüpfen der Larven abschöpfen und in ein Aufzuchtbecken umsetzen.	53
,,	,, Versteckmöglichkeiten für das Weibchen schaffen.	67
,,	Schaumnest mit Eiern abschöpfen und in Aufzuchtbecken umsetzen. Großflächiges Schaumnest. Versteckmöglichkeiten für Weibchen schaffen.	53
,,	,,	53
,,	Eier von der Wasseroberfläche abschöpfen und in Aufzuchtbecken überführen. Schaumnest zerfällt beim Anheben der Deckscheibe, wenn es nicht unter einem Schwimmblatt angelegt wurde.	53
–	Eier von der Wasseroberfläche abschöpfen und in Aufzuchtbecken überführen.	69
Schaumnest	Schaumnest zwei Tage nach dem Laichen in Aufzuchtbecken umsetzen.	53
,,	Blatt mit dem Schaumnest zwei Tage nach dem Laichen in Aufzuchtbecken überführen.	60
,,	Schaumnest meist unter Schwimmpflanzenblatt. Zwei Tage nach dem Laichen in Aufzuchtbecken umsetzen.	60

Art	Größe in cm	Beckengröße in Liter für 1 Paar	Wasser-temperatur in Grad C
Salmler			
Copella arnoldi Spritzsalmler	♂ bis 8 ♀ bis 6	ab 25	22 – 26
Glandulocauda inaequalis Breitschwanzsalmler	♂ bis 6 ♀ bis 5	ab 20	20 – 24
Gymnocorymbus ternetzi Trauermantelsalmler	bis 6	ab 20	22 – 24
Hyphessobrycon flammeus Roter von Rio	♂ bis 3,5 ♀ bis 4	ab 10	22 – 25
Poptella orbicularis Diskussalmler	♂ bis 12 ♀ bis 10	ab 60	20 – 24
Barben			
Barbus conchonius Prachtbarbe	♂ bis 7 ♀ bis 8	ab 20	20 – 26
Barbus nigrofasciatus Purpurkopfbarbe	♂ bis 6 ♀ bis 7	ab 20	22 – 26
Barbus pentazona Fünfgürtelbarbe	bis 5	ab 20	22 – 26
Barbus tetrazona Sumatrabarbe	bis 6	ab 20	22 – 26
Brachydanio albolineatus Schillerbärbling	bis 6	ab 10	20 – 26
Brachydanio nigrofasciatus Tüpfelbärbling	♂ bis 5 ♀ bis 6	ab 10	22 – 26
Brachydanio rerio Zebrabärbling	♂ bis 4 ♀ bis 5	ab 5	18 – 26
Danio aequipinnatus Synonym: *Danio malabaricus* Malabarbärbling	bis 12	ab 30	20 – 26
Danio devario Devariobärbling	bis 10	ab 30	20 – 26

aichsubstrat	Zu beachten ist	Ausführliche Beschreibung auf Seite
latt über der Vasseroberfläche der Deckscheibe	Eine Deckscheibe ist immer zu verwenden, zumal diese Fische sehr gern springen.	92/94
reitblättrige flanzenblätter	Weibchen laicht nach Befruchtung ohne das Männchen ab. Weibchen nach dem Ablaichen aus dem Becken nehmen.	100
avamoos	Laichrost verwenden.	78
	,,	78
	,,	78
avamoos oder blaichwatte	,,	102
	,,	102
	,,	102
	,,	102
	,,	102
	Laichrost (Gazeplatte) verwenden. Nach dem Laichen $^{2}/_{3}$ des Wassers gegen Frischwasser austauschen.	102
	,,	102
urzeln des chwimmfarns	Laichrost verwenden. Wasserstand über dem Laichrost höchstens 15 cm.	102
	,,	106

Art	Größe in cm	Beckengröße in Liter für 1 Paar	Wasser-temperatur in Grad C
Tanichthys albonubes Kardinalfisch	bis 4,5	ab 5	18 – 24
Welse *Ancistrus dolichopterus* Blauer Antennenwels	bis 13	ab 60	22 – 26
Corydoras paleatus Punktierter Panzerwels	♂ bis 6 ♀ bis 7	ab 50	um 25
Dasyloricaria filamentosa Zwergharnischwels	bis 15	ab 30	20 – 24
Hoplosternum thoracatum Schwielenwels	bis 18	ab 70	um 24
Schmetterlingsfische *Pantodon buchholzi* Schmetterlingsfisch	bis 12	ab 80	um 25
Cichliden *Apistogramma borellii* Borellis Zwergbuntbarsch	♂ bis 10 ♀ bis 6	ab 40	um 25
Apistogramma reitzigi Gelber Zwergbuntbarsch	♂ bis 7 ♀ bis 5	ab 40	um 25
Astronotus ocellatus Pfauenaugen-Buntbarsch	bis 30	ab 200	um 25
Aulonocara nyassae Kaiserbuntbarsch	bis 18	ab 100	um 24
Cichlasoma facetum Chanchito	bis 30	ab 70	um 23

.aichsubstrat	Zu beachten ist	Ausführliche Beschreibung auf Seite
'avamoos oder ablaichwatte	Laichrost verwenden. Schwarmansatz (3 Männchen, 2 Weibchen) vorteilhaft.	106
'VC-Röhre	Tiere erst in das Zuchtbecken setzen, wenn das Weibchen Laichansatz zeigt. Moorkienholz mit ins Becken geben und oft mit überbrühtem Salatblatt füttern.	122
Vasserpflanzenblätter oder .quariumscheiben	Zur Zucht Wassertemperatur um einige Grade senken. Nach dem Laichen Zuchttiere entfernen und Wasser wechseln.	111
Vasserpflanzenblatt oder PVC-Röhre	Nach dem Laichen Röhre oder Blatt mit dem Männchen in ein Becken mit Frischwasser umsetzen.	119
ilatte Unterlage an der Vasseroberfläche Schaumpolystyrolplatte)	Nach dem Laichen Weibchen aus dem Becken nehmen.	116
-	Insektenfütterung notwendig.	124
Kokosnußschale oder Blumentopf	Versteckmöglichkeiten schaffen. Laich nach dem Laichen in ein Aufzuchtbecken umsetzen, gut belüften.	127
	,,	127
iroßer flacher Stein am Boden	Häufiger Wasserwechsel unbedingt erforderlich.	160
	Viele Versteckmöglichkeiten für Weibchen schaffen. 15 Tage nach dem Laichen Weibchen in ein Aufzuchtbecken vorsichtig umsetzen.	172
'lacher Stein oder chräge Wand	Da Jungfische länger im Zuchtbecken bleiben, öfter Wasser wechseln.	161

Art	Größe in cm	Beckengröße in Liter für 1 Paar	Wasser-temperatur in Grad C
Cichlasoma festivum Flaggenbuntbarsch	bis 15	ab 70	um 25
Cichlasoma meeki Feuermaulbuntbarsch	♂ bis 15 ♀ bis 12	ab 60	23 – 26
Gymnogeophagus balzanii	bis 20	ab 80	um 24
Julidochromis dickfeldi	♂ bis 10 ♀ bis 8	ab 40	um 24
Julidochromis marlieri	bis 10	ab 40	um 25
Labeotropheus trewavasae Gestreckter Schabemundbarsch	bis 15	ab 100	um 24
Lamprologus brichardi Feenbarsch	bis 10	ab 50	23 – 27
Lamprologus leleupi Gelber Tanganjika-Cichlide	♂ bis 11 ♀ bis 7	ab 60	um 24
Melanochromis auratus Türkisgoldbuntbarsch	bis 12	ab 50	um 25
Nannacara anomala Glänzender Zwergbuntbarsch	♂ bis 8 ♀ bis 5	ab 30	um 24
Papiliochromis ramirezi Schmetterlingsbuntbarsch	bis 7	ab 30	um 25
Pelmatochromis thomasi Afrikanischer Schmetterlingsbuntbarsch	bis 10	ab 40	um 25
Pseudocrenilabrus multicolor Kleiner Maulbrüter	♂ bis 7 ♀ bis 8	ab 50	um 24

ichsubstrat	Zu beachten ist	Ausführliche Beschreibung auf Seite
eite Pflanzenblätter, urzeln o. flache Steine	Da Jungfische länger im Zuchtbecken bleiben, öfter Wasser wechseln.	161/164
acher Stein oder hräge Wand	,,	161
acher Stein	Weibchen ca. 5 Tage nach dem Laichen umsetzen.	172
öhlenwand	Höhlen mit Steinen im Becken bauen. Beim Wasserwechsel und Hantieren im Becken vorsichtig vorgehen, weil danach meist Streitigkeiten unvermeidbar sind, die gewöhnlich eine Woche andauern.	140
	,,	140
ulden im Sand oder cher Stein	Weibchen ca. 15 Tage nach dem Laichen vorsichtig in ein Aufzuchtbecken umsetzen.	175
okusnußschale, umentopf oder einhöhle	Viele Versteckmöglichkeiten für das Weibchen schaffen. Bei Störungen kommt es oft zu Streitereien zwischen den Tieren.	140
	,,	140
odengrund oder cher Stein	Möglichst mit anderen Arten im großen Becken zusammen halten. Weibchen muß genügend Versteckmöglichkeiten haben. Weibchen ungefähr 15 Tage nach dem Laichen in ein Aufzuchtbecken umsetzen.	175
	Im Zuchtbecken Versteckmöglichkeiten für das Männchen schaffen.	144
	Leichte Wasserströmung ist angebracht. Feinkörnigen Kies als Bodengrund verwenden.	144
	,,	144
odengrund oder flacher ein am Bodengrund	Weibchen nach dem Laichen vom Männchen trennen.	151

Art	Größe in cm	Beckengröße in Liter für 1 Paar	Wasser-temperatur in Grad C
Pterophyllum scalare Skalar	bis 20	ab 80	25 – 28
Steatocranus casuarius Buckelkopfcichlide	♂ bis 15 ♀ bis 12	ab 70	um 25
Tropheus duboisi	bis 12	ab 80	um 25
Tropheus moori	bis 12	ab 80	um 25
Nanderbarsche *Polycentrus schomburgki* Südamerikanischer Vielstachler	♂ bis 12 ♀ bis 7	ab 60	um 25
Glasbarsche *Chanda ranga* Indischer Glasbarsch	bis 7	ab 30	18 – 26
Regenbogenfische *Glossolepis incisus* Purpur-Regenbogenfisch	bis 15	ab 60	24 – 28
Nematocentris fluviatilis Australischer Perlmutterfisch	bis 10	ab 60	23 – 28
Segelfische *Iriatherina werneri* Irian-Segelfisch	♂ bis 7 ♀ bis 6	ab 20	24 – 26
Telmatherina ladigesi Celebes-Segelfisch	♂ bis 7 ♀ bis 6	ab 20	23 – 28
Ährenfische *Bedotia geayi* Rotgeschwänzter Ährenfisch	bis 15	ab 60	um 23
Pseudomugil signifer Schmetterlingsährenfisch	♂ bis 5 ♀ bis 4	ab 20	23 – 26

aichsubstrat	Zu beachten ist	Ausführliche Beschreibung auf Seite
‚räftige Wasser-flanzenblätter oder ntsprechende Imitation	Wasserstand nicht zu niedrig. Zuchtpaar möglichst allein im Zuchtbecken halten.	164
öhlendecke, lumentopf	Da Jungfische länger im Zuchtbecken bleiben, öfter Wasser wechseln.	158
lacher Stein	Sehr wichtig ist häufiger Wasserwechsel. Schlängelnde Bewegungen sind bereits Alarmsignal: Wasser sofort wechseln.	177
	,,	177
lattunterseite	Larven zwei Tage nach dem Schlüpfen vom Blatt absaugen und in ein Aufzuchtbecken bringen.	178
lyriophyllum	Jungfische benötigen unbedingt Diaptomus-Nauplien als Erstfutter.	186
avamoos oder blaichwatte	Pflanzliche Kost geben. Häufig Wasser wechseln. Laichsubstrat jeweils nach dem Laichen in ein Aufzuchtbecken überführen.	189
	Häufig Wasser wechseln. Laichsubstrat jeweils nach dem Laichen in ein Aufzuchtbecken überführen.	189
avamoos	Häufig Wasser wechseln. Wasserströmung mit Ausströmer oder Kreiselpumpe erzeugen.	195
	,,	195
avamoos oder fein-edrige Wasserpflanzen	,,	197
avamoos	Häufig Wasser wechseln. Javamoos jeden Abend (wenn gelaicht wurde) gegen neues auswechseln. Das Javamoos mit den Eiern bringt man in ein Aufzuchtbecken, dessen Wasser mit ein bis zwei Eßlöffel Salz auf 10 Liter versetzt wurde.	199

Fischarten, deren Nachzucht im harten bis sehr harten Wasser, eventuell mit Salzzusatz, zu empfehlen ist:

Art	Größe in cm	Beckengröße in Liter für 1 Paar	Wasser-temperatur in Grad C
Lebendgebärende Zahnkarpfen *Poecilia latipinna* Breitflossenkärpfling	bis 7	ab 30	24 – 28
Poecilia sphenops Zuchtform „Black Molly"	♂ bis 6 ♀ bis 8	ab 20	24 – 28
Eierlegende Zahnkarpfen *Garmanella pulchra*	bis 4	ab 15	18 – 23
Goldringelgrundeln *Brachygobius nunus*	♂ bis 3,7 ♀ bis 4,2	ab 15	um 28
Brachygobius xanthozona	♂ bis 4 ♀ bis 4,5	ab 15	um 28

Fischarten, die im weichen Wasser (bis ca. 6° dH) zur Nachzucht angesetzt werden müssen:

Art	Größe in cm	Beckengröße in Liter für 1 Paar	Wasser-temperatur in Grad C
Eierlegende Zahnkarpfen *Aphyosemion bivittatum* Gebänderter Prachtkärpfling	♂ bis 5,5 ♀ bis 4	ab 15	um 25
Aphyosemion bualanum	♂ bis 5 ♀ bis 4,5	ab 15	um 25

.aichsubstrat	Zu beachten ist	Ausführliche Beschreibung auf Seite
–	Weibchen fressen beim Werfen oft Jungfische. „Gebärkasten" oder kleines Becken mit viel *Myriophyllum* verwenden.	28
–	Weibchen fressen beim Werfen oft Jungfische. „Gebärkasten" oder kleines Becken mit viel *Myriophyllum* oder anderen feinfiedrigen Wasserpflanzen.	28
Javamoos	Pflanzliche Kost beifüttern. Bewährt hat sich die Haltung in veralgten Becken. 10 Tage nach dem Einsetzen Zuchtpaar umsetzen.	40
kleine Höhle, PVC-Röhre	3 Eßlöffel Seesalz auf 10 Liter Wasser zugeben. Jungfische sollten die erste Zeit im Zuchtbecken bleiben. Zuchttiere herausfangen.	200
'	"	200

.aichsubstrat	Zu beachten ist	Ausführliche Beschreibung auf Seite
\blaichwatte	Eier mit den Fingern absammeln und in feuchten Torf bringen, wenn Entwicklung verzögert werden soll. Schlupfhilfe beim Aufgießen durch Schütteln und Aufstreuen von Trockenfutter.	35
	"	35

Art	Größe in cm	Beckengröße in Liter für 1 Paar	Wasser-temperatur in Grad C
Aphyosemion gardneri	♂ bis 6 ♀ bis 5,5	ab 20	um 26
Aphyosemion seymouri	♂ bis 4 ♀ bis 3,5	ab 15	um 25
Austrofundulus dolichopterus Segel-Prachtkärpfling	♂ bis 6 ♀ bis 4	ab 15	um 22
Cynolebias whitei Whites Fächerfisch	♂ bis 7 ♀ bis 5	ab 20	um 23
Epiplatys annulatus Zwerghechtling	♂ bis 4 ♀ bis 3,5	ab 10	um 25
Epiplatys sexfasciatus	♂ bis 10 ♀ bis 8	ab 30	um 25
Nothobranchius rachovi	♂ bis 5 ♀ bis 4	ab 15	um 20
Procatopus nototaenia	♂ bis 5 ♀ bis 4	ab 30	22 – 25
Pterolebias longipinnis	♂ bis 10 ♀ bis 8	ab 30	22 – 26
Roloffia occidentalis	♂ bis 9 ♀ bis 7	ab 20	22 – 26
Labyrinthfische *Trichopsis pumilus* Zwerggurami	bis 5	ab 20	um 25
Ctenopoma ansorgii Orange-Buschfisch	♂ bis 8 ♀ bis 7	ab 50	um 23

Laichsubstrat	Zu beachten ist	Ausführliche Beschreibung auf Seite
Ablaichwatte	Eier mit den Fingern absammeln und in feuchten Torf bringen, wenn Entwicklung verzögert werden soll. Schlupfhilfe beim Aufgießen durch Schütteln und Aufstreuen von Trockenfutter.	35
Torf	Häufig Wasser wechseln. Torf jeweils nach 2 Wochen absaugen und frisches Zuchtwasser auffüllen.	42
,,	Häufiger Wasserwechsel. Torf mit den Eiern fast trocken lagern.	43
,,	Bodengrund aus Torf sollte mindestens 3 cm hoch sein.	47
Javamoos	Zuchttiere nach 10 Tagen in ein anderes Zuchtbecken überführen.	35
Javamoos oder Wurzeln von Schwimmpflanzen	,,	35
Torf	Torf jeweils nach 3 Wochen absaugen und frisches Zuchtwasser auffüllen.	44
Spalten an Wasserpflanzen, Wurzeln und Korkrinde	Elterntiere wöchentlich umsetzen. Jungfische schlüpfen nach ca. 12 Tagen.	38
Torf	Bodengrund aus Torf sollte mindestens 3 cm hoch sein. Torf jeweils nach 3 Wochen absaugen und frisches Zuchtwasser auffüllen.	47
,,	Torf jeweils nach 3 Wochen absaugen und frisches Zuchtwasser auffüllen. Schlupfergebnisse oft sehr gering.	42
Schaumnest unter einem Blatt	Blatt mit den geschlüpften Larven in Aufzuchtbecken überführen.	60
Schaumnest unter Schwimmpflanzenblatt	Schaumnest zwei Tage nach dem Laichen in Aufzuchtbecken überführen.	53

Art	Größe in cm	Beckengröße in Liter für 1 Paar	Wasser-temperatur in Grad C
Salmler			
Chilodus punctatus Punktierter Kopfsteher	bis 9	ab 80	24 – 26
Copeina guttata Forellensalmler	bis 15	ab 40	um 24
Hemigrammus caudovittatus Rautenflecksalmler	bis 7	ab 25	22 – 26
Nannostomus espei Quergestreifter Ziersalmler	bis 5,5	ab 10	um 24
Nannostomus marginatus Zwergziersalmler	bis 4	ab 10	um 24
Paracheirodon innesi Neonsalmler	bis 4	ab 10	18 – 20
Pyrrhulina vittata	bis 6	ab 15	um 24
Thayeria boehlkei Schrägschwimmer	bis 6	ab 25	um 24
Barben			
Barbus arulius Prachtglanzbarbe	bis 12	ab 50	um 24
Rasbora heteromorpha Keilfleckbarbe	bis 4	ab 10	um 24
Rasbora kalochroma Schönflossenbärbling	bis 5	ab 15	um 25
Rasbora maculata Zwergbärbling	♂ bis 2 ♀ bis 2,5	ab 10	um 25

Laichsubstrat	Zu beachten ist	Ausführliche Beschreibung auf Seite
Javamoos	Nicht zu kurze Zuchtbecken verwenden. Rennbecken eignen sich am besten zur Zucht. Versteckmöglichkeiten für das Weibchen schaffen.	97
Blattoberseite oder Grube in feinem Kies	Männchen kurze Zeit nach dem Laichen aus dem Becken nehmen.	94
Myriophyllum	Gaze ungefähr 10 cm über dem Bodengrund befestigen. Tiere laichen an der Wasseroberfläche.	86
Wasserpflanzen	Zuchttiere gleich nach dem Laichen aus dem Zuchtbecken nehmen. Laichrost verwenden.	88
Myriophyllum	Wasserstand höchstens 5 cm über dem Laichrost. Kurzen Stengel *Myriophyllum* verwenden.	90
Javamoos	Zuchttiere müssen regelmäßig jeweils nach 7 bis 14 Tagen zur Zucht angesetzt werden.	83
Blattoberseite	Möglichst *Echinodorus horizontalis* verwenden. Tiere gut füttern, zumal Weibchen starke Laichräuber.	90
Myriophyllum oder Wurzeln von Schwimmpflanzen	Laichrost verwenden. Zuchttiere nach dem Laichen herausfangen und möglichst viel Wasser absaugen und mit frischem Zuchtwasser ersetzen.	78
Javamoos oder *Myriophyllum*-Busch	Rennbecken verwenden. Laichrost benutzen.	102
Unterseite von Wasserpflanzenblättern	Laichrost verwenden. Statt Wasserpflanzenblatt ein „Blatt" aus Plastikfolie nehmen.	107
Javamoos oder *Myriophyllum*	Laichrost verwenden. Wasserstand darüber gering halten.	102
"	"	102

Art	Größe in cm	Beckengröße in Liter für 1 Paar	Wasser-temperatur in Grad C
Cichliden			
Apistogramma trifasciatum	♂ bis 5 ♀ bis 3,5	ab 20	um 25
Nanochromis dimidiatus	♂ bis 9 ♀ bis 6	ab 60	um 24
Nanochromis nudiceps	♂ bis 10 ♀ bis 7	ab 60	um 24
Pelvicachromis taeniatus Smaragd-Prachtbarsch	♂ bis 7 ♀ bis 5	ab 60	um 25
Nanderbarsche			
Polycentropsis abbreviata Afrikanischer Vielstachler	bis 8	ab 60	um 25

Fischarten, zu deren Nachzucht man weiches, mineralarme

(Bis ca. 2° dH auf der Basis von vollentsalztem Wasser)

Art	Größe in cm	Beckengröße in Liter für 1 Paar	Wasser-temperatur in Grad C
Labyrinthfische			
Malpulutta kretseri Marmor-Spitzschwanzgurami	♂ bis 7 ♀ bis 4,5	ab 40	um 25
Parosphromenus deissneri Prachtzwerggurami	♂ bis 3,6 ♀ bis 3	ab 30	um 26
Sphaerichthys osphromenoides Schokoladengurami	bis 6,5	ab 50	um 24

Laichsubstrat	Zu beachten ist	Ausführliche Beschreibung auf Seite
Kokusnußschale oder andere Höhle	Bewährt hat sich der Ansatz mehrerer Tiere (2 Männchen und 3 Weibchen) im etwas größeren Becken.	127
Höhlendecke	Gelege am besten einen Tag nach dem Laichen in ein Aufzuchtbecken bringen und möglichst fließendem Wasser aussetzen.	137
,,	,,	137
Höhlenwand oder -decke	Häufiger Wasserwechsel. Die Eltern führen die Jungfische. Jungfische erst nach ca. 2 Wochen aus dem Zuchtbecken fangen.	135
Blattunterseite	Möglichst *Echinodorus horizontalis* verwenden. Blatt mit Larven zwei Tage nach dem Schlüpfen in Aufzuchtbecken überführen. Starker Ausströmer ist angebracht.	178

asser verwenden sollte:

Laichsubstrat	Zu beachten ist	Ausführliche Beschreibung auf Seite
Höhlendecke oder Blattunterseite mit Schaumnest	Mineralgehalt ab Schlüpfen der Larven erhöhen (Aufzuchtbecken).	62
Höhlendecke	Larven einige Stunden nach dem Schlüpfen in Aufzuchtbecken umsetzen. Nach dem Umsetzen Mineralgehalt des Wassers mit Frischwasser langsam erhöhen, damit Futtertiere nicht absterben.	62
Bodengrund	Nur mäßig füttern, erst kurz vor dem Laichen reichlich füttern.	71

Art	Größe in cm	Beckengröße in Liter für 1 Paar	Wasser-temperatur in Grad C
Salmler *Cheirodon axelrodi* Roter Neon	♂ bis 4,5 ♀ bis 5	ab 10	24 – 28
Hyphessobrycon erythrostigma Kirschflecksalmler	♂ bis 6 ♀ bis 5	ab 60	24 – 28
Cichliden *Crenicara filamentosa* Schachbrettcichlide	♂ bis 9 ♀ bis 6	ab 80	24 – 26
Symphysodon aequifasciata Diskus	bis 20	ab 120	um 28
Nanderbarsche *Monocirrhus polyacanthus* Blattfisch	bis 10	ab 100	25 – 28

Laichsubstrat	Zu beachten ist	Ausführliche Beschreibung auf Seite
-	Nach dem Schlupf der Larven Mineralgehalt des Wassers erhöhen.	78
Myriophyllum oder andere feinfiedrige Wasserpflanzen	Laichrost verwenden. Laich nach dem Laichen absaugen und in Aufzuchtbecken überführen. Nach dem Schlupf der Larven Mineralgehalt des Wassers erhöhen.	78
Blattoberseite oder flacher Stein	Gelege ca. 35 Stunden nach dem Laichen in Aufzuchtbecken überführen. Dort sollte ständig Wasser über das Gelege fließen. Strömung erzeugen. Nach Schlupf der Larven Mineralgehalt des Wassers erhöhen.	148
Echinodorus-Blätter oder Tonvase	Viel Frischwasser. Reichlich füttern, möglichst mit schwarzen Mückenlarven. Jungfische ungefähr eine Woche nach dem Freischwimmen auch mit Nauplien füttern. Mineralgehalt in dieser Zeit langsam erhöhen.	168
Blattunterseite	Mit kleinen Fischen füttern. Wasserbewegung im Becken schaffen. Nach Schlüpfen der Larven Mineralgehalt des Aufzucht-Wassers erhöhen.	180

Erläuterung verwendeter Ausdrücke und Bezeichnungen

Akklimatisieren = An veränderte Umweltbedingungen gewöhnen, in der Aquaristik hauptsächlich bei Wildfängen.

Albinotische Formen = Formen mit fehlender Farbstoffbildung. Es handelt sich dabei um Mutationen. Sie sind meist weißlich. Augen wegen durchschimmerndem blutgefäßreichen Hintergrundes rötlich.

Anflugnahrung = Nahrung, die auf die Wasseroberfläche fällt und dort von den Fischen aufgenommen oder über der Wasseroberfläche erbeutet wird.

Art = Grundeinheit der zoologischen und botanischen Systematik. Zur genauen Bezeichnung sind Gattungs- und Artname erforderlich.

Artemia salina = Salz- und Salinenkrebschen. Eier dieser Art werden im Zoohandel angeboten. Im warmen Salzwasser schlüpfen die Larven und sind ein gutes Erstfutter für Jungfische, besonders für Cichliden.

Aufwuchsnahrung = Kleinlebewesen und kurz- oder langwüchsige Algen (Bewuchs von Gegenständen). Von verschiedenen Fischen werden Algen und Kleinlebewesen gefressen, von anderen nur Kleinlebewesen. Manche Fische sind darauf spezialisiert.

Auslöser = Reize oder Reizkombination, die bestimmte Verhaltensweisen auslösen.

Balz = Teil des Fortpflanzungsverhaltens, das artspezifisch ist. Fortpflanzungsbereitschaft wird angezeigt.

Beschwichtigungsverhalten = Verhaltensweisen, die den Aggressionstrieb von Artgenossen neutralisieren oder ablenken und eine Umstimmung bewirken.

Befruchtung = Vereinigung von Samen- und Eizelle. Nach Verschmelzung der Zellkerne setzt die Furchung des Eies ein und die Embryonalentwicklung beginnt.

Besamung = Heranbringung der männlichen Geschlechtszellen an die weiblichen Geschlechtszellen vor der Befruchtung.

Biotop = Lebensraum mit verhältnismäßig einheitlichen Lebensbedingungen.

Biotopansprüche = Ansprüche einer bestimmten Art an die Umwelt.

Brutfürsorge = Vererbbare Handlungen zur optimalen Unterbringung der geschlüpften Larven um möglichst günstige Bedingungen für ihre Entwicklung zu schaffen. Vorstufe der Brutpflege.

Brutpflege = Dem Schutz und der Pflege der Nachkommen dienende, vorwiegend angeborene Handlungen.

Cyclcps = Hüpferlinge, die ein ideales Futter für viele Zierfische sind.

Daphnien = Wasserflöhe aus der Gattung *Daphnia.* Bekanntes Zierfischfutter, das besonders in den Sommermonaten in großen Mengen in Tümpeln auftritt.

Diaptomus = Gattung von Hüpferlingen, die mit ihren waagerecht gehaltenen Antennen im Wasser schweben können. Sie machen nur recht selten hüpfende Bewegungen. Besonders bei der Aufzucht von Glasbarschen notwendig.

Dominantes Merkmal = Vorherrschendes Merkmal.

Dottersack = Organ bei Larven, dessen Inhalt u. a. die Ernährung der wachsenden Larven gewährleistet. Nach Abbau des Dottersackes selbständige Nahrungsaufnahme = Jungfisch.

Drosophila = Essig-, Frucht- oder Taufliege. In der Aquaristik ist die stummelflügelige Form von *Drosophila melanogaster* als wertvolles Futter für bestimmte Zierfische bekannt. Gut vermehrbar auf Nährbrei, der in gut verschließbaren Plastikdosen eingebracht wird. Um Luftaustausch zu gewährleisten, muß sich im Deckel eine mit Gaze verschlossene Öffnung befinden.

Eientwicklung = Embryonalentwicklung. Entwicklung eines vielzelligen Organismus aus der befruchteten Eizelle, beginnend mit der Furchung.

Eierstock = Bildungsgewebe der Eier bei weiblichen Tieren, paarig angelegt im weiblichen Fisch.

Embryo = Keimling, Entwicklungsstadium bis zur Larve.

Enchyträen = In der Erde (Komposthaufen) lebende weißliche Würmer, die für Fütterungszwecke in der Aquaristik gezogen werden. Sehr eiweißreiche Nahrung. Zucht in kleinen, flachen Holzkisten mit humusreichem Boden.

Farbwechsel = Fähigkeit, die Färbung zu ändern. Anpassung an die Umwelt oder an bestimmte Verhaltensweisen gebunden.

Feindfaktor = Bedeutsamer biologischer Faktor, der bestimmte Verhaltensformen der Fische verstärkt (z. B. Brutpflegeverhalten) und in der Natur für Ausgeglichenheit in einem Biotop sorgt.

Fettflosse = Auf dem Rücken zwischen Rückenflosse und Schwanzflosse befindliche zusätzliche Hautflosse mancher Fische; vorwiegend bei salmler- und welsartigen Fischen.

Freilaicher = Fischarten, die Eier und Spermien ins freie Wasser abgeben. Die Fische schwimmen dabei meist dichtaneinander gepreßt oder so umschlungen, daß die Geschlechtsorgane dicht beieinander liegen. Diese Fischarten produzieren im allgemeinen sehr große Laichmengen zur Arterhaltung, entweder auf einmal oder durch schnellere Folge des Laichens.

Führungsschwimmen = Verschiedene Schwimmweisen und Lockbewegungen, um Weibchen an den Laichplatz oder Jungfische zu führen.

Gattung = Kategoriestufe, in der nahe verwandte Arten zusammengefaßt sind. Sie steht unter der Familie oder Unterfamilie.

Genitalpapille = Nach außen vorstreckbare Verlängerung des Samenleiters zur gezielteren Besamung der abgelegten Eier (gut bei Cichliden zu erkennen).

Geschlechtsdimorphismus = Geschlechtsunterschiede.

Gonopodium = Durch Flossenstrahlen gebildete Rinne, über die Spermienpakete in die weibliche Geschlechtsöffnung befördert werden. In den meisten Fällen wird das Gonopodium eingeführt und verankert, bis die Spermienübertragung beendet ist.

Grindal = Kleine Enchyträenart, die sich leicht für Fütterungszwecke in der Aquaristik züchten läßt. Kultur ähnlich wie bei Enchyträen. Die weißlichen Würmer sind ungefähr 1 cm lang.

Haftlaicher = Fischarten, die ihre Eier an einem Substrat ablegen und oft auch Brutpflege betreiben. Anzahl der abgelegten Eier meist viel geringer als bei Freilaichern.

Ichthyologie = Fischkunde – Teilgebiet der Zoologie.

Imponierverhalten = Verhalten um auf sich aufmerksam zu machen (Balz vor dem Geschlechtspartner) oder Drohverhalten vor Rivalen. Dabei werden meist alle Flossen gespreizt und die Prachtfärbung angelegt.

Importfische = Früher oft verwendeter Begriff für Wildfänge. Heute aber auch auf im Ausland gezogene Fische bezogen.

Infusorien = In der Aquaristik oft falsch gebrauchter Sammelbegriff für Erstfutter der Jungfische, Infusorien = *Ciliata*.

Inzucht = Fortpflanzung zwischen engverwandten Individuen. In der Aquaristik unter ständiger Auslese Voraussetzung für die Hochzucht. Aufzucht- oder auswahlbedingte Schäden werden oft der Inzucht zugeschrieben, liegen aber fast immer in fehlerhafter Auswahl der Zuchttiere oder vernachlässigter Aufzucht der Jungfische.

Kiemen = Atmungsorgan der Fische.

Kreuzung = Paarung von Geschlechtspartnern mit unterschiedlichen Erbanlagen (z. B. verschiedene Farbformen).

Laichfärbung = Bei manchen Fischarten vorkommende, von der Normalfärbung abweichende Färbung vor und während des Laichens.

Laichkraut = Feinfiedrige Wasserpflanzen wie *Cabomba, Limnophila* oder *Myriophyllum*. Heute oft künstliches L. aus Nylon.

Laichräuber = Fische, die die Eier fressen; daher Verwendung eines Laichrostes.

Laichzeit = Hauptsächlich in der Natur vorkommende periodische Zeiträume, in denen bestimmte Fische vorzugsweise laichen. In der Aquaristik nur noch bei einigen Fischarten feststehend, sonst mit stimulierenden Ablaich-Faktoren zu jeder Zeit schaffbar.

Larve = Jugendstadium von Tieren, das vom erwachsenen Individuum abweicht. Die Larve der Fische hat noch einen Dottersack. Ist der Dottersack-Inhalt abgebaut und muß Nahrung aufgenommen werden, spricht man vom Jungfisch.

Mikro = Kleine Fadenwürmer, auch Essigälchen genannt, die auf einer Nährlösung aus Haferflocken und saurer Milch in Plastikdosen gezüchtet werden können. Gutes Aufzuchtfutter.

Mückenlarven = Larven der Büschelmücken = „Weiße Mückenlarven". Larven der Zuckmücken = „Rote Mückenlarven". Larven der Stechmücken = „Schwarze Mückenlarven".

Mutation = Spontane oder künstlich erzeugte erbliche Veränderung.

Mutterfamilie = Familienform bei Fischen, das Weibchen übernimmt die Brutpflege allein.

Myriophyllum = Tausendblatt, eine Wasserpflanze, die sich gut als Laichkraut eignet.

Nauplien = Larvenstadium verschiedener niederer Krebstiere, z. B. von *Artemia salina* und Cyclops.

Nitrate = Salze der Salpetersäure. Endprodukt bei der Oxydation von Stickstoffverbindungen, im Aquarium durch den Abbau der Futterreste, des Harns und Kots bedingt.

Nitrite = Salze der salpetrigen Säure. Entsteht durch teilweise Oxydation von Ammoniumverbindungen oder Reduktion aus Nitraten. Nitrite im Aquarium sind meist die Folge von Überbesetzung und zu starker Fütterung. Es hilft nur häufiger Wasserwechsel. Nitrite sind bereits in schwacher Konzentration giftig.

Nomenklatur = System der wissenschaftlichen Namen, die für die einzelnen Arten angewandt werden.

Offenbrüter = Fische, vor allem Cichliden, die auf einer offenliegenden Unterlage ablaichen.

Ökologie = Wissenschaft von den Beziehungen der Organismen zu ihrer belebten und unbelebten Umwelt.

Organische Stoffe = Von Organismen stammende oder in ihnen vorkommende Substanzen.

Plankton = Sammelbezeichnung für alle frei im Wasser schwebenden Organismen mit geringer oder fehlender Eigenbewegung.

Population = In der Ökologie = Bevölkerung; Gesamtheit der in einem bestimmten, zusammenhängenden Gebiet vorhandenen Individuen einer Art.

Rädertierchen = Rotatorien. Mikroskopisch kleine Organismen mit einem Wimpernkranz um das Mundfeld. Im Wasser schwebend. Gutes Erstfutter für viele Jungfische.

Rotatorien = Rädertierchen.

Salinenkrebschen = *Artemia salina*.

Sauerstoffmangel = Er entsteht z. B. bei Überbesetzung eines Aquariums. Der von den Organismen im Wasser benötigte Sauerstoff kann nicht mehr gedeckt werden. Er kann auch durch Oxydation der Abbauprodukte verursacht werden.

Schaumnest = Von verschiedenen Labyrinthfischen und Welsen *(Hoplosternum)* zum Schutz der Eier und Larven angelegtes Nest aus Schaumperlen. Es wird meist an der Wasseroberfläche unter Schwimmpflanzenblättern angelegt.

Staubfutter = In der Aquaristik Rädertierchen oder frischgeschlüpfte feinste Nauplien.

Substratlaicher = Fische, die an oder auf einem Substrat (Wasserpflanzen, Wurzeln oder Steinen) laichen.

Synonym = Wissenschaftliche Bezeichnung für Tiere oder Pflanzen, die nach den gültigen Nomenklaturregeln nicht mehr gilt.

Systematik = Einordnung der Lebewesen in ein System.

Trivialname = Gewöhnlicher, landessprachlicher oder volkstümlicher Name.

Tubifex = Schlammröhrenwürmer, die vorwiegend im Schlamm stark verunreinigter Gewässer vorkommen. Gutes Zierfischfutter, wenn es aus chemisch nicht verunreinigten Gewässern entnommen und einige Zeit im fließenden Frischwasser gehalten wurde.

Unterart = Von einer bestimmten Art abweichende Form. Varietät (Abk. var.), Subspecies (Abk. ssp.) oder Rasse.

Varietät = Unterart.

Vaterfamilie = Familienform vorwiegend bei Cichliden, bei der das Männchen allein die Pflege der Brut übernimmt.

Verhaltensinventar = Genaue Beschreibung aller Verhaltensweisen einer Art. Ethogramm.

Versteckbrüter = Höhlenbrüter.

Vollentsalzung = Entfernen der im Wasser gelösten Salze mit Ionenaustauscher = Filter mit bestimmten Kunstharzen.

Zuchtwasser = Nur für die Nachzucht von Fischen erforderliches Wasser, dessen verschiedene Werte den Werten der Heimatgewässer der bestimmten Fischart nahekommen.

Literaturverzeichnis

ARNOLD, J. P. und AHL, E. (1936): Fremdländische Süßwasserfische. Wenzel und Sohn, Braunschweig

AXELROD, H. R. und SCHULTZ, L. P. (1955): Handbook of Tropical Aquarium Fishes. Mc. Graw-Hill Book Company, Inc., New York, Toronto, London,

– VORDERWINKLER, W., EMMENS, C. W. SCULTHORPE, D., PRONEK, N. (1974): Exotic Tropical Fishes (Looseleaf Edition). T. F. H. Publications, Inc., Jersey City

– and VORDERWINKLER, W. (1974): Encyclopedia of Tropical Fishes. T. F. H. Publications, Inc. Ltd. Neptune City

BREMBACH, M. (1976): Anatomische Beiträge zur Systematik Lebendgebärender Halbschnäbler *(Hemirhamphidae),* Pisces, Z. f. zool. Systematik und Evolutionsforschung. P. Parey, Hamburg

– (1979): Lebendgebärende Fische im Aquarium. Frankh'sche Verlagshandlung, Stuttgart

BECH, R. (1976): Eierlegende Zahnkarpfen. Urania-Verlag, Leipzig – Jena – Berlin

BLÜM, V. (1966): Zur hormonalen Steuerung der Brutpflege einiger Cichliden. Zool. Jahrb. Physiol., 72, S. 264-290

BOULENGER, G. A. (1909-1916): Catalogue of the Freshwater Fishes of Africa. 4 vols. British Museum (Natural History), London

BRICHARD, P. (1978): Fishes of lake tanganyika. T. F. H. Publications, Inc. Neptune City

BUTZ, E. und KUENZER, P. (1957): Zur Brutpflege einiger Zwergcichliden. Z. Tierpsychol., 14, S. 204-209

CANTOR, T. E. (1849): Catalogue of Malayan fishes. Journ. Asiat. Soc. Bengal, vol. 18

DAY, F. (1878): The fishes of India, Burma and Ceylon. 2 vols. Quaritch, London

– (1889): Fauna of British India, including Ceylon and Burma. Fishes, 2, London

FORSELIUS, S. (1957): Studies of Anabantid Fishes, I-III. Zool. Bidr. Uppsala 32, S. 93 – 597

FREY, H. (1969): Das Aquarium von A bis Z. Neumann Verlag, Radebeul

FREYER, G. und ILES, T. D. (1972): The cichlid fishes of the great Lakes of Africa. T. F. H. Publications, Inc. Neptune City

GEISLER, R. (1964): Wasserkunde für die aquaristische Praxis. Alfred Kernen Verlag, Stuttgart

GERY, J. (1969): The freshwater fishes of South America. Biogeography and ecology in South America, ed. E. J. Fittkan et al. The Hague, S. 828-848

– (1977): Characoids of the world. T. F. H. Publications, Inc. Neptune City

GOLDSTEIN, R. J. (1971): Anabantoids, T. F. H. Publications, Inc. Jersey City

– (1973): Cichlids of the world. T. F. H. Publications, Inc. Ltd. Neptune City

– (1974): Buntbarsche fürs Aquarium. Frankh'sche Verlagshandlung Stuttgart

HENTSCHEL, E. (1923): Grundzüge der Hydrobiologie. Gustav Fischer Verlag, Jena

HOEDEMAN, J. J. (1974): Naturalists' Guide to Fresh-Water Aquarium Fish. Elsevier, Nederland N. V.

HOHL, D. (1979): Aquarienchemie. Urania-Verlag, Leipzig – Jena – Berlin.

HOLLY, M., MEINKEN, H. und RACHOW, A. (ab 1932 fortlaufend): Die Aquarienfische in Wort und Bild. Alfred Kernen Verlag, Stuttgart

HORN, H. (1965): Kleine Futterkunde für den Aquarienfreund. Urania Verlag, Leipzig – Jena – Berlin

HÜBNER, G., JUNG, K. und WINKLER, E. (1970): Die Rolle des Wassers in biologischen Systemen. Akademie-Verlag, Berlin

INNES, W. T. (1968): Exotic Aquarium Fishes. T. F. H. Publications, Inc. Jersey City

JACOBS, K. (1969): Die Lebendgebärenden Fische der Süßgewässer. Edition, Leipzig

– (1976): Vom Guppy – dem Millionenfisch. Landbuch-Verlag Hannover

Kosmos Handbuch Aquarienkunde (1977): Das Süßwasser-Aquarium. Frankh'sche Verlagshandlung, Stuttgart

LADIGES, W. (1951): Der Fisch in der Landschaft. Wenzel und Sohn Braunschweig

– (1959): Beiträge zur Kenntnis der Cichliden des Tanganjikasees I. Intern. Revis., d. ges. Hydrobiol., 44, S. 431-438

LÜLING, K. H.: Südamerikanische Fische und ihr Lebensraum. Engelbert Pfriem Verlag, Wuppertal/Elberfeld

MAYLAND, H. J. (1978): Cichliden und Fischzucht. Landbuch-Verlag, Hannover.

MAYR, E. (1975): Grundlagen der Zoologischen Systematik. Verlag Paul Parey, Hamburg u. Berlin

MUNRO, I. S. R. (1967): The fishes of New Guinea. Dep. of Agriculture, Stock and Fisheries, Port Moresby, New Guinea

NIEUWENHUIZEN, A. VAN DEN (1962): Exoten im Aquarium. Landbuch-Verlag, Hannover

NIKOLSKY, G. V. (1978): The Ecology of Fishes. T. F. H. Publications, Inc. Neptune City

PINTER, H. (1966): Handbuch der Aquarienfischzucht. Alfred Kernen Verlag, Stuttgart

REICHENBACH-KLINKE, H. H. (1970): Grundzüge der Fischkunde. Gustav Fischer Verlag, Jena

RICHTER, H. J. (1979): Das Buch der Labyrinthfische. Neumann Verlag, Radebeul

SCHEEL, J. (1975): Rivulins of the old World. T. F. H. Publications, Inc. Neptune City

SCHUBERT, A. (1966): Praxis der Süßwasserbiologie. Verlag Volk und Wissen, Berlin

SMITH, H. M. (1945): The Fresh-Water Fishes of Siam, or Thailand. Smithsonian Institution, Washington

STAECK, W. (1977): Cichliden, Band II. Engelbert Pfriem-Verlag, Wuppertal/Elberfeld

STALLKNECHT, H. (1978): Hundert Tips für Aquarianer, Neumann Verlag, Radebeul

STERBA, G. (1966): Süßwasserfische aus aller Welt. Urania Verlag, Leipzig

– (1975): Aquarienkunde, Band 1. Urania Verlag, Leipzig

– (1978): Lexikon der Aquaristik und Ichthyologie. Edition, Leipzig

WAGNER, D. (1956): Aquarienchemie. Urania Verlag, Leipzig

WEISS, W. (1979): Welse im Aquarium. Frankh'sche Verlagshandlung, Stuttgart

WICKLER, W. (1970): Das Züchten von Aquarienfischen. Frankh'sche Verlagshandlung, Stuttgart

Zeitschriften

Aquarien-Magazin. Frankh'sche Verlagshandlung, Stuttgart, ab 1967

– Aquarien Terrarien. Urania-Verlag, Leipzig/Jena/Berlin, ab 1953

– Das Aquarium. Albrecht Philler Verlag, Minden, ab 1967

– Der Aquarienfreund – Journal für Vivaristik. O. Berkenkamp, Wilhelmshaven, 1972 bis 1977

– Die Aquarien- und Terrarien-Zeitschrift (DATZ). Alfred-Kernen-Verlag, Stuttgart, ab 1948

– Het Aquarium. Nederlandse Bond „Aqua-Terra" Alkmar, Holland

– TI Tatsachen und Informationen aus der Aquaristik. Tetra-Werke, ab 1968

– Tropical Fish Hobbyist. T. F. H. Publications, Inc., Neptune City, ab 1965

Stichwortverzeichnis

Halbfette Zahlen = Abbildungen des Fisches

A

Acarichthys 160
Acaronia 160
Aequidens 144, 160
– *portalegrensis* **166, 167**
Afrikanischer Vielstachler 178, 220
Afrikanischer Schmetterlingsbuntbarsch 210
Afronandus 178
Ährenfische 197, 199, 212
Alepidomus evermanni 197
Alfaro 23
Anabas 69
– *testudineus* 53, 70, 204
Ancistrus dolichopterus 122, **123**, 208
Aphanius 35
– *dispar* 41
– *iberus* 41
Aphyosemion 35, 42
– *australe* 41
– *bertholdi* **37**
– *bivittatum* 41, 214
– *bualanum* 37, 41, 214
– *calliurum* 41
– *christyi* 41
– *cognatum* 41
– *fallax* 52
– *filamentosum* 52
– *gardneri* 41, 216
– *gulare* 52
– *labarrei* 41
– *mirabile* 41
– *multicolor* 41
– *scheeli* 41
– *seymouri* 52, 216
– *sjoestedti* 52
– *striatum* 52
– *walkeri* 52
Apistogramma 127, 134
– *borellii* 134, 208
– *kleei* **133**, 134
– *reitzigi* 134, 208
– *trifasciatum haraldschultzi* 127, 131, 220
– – *maciliense* 127, 131
– – *trifasciatum* 127, **128**, **129**, **130**, 131, 220
Apistogrammoides 127
Aplocheilichthys 35
– *macrophthalmus* 41
– *normani* 41
– *pumilus* 41
Aplocheilus 35
– *blockii* 41
– *dayi* 41
– *lineatus* 41
– *panchax* 41
Astronotus 160
– *ocellatus* 157, 208
Aufzucht der Jungfische 20
Aufzuchtfutter 20
Aulonocara 160, 172
– *nyassae* 208
Australischer Perlmutterfisch 212
Austrofundulus 42, 46
– *dolichopterus* 43, 52, 216
– *transilis* 52
Austromenidia bonariensis 197
Auswahl der Zuchttiere 12

B

Banderolenkärpfling 202
Barben 21, 102, 206, 218
– Freilaicher 102
– Haftlaicher 107

Barbus 102
– *arulius* 218
– *conchonius* 206
– *gelius* 107
– *nigrofasciatus* 206
– *pentazona* 206
– *schwanefeldi* 102
– *tetrazona* 206
Barilius 102
Bedotia geayi 197, 212
Belonesox belizanus 28
Belontia 53
– *signata* 53, 204
Betta 53, 60, 71
– *splendens* 67, **68**, 204
Biotodoma 160
„Black Molly“ 214
Blattfisch
180, **183**, **184**, **185**, 222
Blauer
Antennenwels 122, **123**, 208
Borellis Zwergbuntbarsch 208
Brachydanio 102
– *albolineatus* 206
– *nigrofasciatus* 206
– *rerio* **103**, 103, 206
– – Schleierform **104**, **105**
Brachygobius aggregatus 200
– *nunus* 200, 214
– *xanthozona* 200, 214
Brachyrhaphis 23
Breitflossenkärpfling 214
Breitschwanzsalmler 206
Buckelkopfcichlide 158, 212
Buntbarsche 126

C

Carlhubbsia 23
Celebeshalbschnäbler 202
Celebes-Segelfisch 195, 212
Centratherina 192
Ceylon-Makropode 204
Chanchito 208
Chanda 186
– *ranga* 186, **187**, 212
Cheirodon 78
– *axelrodi* 78, **79**, 80, 86, 222
Chela 102
Chilatherina 192
Chilodus 88
– *punctatus* 97, 218
Chromidotilapia 172
Cichlasoma 161
– *facetum* 208
– *festivum* 210
– *meeki* 161, **163**, 210
Cichliden 21, 126, 127, 157,
208, 220, 222
Cnesterodon 23
Colisa 53
– *chuna* 204
– *lalia* 53, **54**, **55**, **56**, 204
Copeina 88
– *guttata* 94, 218
Copella 88
– *arnoldi* **92**, **93**, 94, **95**, 206
Corydoras 111
– *aeneus* 111
– *arcuatus* 111
– *elegans* 111
– *haraldschultzi* 111
– *hastatus* 111
– *julii* 111
– *melanistius* 111
– *metae* 111
– *paleatus*
111, **112**, **113**, 114, **115**, 208
– *pygmaeus* 111
– *rabauti* 111
– *reticulatus* 111
Corynopoma riisei 100
Creagrutus beni 100
Crenicara 144
– *filamentosa* 148, **149**, 222
Crenicichla 158
Crenuchus 88
Ctenopoma 53, 69
– *ansorgii* 216
– *fasciolatum* 204
Ctenops 53, 60
Cyathochromis 172
Cynolebias 42, 47

– *bellotti* 52
– *nigripinnis* 52
– *whitei* 47, **47**, **48**, **49**, 52, 216
Cynopoecilus 42
– *ladigesi* 52
Cynotilapia 172
Cyphotilapia 172
Cyprinidae 102
Cyprinodon 35
– *macularius* 41
– *variegatus* 41

D

Danio 102
– *aequipinnatus* 206
– *devario* 106, **109**, 206
– *malabaricus* 206
Dasyloricaria 119, 123
– *filamentosa* 119, 120, 122, 208
Dermogenys pusillus 32, 202
– *sumatranus* 32
Devariobärbling 206
Diskus 168, 222
Diskusfische 172
Diskussalmler 206
Dreifarbiger Jamaikakärpfling 202

E

Elektrische Leitfähigkeit 10
Eierlegende Zahnkarpfen 34, 204, 214
– Haftlaicher 35
– Bodenlaicher 42
Entwicklung des Eis 19
Epiplatys 35
– *annulatus* 35, **35**, 41, 216
– *chevalieri* 41
– *dageti* 41
– *fasciolatus* 41
– *grahami* 41
– *macrostigma* 41
– *sexfasciatus* 41, 216
Etroplus 161

F

Feenbarsch 210
Feuermaulbuntbarsch 161, 210
Flaggenbuntbarsch 210
Floridakärpfling 40, 41, 204
Forellensalmler 94, 218
Führungsschwimmen 57
Fundulus 35
– *chrysotus* 41
Fünfgürtelbarbe 206
Futterbeschaffung 15
Fütterung 12

G

Gambusia 23, 28
– *affinis* 28
Garmanella 35
– *pulchra* 41, 214
Gebänderter Buschfisch 204
Gebänderter Prachtkärpfling 214
Gelber Tanganjika-Cichlide 140, 210
Gelber Zwergbuntbarsch 208
Geophagus 172, 173
Gephyrocharax atracaudatus 100
– *valencia* 100
Gesamthärte 9
Geschlechtsbestimmung 17
Geschlechtsumwandlung 28
Geschlechtsunterschiede 17
Gestreckter Schabemundbarsch 210
Getüpfelter Schwielenwels 116, **117**
Girardinus 23
Glänzender Zwergbuntbarsch 210
Glasbarsche 186, 212
Glandulocauda inaequalis 100, 206
Glossolepis 192
– *incisus* **190**, **191**, 192, 193, 212

Goldringelgrundeln 200, 214
Goodeidae 25
Großcichliden 157
Grundausstattung 14
Guppy 23
Gymnochanda 186
Gymnocorymbus 78
– *ternetzi* 206
Gymnogeophagus 172, 173
– *balzanii* 173, **173**, 210

H

Haibarbe 102
Halbschnabelhecht 32
Halbschnäbler 32, 202
Haltung der Zuchttiere 12
Haplochromis 172
Harnischwelse der Gattung *Dasyloricaria* 119
– der Gattung *Ancistrus* 121
Hechtköpfiger Halbschnäbler 202
Hechtkärpfling 28
Heizung 12
Helostoma 69
– *temminckii* 69, 70, **73**, 204
Hemichromis 161
Hemigrammus 78
– *caudovittatus* 86, **86**, 218
Hemirhamphidae 32
Hemirhamphodon chrysopunctatus 32
– *pogonognathus* 32, 202
– *phaiosoma* 32
Herotilapia 161
– *multispinosa* **158**
Heterandria 23
Hexenwelse 119, 208
Hochlandkärpfling **25**, 202
Honigfadenfisch 204
Hoplosternum 116
– *thoracatum* 116, **117**, 208
Hyphessobrycon 78
– *erythrostigma* 222
– *flammeus* 78, 206

I

Indischer Glasbarsch 186, **187**, 212
Irian-Segelfisch 195, 197, 212
Iriatherina werneri 195, 197, 212

J

Javakärpfling 39
Jordanella 35
– *floridae* 40, 41, 204
Julidochromis 127, 140, 144
– *dickfeldi* 210
– *marlieri* 210

K

Kaiserbuntbarsch 208
Kamerun-Prachtbarsch 135
Kampffisch 67, 204
Karbonathärte 9
Kardinalfisch 106, 109, 208
Keilfleckbarbe 107, **107**, 218
Killifische 34
Kirschflecksalmler 222
Kleiner Maulbrüter 151, 210
Kletterfisch 53, 70, 204
Knurrender Gurami 60, 204
Küssender Gurami 69, 70, 73, 204

L

Labeotropheus 172
– *trewavasae* 210
Labidochromis 172
Labyrinthfische 21, 53, 204, 216, 220
– Schaumnestbauer 53
– Freilaicher 69
– Maulbrüter 71
Lamprologus 127, 140
– *brichardi* 210
– *leleupi leleupi* 140,**143**, 210
– – *melas* 140

Lebendgebärende
Zahnkarpfen 23, 202, 214
Leitwert 10
Leuchtaugenfisch 38
Loricaria 111
– *filamentosa* 119
Lucania 35
– *goodei* 41
Lyratail-Schwertträger 28

M

Macropodus 53
Malabarbärbling 206
Malawi-Cichliden 175
Malpulutta 53, 60
– *kretseri* 62, **63, 64, 65,** 220
Marmor-Spitzschwanz-
gurami 62, **63**, **64**, **65**, 220
Megalamphodus 78
– *megalopterus* **79**
– *sweglesi* **77**
Melanochromis 172
– *auratus* 175, 210
– *exasperatus* 156
– *johannii* 156
Melanotaenia 192
– *maccullochi* **193**
Melanotaeniidae 189
Moenkhausia 78
Monocirrhus 178
– *polyacanthus* 180, **183**, **184**,
185, 222
Mosaikfadenfisch 178, 204

N

Nanderbarsche
178, 212, 220, 222
Nandidae 178
Nandus 178
Nannacara 144
– *anomala* 210
Nannostomus 88
– *espei* 88, **89**, 218
– *marginatus* 90, **91**, 218
Nanochromis 127, 137
– *dimidiatus* 137, 138, 220
– *nudiceps* 137, 138,
139, **141**, 220
Neetroplus 161
Nematobrycon 78
Nematocentris 192
– *fluviatilis* 212
Neoheterandria 23
Neonsalmler 78, **81**, 83,
84, **85**, 218
Nichtkarbonathärte 9
Nitratgehalt 11
Nitrit 11
Nomorhamphus celebensis
– **30**, **31**, 32, 202
– *hageni* 32
– *liemi* 3, **33**
– *towoeti* **32**
Nothobranchius 42, 43, 46
– *guentheri* **44**, **45**, **47**, 52
– *kirki* 52
– *korthausae* 46
– *orthonotus* 52
– *palmquisti* 52
– *rachovi* 43, **51**, 52, 216

O

Orange-Buschfisch 216
Oryzias 35, 38
– *javanicus* 39, 41
– *latipes* 41
– *melastigma* 41
Osphronemus 53
Oxygaster 102

P

Paarung 19
Paarungsarten 19
Paarungsverhalten 18
Pachypanchax 35
– *homalonotus* 41
– *playfairi* 41
Pantodon buchholzi 124,
125, 208

Panzerwelse 111, 116
– der Gattung *Corydoras* 111
– der Gattung *Hoplosternum* 116
Papiliochromis 144
– *ramirezi* 144, **145**, 210
Paracheirodon 78
– *innesi* 78, **81**, 83, **84**, **85**, 218
Paretroplus 161
Parosphromenus 53, 60
– *deissneri* **59**, 62, **66**, 220
Pelmatochromis 134, 148
– *thomasi* 148, 210
Pelvicachromis 127, 134
– *humilis* 134
– *pulcher* 134, 137
– *roloffi* 134
– *spec. affin. pulcher* 134
– *subocellatus* 135
– *taeniatus* 135, 220
Pfauenaugen-Buntbarsch 208
Phallichthys 23
– *amates* **27**
Phalloceros 23
Phalloptychus 23
pH-Wert 10
Platy 24, 202
Poecilia 23, 28
– *latipinna* 28, 214
– *melanogaster* 28, 202
– *nigrofasciata* 202
– *reticulata* 23
– *sphenops* 24, 28, 202, 214
– *velifera* 28
Poeciliidae 28
Poeciliopsis 23
Polycentropsis 178
– *abbreviata* 178, 220
Polycentrus 178
– *schomburgki* 180, **181**, 212
Poptella orbicularis 206
Prachtbarbe 206
Prachtglanzbarbe 218
Prachtzwerggurami 62, **66**, 220
Priapichthys 23
Pristella 78
Pristolepis 178
Procatopus 35, 38, 135
– *gracilis* 42
– *nototaenia* 38, **39**, 42, 216
– *roseipinnis* 42
– *similis* 42
Pseudocrenilabrus multicolor 151, **151**, 210
– *philander dispersus* **152**, **153**
Pseudomugil furcatus 197
– *signifer* 197, 199, 212
Pseudosphromenus 53, 60
Pseudotropheus 172, 175
Pterolebias 42, 47
– *longipinnis* 52, 216
– *peruensis* 52
– *zonatus* 52
Pterophyllum 161, 164
– *scalare* 164, 212
Ptychochromoides 161
Punktierter Kopfsteher 97, 218
Punktierter Panzerwels 208
Purpurkopfbarbe 206
Purpur-Regenbogenfisch **190**, **191**, 192, 212
Pyrrhulina 88
– *vittata* 90, **91**, 218

Q

Quergestreifter Ziersalmler 88, 218
Quintana 23

R

Rachovia 42
– *brevis* 52
– *monroviae* 52
– *occidentalis* 52
Rasbora 102
– *hengeli* 107
– *heteromorpha* 107, **107**, 218
– *kalochroma* 218
– *maculata* 218
Rasborichthys 102, 218
Rautenflecksalmler 86, 218
Regenbogenfische 189, 192, 212

Ritterkärpfling 202
Rivulus 35
– *cylindraceus* 42
– *holmiae* 42
– *ornatus* 42
– *strigatus* 42
– *urophthalmus* 42
Roloffia 35, 42
– *bertholdi* 42
– *calabarica* 42
– *guineensis* 42
– *petersi* 42
– *occidentalis* 216
Rotgeschwänzter Ährenfisch 197, 212
Roter Neon 78, **79**, 80, 86, 222
Roter von Rio 78, 206

S

Salmler 21, 76, 206, 218, 222
– Freilaicher 78
– Haftlaicher 88
– mit Vorratsbefruchtung 100
Sandelia 69
Sarotherodon 172
Schachbrettcichlide 148, **149**, 222
Schallers Gurami 60, 204
Schaumnestbauer 53
Schillerbärbling 206
Schlanksalmler 88
Schleierkampffisch 68
Schlupfhilfen bei Eierlegenden Zahnkarpfen 38
Schlupfzeiten 41, 52
– bei Bodenlaichern 52
– bei Haftlaichern 41
Schmetterlings-Ährenfisch 199, 212
Schmetterlingsbuntbarsch 144, **145**, 148, 210
Schmetterlingsfisch 124, 208
Schokoladengurami 71, 72, 220
Schönflossenbärbling 218
Schrägschwimmer 218
Schwarzbandkärpfling 202
Schwarzer Phantomsalmler 79
Schwertträger 24, **25**, 26, 202
Schwielenwels 116, 208
Segelfische 195, 212
Segelflosser 164, 168, 212
Segel-Prachtkärpfling 43, 51, 216
Skalar 164, 168, 212
Smaragd-Prachtbarsch 135, 220
Sphaerichthys 71
– *osphromenoides* 71, **72**, **73**, 220
Spätentwickler bei Schwertträgern 26
Spätmännchen bei Schwertträgern 26
Spiegelkärpfling 24
Spitzmaulkärpfling 24, 28, 202
Spritzsalmler **92**, **93**, 94, 95, 206
Steatocranus 158
– *casuarius* 158, 212
Südamerikanischer Vielstachler 180, 181, 212
Sumatrabarbe 102, 206
Symphysodon 161, 164
– *aequifasciata* 168, 222
– *discus* 168

T

Taeniacara 127
Tanichthys 102
– *albonubes* 106, **109**, 208
Teleogramma 158
Telmaterina ladigesi 195, 196, 197, 212
Telmatochromis 127
Thayeria 78
– *boehlkei* 218
Tilapia 161
Trauermantelsalmler 206
Trichogaster 53
– *leeri* 204
– *microlepis* 57
Trichopsis 53, 60
– *pumilus* 216
– *schalleri* **59**, 60, **61**, 204
– *vittatus* 60, 204

Tropheus 172, 177
– *duboisi* 212
– *moori* 212
Tüpfelbärbling 206
Türkisgoldbuntbarsch 175, 210

U

Uaru 161

V

Valencia 35
– hispanica 42
Vollentsalzungsanlage 15, 16

W

Wasserdurchlauf 14
Wasserhärte 9
Wassertemperatur 12
Wasserwechsel 11, 21
Welse 111, 208
Whites Fächerfisch 47, **47**, **48**, **49**, 52, 216

X

Xenodexia 23
Xenoophorus 23
– *captivus* 25, 202
Xenotoca 23
– *eiseni* **25**, 202
Xiphophorus 23
– *helleri* 24, **25**, 26, 202
– *maculatus* 24, 202
– *variatus* 28
– *xiphidium* 28

Z

Zahnleistenhalbschnäbler 202
Zebrabärbling 103, **103**, 206
Zuchtbecken 14, 16
Zuchttiere 16
Zuchtwasser 202, 214, 220
Zwergbärbling 218
Zwergcichliden 127, 148
– Höhlenbrüter 127
– Offenbrüter 144
– Maulbrüter 151
Zwergfadenfisch 53, **54**, **55**, **56**, 204
Zwerggurami 216
Zwergharnischwels 119, 208
Zwerghechtling 35, **35**, 41, 216
Zwergziersalmler 90, **91**, 218

Inhaltsverzeichnis

Vorwort . . . 5
Einleitung . . . 7
Allgemeiner Teil . . . 9
Einige Grundbegriffe . . . 9
Wasserhärte . . . 9
Der pH-Wert . . . 10
Die elektrische Leitfähigkeit . . . 10
Nitratgehalt . . . 11
Wassertemperatur . . . 12
Fütterung . . . 12
Auswahl und Haltung der Zuchttiere . . . 12
Grundausstattung für die Zucht von Zierfischen . . . 14
Etwas Biologie . . . 16
Zuchttiere . . . 16
Paarungsverhalten . . . 18
Paarung . . . 19
Entwicklung vom Ei bis zum Jungfisch . . . 19
Die Aufzucht . . . 20

Spezieller Teil . . . 23
Erfahrungen bei der Nachzucht von Zierfischen . . . 23
Lebendgebärende Zahnkarpfen und Hochlandkärpflinge . . . 23
Halbschnäbler *Hemirhamphidae* . . . 32
Eierlegende Zahnkarpfen . . . 34
Haftlaicher . . . 35
Bodenlaicher . . . 42
Labyrinthfische . . . 53
Schaumnestbauer . . . 53
Freilaicher . . . 69
Maulbrüter . . . 71
Salmler . . . 76
Freilaicher . . . 78
Haftlaicher . . . 88
Salmler mit Vorratsbefruchtung . . . 100
Barben . . . 102
Freilaicher . . . 102
Haftlaicher . . . 107

Welse ... 111
Panzerwelse der Gattung *Corydoras* ... 111
Panzerwelse der Gattung *Hoplosternum* ... 116
Harnischwelse der Gattung *Dasyloricaria (Loricaria)* ... 119
Harnischwelse der Gattung *Ancistrus* ... 121
Schmetterlingsfisch *Pantodon buchholzi* ... 124
Cichliden ... 126
Zwergcichliden ... 127
Höhlenbrüter ... 127
Offenbrüter ... 144
Maulbrüter ... 151
Großcichliden ... 157
Höhlenbrüter ... 158
Offenbrüter ... 160
Maulbrüter ... 172
Nanderbarsche ... 178
Glasbarsche ... 186
Regenbogenfische *Melanotaeniidae* ... 189
Segelfische ... 195
Ährenfische ... 197
Goldringelgrundeln ... 200

Fische züchten – kurzgefaßt ... 202
Fischarten, deren Nachzucht im mittelharten bis harten Wasser möglich ist ... 202
Fischarten, deren Nachzucht im harten bis sehr harten Wasser, eventuell mit Salzzusatz, zu empfehlen ist ... 214
Fischarten, die im weichen Wasser (bis ca. 6° dH) zur Nachzucht angesetzt werden müssen ... 214
Fischarten, zu deren Nachzucht man weiches, mineralarmes (bis ca. 2° dH auf der Basis von vollentsalztem Wasser) Wasser verwenden sollte ... 220

Erläuterung verwendeter Ausdrücke und Bezeichnungen ... 224
Literaturverzeichnis ... 229
Zeitschriften ... 232
Stichwortverzeichnis ... 233
Inhaltsverzeichnis ... 241

Bücher für Aquarianer

Der „Paffrath“ – unentbehrlich für den Aquarianer

Kurt Paffrath
Bestimmung und Pflege von Aquarienpflanzen
(2. Auflage)
212 S., 87 Farb- und 42 S/W-Fotos, 55 Zeichn., 13×20,5 cm, lam., 32,– DM

Der „Paffrath“ füllt eine Lücke. Der Text ist so verständlich geschrieben, daß sich auch botanisch weniger Geschulte ohne Mühe zurechtfinden. Eigenschaften, Ansprüche und Vermehrung werden beschrieben sowie Vorschläge und Einrichte-Beispiele gegeben.

Landbuch-Verlag GmbH · Postfach 160 · 3000 Hannover 1